U0937492

作者简介

邓纯东 男，1957年生，全国政协委员，中国社会科学院马克思主义研究院党委书记、院长；研究员、博士后合作导师、中国社会科学院研究生院“马骨干”博士生导师。

参与多项国家课题，其中承担国家重大交办委托课题和特别重大交办委托课题三项；承担中央“马工程”交办委托课题一项；主持国家社科基金课题两项；筹划中国社会科学院马克思主义研究院每年主办的马克思主义及其中国化系列国内论坛十余个，国际论坛三个。

在《人民日报》《光明日报》《求是》等报刊上发表理论文章多篇；主编《中国特色社会主义理论研究》《社会主义核心价值观》《中国梦与中国特色社会主义研究》《中国道路为什么能成功》《马克思主义中国化最新成果研究报告》等丛书多部。

中国社会科学院

马克思主义中国化优势学科成果系列

当代中国马克思主义理论与实践论要

邓纯东学术研究文集

邓纯东◎著

人民日报出版社

图书在版编目（CIP）数据

当代中国马克思主义理论与实践论要：邓纯东学术研究文集／邓纯东著．—北京：人民日报出版社，2018．11

ISBN 978－7－5115－5732－2

Ⅰ．①当…　Ⅱ．①邓…　Ⅲ．①中国共产党—党的建设—研究　Ⅳ．①D26

中国版本图书馆 CIP 数据核字（2018）第 258704 号

书　　名：**当代中国马克思主义理论与实践论要：邓纯东学术研究文集**
作　　者：邓纯东

出 版 人：董　伟
责任编辑：周海燕　马苏娜
封面设计：中联学林

出版发行：人民日报出版社
社　　址：北京金台西路 2 号
邮政编码：100733
发行热线：（010）65369509　65369846　65363528　65369512
邮购热线：（010）65369530　65363527
编辑热线：（010）65369518
网　　址：www. peopledailypress. com
经　　销：新华书店
印　　刷：三河市华东印刷有限公司

开　　本：710mm×1000mm　1/16
字　　数：271 千字
印　　张：16．5
印　　次：2019 年 1 月第 1 版　　2019 年 1 月第 1 次印刷

书　　号：ISBN 978－7－5115－5732－2
定　　价：68．00 元

目 录

CONTENTS

第一部分

01

学习习近平新时代中国特色社会主义思想

全面从严治党的核心是加强党的领导

习近平总书记在省部级主要领导干部“学习习近平总书记重要讲话精神,迎接党的十九大”专题研讨班开班式上发表重要讲话时强调指出:“党要团结带领全国人民进行伟大斗争、推进伟大事业、实现伟大梦想,必须毫不动摇坚持和完善党的领导,毫不动摇推进党的建设新的伟大工程,把党建设得更加坚强有力。”认真学习、深入领会习近平总书记在这次专题研讨班上关于加强党的领导和建设的讲话,对于深入推进全面从严治党、大力建设中国特色社会主义具有深远的历史意义和现实意义。

坚持和完善党的领导是史之所鉴

中国共产党的发展史是一部确立和完善党的领导的建设史。中国共产党 96 年的发展史,特别是十八大以来 5 年的管党治党经验充分证明,坚持和完善党的领导,关乎党的前途命运,关乎国家和民族的前途命运,必须以更大的决心、更大的勇气、更大的气力抓紧抓好。

新中国的建设史是一部党领导全国各族人民攻坚克难的奋斗史。新中国 68 年的历史充分证明:毫不动摇坚持和完善党的领导,把党建设得更加坚强有力,是中国共产党能够领导全国各族人民建设中国特色社会主义、实现中华民族伟大复兴中国梦的重要保证。

世界社会主义的运动史为中国共产党坚持和加强党的领导提供了经验教训。社会主义之所以能够逐渐成长为世界范围内与资本主义相抗衡的力量,一条重要的经验就是依靠各国共产党强有力的领导和组织。20 世纪中后期,世界社会主义之所以遭遇东欧剧变和苏联解体的重大挫折,一个最重要的教训就是这些国家的共产党放弃马克思主义的指导地位，忽视共产党自身的执政能力建设，放松共产党对国家各领域的领导权。

坚持和完善党的领导是大势所趋

坚持和完善党的领导是化解国内各种问题、矛盾与风险的现实需要。面对新形势下的新情况、新机遇和新任务，我们党必须要加强自身各方面的能力建设，优化执政状态，只有不遗余力地推进全面从严治党，才能应对社会风险，把握各种发展机遇，完成各项历史使命。

坚持和完善党的领导是应对复杂国际形势的现实需要。党的十八大以来，国际局势风云变幻，国际环境更加复杂多变，应对国际时局新变化，必须练好“内功”，始终坚持党总揽全局、协调各方的领导地位，提升全党对国际社会的洞察力、对国际危机的应变力以及对中国声音的传播力，维护好国家主权、安全和发展利益。

坚持和完善党的领导是落实党中央各项战略部署的现实需要。办好中国的事情，关键在党，关键在党要管党、从严治党。十八大以来，“五位一体”“四个全面”“五大发展理念”“一带一路”等相继提出，落实好党中央提出的新理念新思想新战略，必须从党的自身建设着手，统一全党思想，凝聚全党共识，集聚全党力量，才能形成强大的向心力，带领全国各族共同致力于中国特色社会主义的伟大事业。

坚持和完善党的领导是民心所向

民心是最大的政治。党的十八大以来，以习近平同志为核心的党中央全面推进从严治党，坚持思想建设与制度建设两手抓，坚持正风反腐与党内监督两手硬。全面从严治党的持续推进取得了显著成效，得到了人民群众的高度评价和衷心拥护，不仅巩固了党的执政根基，而且为中国共产党凝聚全党全社会共识，共同致力于改革发展伟大事业奠定了坚实的基础。

全面从严治党的持续推进彰显了中国共产党的马克思主义政党品质和工人阶级先锋队属性，彰显了中国共产党直面问题、猛药去疴、重典治乱的勇气和魄力，顺应了民心民意，塑造了党的形象，让人民大众看到了一个不忘初心、勇于担当、与时俱进、执政为民的政党。但是，全面从严治党不是一阵风，人民大众期待全面从严治党走向常态化制度化科学化，取得更大的成效；期待在中国共产党的带领下，走好中华民族伟大复兴的新长征路，实现国家富强、民族振兴和人民幸福。因此，坚持和完善党的领导，把党建设得更加坚强有力，既是当前我们党能够民心所向的根源，又是我们党保持民心所向的路径。

原载人民网 2017 年 12 月 1 日

彰显中国特色社会主义无比优越性和强大生命力

习近平总书记在党的十九大报告中指出，中国特色社会主义进入新时代，“意味着科学社会主义在二十一世纪的中国焕发出强大生机活力，在世界上高高举起了中国特色社会主义伟大旗帜”。习近平总书记的科学论断充分表明，中国共产党开创的中国特色社会主义事业，展现了科学社会主义无比优越性和强大生命力。

自科学社会主义诞生以来，社会主义运动取得了很大成就，十月革命在俄国建立了第一个社会主义国家，开辟了社会主义的新局面，对中国革命和其他国家的社会主义革命起了巨大推动作用。二战结束后，社会主义国家在世界上不断建立。社会主义也遭受过极大的挫折，东欧剧变使全世界的社会主义运动陷入低迷，也给中国的社会主义建设提供了极大的经验和教训。

新中国成立后，从以毛泽东同志为核心的第一代领导集体开始，中国共产党人一直在努力探索建设社会主义。从十一届三中全会开始，在中共几代领导集体的努力下，逐步形成了中国特色社会主义理论、制度、道路、文化的体系，使得中国社会面貌发生了极大的变化。首先，经济快速发展。中国经济从过去的一穷二白发展到今天成为世界上最大的发展中国家，目前国内生产总值已增长到 80 万亿元，经济总量稳居世界第二。其次，人民生活水平极大提高。几十年间，我国人均国民生产总值从新中国成立初期的只有几十美元发展到 20 世纪 80 年代的 100 多美元再到 2016 年的 8260 美元，2017 年上半年全国居民人均可支配收入达到 12932 元。再次，综合国力极大增长。经济、政治、教育、文化、科技、人力资源、军事等诸方面均取得全面进步，国民受教育程度、公共医疗水平和社会公共服务能力供给水平也不断提高。最后,社会保持长期稳定。长期以来,我国社会主义民主法治建设不断进步,人民参与管理自身事务的程度不断提高,法治意识不断增强。所有这些成绩展现了中国特色社会主义无比优越性和强大生命力。

以上成绩的取得,是中国自鸦片战争以来100多年各族人民梦寐以求但没有取得的,是亚洲、非洲、拉丁美洲一些长期处于动乱的国家不可能实现的,也是抛弃了社会主义制度的东欧国家等经济长期低迷、社会矛盾尖锐、综合国力下降的现状不可比拟的。就是西方欧美发达国家,在经历了2008年的经济危机后,至今也无法走出经济低迷期。特别是在社会治理和他们所引以为豪的民主制度方面也出现了诸多挑战和问题,如逆全球化思潮、民粹主义思潮、难民问题、民族矛盾问题、政党恶斗问题、恐怖主义问题等层出不穷。放眼全球,可以说,只有"中国特色社会主义"是"风景这边独好"。

中国特色社会主义取得的成功,特别是党的十八大以来发生的历史性变革,并不是凭空而来的,而是与以下因素密不可分的。首先,中国共产党始终坚持以马克思主义的科学社会主义理论为指导。从新中国成立初期起,我们就坚持走社会主义道路不动摇。改革开放后,当苏联和东欧国家纷纷改旗易帜、放弃社会主义时,我们仍然坚持对科学社会主义的坚定信念,排除各种干扰、抵制颠覆图谋,始终坚持走自己的路。其次,中国共产党实事求是创新和发展马克思主义,形成了适合自己的中国特色社会主义理论体系。在坚持社会主义道路的同时,对待马克思主义不是教条主义,而是在坚持马克思主义立场、观点、方法基础上,与中国实际相结合创新和发展马克思主义,使马克思主义的科学社会主义理论不断中国化、时代化,指导社会主义事业取得巨大成就,并逐步形成和完善中国特色社会主义的理论体系。再次,中国共产党始终是中国特色社会主义事业的坚强领导核心。中国共产党不断加强自身建设,特别是党的十八大以来,以习近平同志为核心的党中央实施全面从严治党,使党更加纯洁、更加坚强有力,为中国特色社会主义事业的成功提供了坚实保障。

中国特色社会主义取得的伟大成就,一方面使科学社会主义展现了无比优越性和强大生命力,证明了以马克思主义为指导的科学社会主义的正确性;另一方面也说明,我们党团结带领全国各族人民,把马克思主义与中国实际相结合,坚持走自己的路,在实践中逐步形成的中国特色社会主义理论的科学性与正确性,因此我们有充分理由对坚持和发展中国特色社会主义充满自信。尤其是中国特色社会主义进入新时代,我们更应坚持理论自信和战略定力,唯有如此,才能决胜全面建成小康社会,夺取新时代中国特色社会主义伟大胜利,实现中华民族伟大复兴的中国梦。

原载《中国社会科学报》2017 年 11 月 7 日

不断提高党的执政能力和领导水平

习近平总书记在十九大报告中,做出了“中国特色社会主义进入了新时代”的科学论断。新时代,在党要管党、全面从严治党上实现新的突破,比任何时候都更为必需。“打铁必须自身硬”,全面加强新时代党的建设新的伟大工程,必须贯彻落实好新时代党的建设总要求,必须认真落实习近平总书记在十九大报告中提出的要求,“不断提高党的建设质量,把党建设成为始终走在时代前列、人民衷心拥护、勇于自我革命、经得起各种风浪考验、朝气蓬勃的马克思主义执政党”。

新时代党的建设必须以习近平新时代中国特色社会主义思想为指导

党的指导思想,是世界观、方法论,是指导我们党全部活动的理论体系,是指导党的各项建设的理论基础,对党的建设起着最终指导作用。在马克思主义中国化的历史进程中,在理论上有过两次“重大的飞跃”,先后产生了毛泽东思想、中国特色社会主义理论体系两大理论成果。这两次飞跃,分别回答了中国为什么要革命、为谁革命、靠谁来革命、怎样进行革命等重大问题;回答了什么是社会主义、怎样建设社会主义,建设什么样的党、怎样建设党,实现什么样的发展、怎样发展的问题。

“新时代”应该有“新理论”。这个新理论就是习近平新时代中国特色社会主义思想。以习近平同志为主要代表的中国共产党人,进行着划时代的理论创新、实践创新,创立了习近平新时代中国特色社会主义思想。习近平新时代中国特色社会主义思想,站在历史和时代高度,紧紧抓住坚持和发展中国特色社会主义这条主线,科学判断中国特色社会主义进入新时代,提出了新时代我国社会主要矛盾,阐明了基本方略,描绘了宏伟蓝图,体现了为民宗旨,强化了全面从严治党要求，是我们党迈进新时代、开启新征程、续写新篇章的政治宣言和行动指南。

习近平新时代中国特色社会主义思想，是马克思主义中国化的最新成果，是中国特色社会主义理论体系的重要组成部分，是被实践证明了的科学真理，是进行伟大斗争、建设伟大工程、推进伟大事业、实现伟大梦想的科学指南，是中国共产党人新时代的精神支柱和力量源泉，是我们党必须长期坚持的指导思想。其回答的是“新时代坚持和发展什么样的中国特色社会主义、怎样坚持和发展中国特色社会主义”这个重大问题。

习近平新时代中国特色社会主义思想包含了关于坚持党的领导、加强党的建设的丰富内容。习近平总书记明确指出，“明确中国特色社会主义最本质的特征是中国共产党领导，中国特色社会主义制度的最大优势是中国共产党领导，党是最高政治领导力量，提出新时代党的建设总要求，突出政治建设在党的建设中的重要地位”。我们必须坚持以习近平新时代中国特色社会主义思想作为全面加强党的建设新的伟大工程的行动指南，把我们党锻造成为坚持和发展中国特色社会主义的坚强领导核心。

必须完善党的领导体制机制，坚持党对一切工作的领导

全面从严治党的核心目标是实现和保证党的领导。这次大会报告还深刻提出“没有中国共产党的领导，民族复兴必然是空想”；“伟大斗争，伟大工程，伟大事业，伟大梦想，紧密联系、相互贯通、相互作用，其中起决定性作用的是党的建设新的伟大工程”等思想，从而将坚持党的领导提升到了一个前所未有的战略高度。

一方面，在当代中国，党政军民学，东西南北中，党是领导一切的。党的领导，是中国人民战胜各种风险挑战、实现“两个一百年”奋斗目标、实现中华民族伟大复兴中国梦的根本保证。加强党的领导关键是坚持党中央集中统一领导。要改革与完善党的领导的体制、机制、制度，更好发挥党“总揽全局、协调各方”的领导核心作用。

在处理“四个伟大”的关系时，推进伟大工程，要结合伟大斗争、伟大事业、伟大梦想的实践来进行，确保党在世界形势深刻变化的历史进程中始终走在时代前列，在应对国内外各种风险和考验的历史进程中始终成为全国人民的主心骨，在坚持和发展中国特色社会主义的历史进程中始终成为坚强领导核心。全党要更加自觉地坚持党的领导和我国社会主义制度，坚决反对一切削弱、歪曲、否定党的领导和我国社会主义制度的言行。

另一方面,全面加强新时代党的建设新的伟大工程,要在落实"四个全面"战略布局中全面提高党的领导水平和执政能力。在"四个全面"战略布局中,全面从严治党具有特殊重要的地位作用,它为其他三个"全面"提供坚强的领导力量。其他三个"全面",既对全面从严治党提出了新的更高的标准要求,同时也要靠全面从严治党来保障、来支撑。

突出强调党的政治建设和纪律建设

在党的建设布局方面,党的十九大强调,一方面,以党的政治建设为统领,"旗帜鲜明讲政治是我们党作为马克思主义政党的根本要求。党的政治建设是党的根本性建设,决定党的建设方向和效果"。另一方面,要加强党的纪律建设,"重点强化政治纪律和组织纪律,带动廉洁纪律、群众纪律、工作纪律、生活纪律严起来"。

新时代加强党的政治建设和纪律建设,必须保证全党服从中央、坚持党中央权威和集中统一领导。全党要坚定执行党的政治路线,严格遵守政治纪律和政治规矩,在政治立场、政治方向、政治原则、政治道路上同党中央保持高度一致。为此,全党要牢固树立"四个意识",特别是核心意识。五年来,以习近平同志为核心的党中央,提出了一系列新理念新思想新战略,开拓了一系列"创新",实现了一系列"不可能",党和国家面貌焕然一新,党和国家事业取得了历史性成就。之所以取得举世瞩目的成就,最重要、最关键的是,有了以习近平同志为核心的党中央的坚强领导。因此,我们党聚焦于把党建设得更加坚强有力,明确要求全党不断增强"四个意识",强调对党绝对忠诚,确保全党与以习近平同志为核心的党中央保持高度一致。

新时代加强党的政治建设和纪律建设,必须坚持党的基本路线。坚持党的基本路线,需要对新时代社会主要矛盾有准确把握。新时代的社会主要矛盾已经转化为人民日益增长的美好生活需要和不平衡不充分的发展之间的矛盾。在此基础上,我们围绕坚持党的基本路线强调三点:其一,坚持建设现代化经济体系,以经济建设为中心,坚持改革开放。现在谈发展,除了经济领域,还拓展到了社会等领域。其二,四项基本原则是立国之本,是我们党和国家生存发展的政治基石。在新的形势下,坚持四项基本原则始终是中国特色社会主义的保证。其三,保证基本路线贯彻必须加强和做好意识形态工作,要进行必要的舆论斗争,确保马克思主义的指导地位。由于种种原因,一些社会思潮不断冲击党的基本路线,冲击党的领导和以四项基本原则为核心的底线。所以保证基本路线的贯彻,必须要以加强意识形态工作为保证,必须提高党员干部意识形态的鉴别能力。

新时代加强党的政治建设和纪律建设,还必须要尊崇党章,加强和规范党内政治生活,营造风清气正的良好政治生态;完善和落实民主集中制的各项制度;弘扬忠诚老实、公道正派、实事求是、清正廉洁等价值观,坚决反对搞“两面派”、做“两面人”。全党同志特别是高级干部要加强党性锻炼,不断提高政治觉悟和政治能力,把对党忠诚、为党分忧、为党尽职、为民造福作为根本政治担当,永葆共产党人政治本色。

要不断完善新时代党的建设总体布局

始终坚持党要管党、全面从严治党。十八大以来党要管党、全面从严治党的特征体现得极为鲜明:一是党中央真正将党要管党、从严治党问题摆上日程、凸显出来,并且见到了成效;二是全党上下认真落实“两个责任、一岗双责”,真抓实干已成为全面从严治党的常态;三是从全党和全国人民的殷切期望看,十八大以来全面从严治党成效显著,赢得了党心民心。全面从严治党永远在路上。正如习近平总书记所说:“在全面从严治党这个问题上,我们不能有差不多了,该松口气、歇歇脚的想法,不能有打好一仗就一劳永逸的想法,不能有初见成效就见好就收的想法。”

要牢牢把握党的建设主线。一方面,党的建设要着眼于全面增强执政本领。十八大以来,无论是“五位一体”总体布局,还是“四个全面”战略布局,都体现了我们党围绕治国理政加强党的领导、党的建设的态度和决心。习近平总书记在十九大报告中强调,“领导十三亿多人的社会主义大国,我们党既要政治过硬,也要本领高强”。另一方面,处理好全面从严治党与保持发展党的先进性、纯洁性的关系,增强党的“四自”能力。首先,党的先进性、纯洁性建设是党的执政能力建设的基础和根本,离开了先进性、纯洁性,党就不会有创造力、凝聚力、战斗力,也就失去了执政的资格和条件。其次,保持共产党员先进性、纯洁性,直接影响着党的执政基础。开展党的先进性、纯洁性建设,就是要充分发挥党的领导作用、充分发挥基层党组织的战斗堡垒作用和广大党员的先锋模范作用,不断提高执政能力、巩固执政地位、完成执政使命。再次,保持党的先进性、纯洁性,要靠把党的各个方面建设落到实处,充分调动全党积极性、主动性、创造性。

全面加强新时代党的建设新的伟大工程,必须结合十八大以来管党治党的经验来进行。一是坚定理想信念是加强党的建设最根本的要求,目的是解决好"总开关"问题。全面加强新时代党的建设新的伟大工程,要用习近平新时代中国特色社会主义思想武装全党。思想建设是党的基础性建设。要以坚定理想信念宗旨为根基,把其作为党的思想建设的首要任务。

二是大力加强党的组织建设,一方面,把"抓好关键少数"作为重点来抓,从严治吏;另一方面,强化党的基层组织建设,充分发挥基层党组织的战斗堡垒作用。全面加强新时代党的建设新的伟大工程,党的干部是党和国家事业的中坚力量。要坚持党管干部原则,坚持德才兼备、以德为先,坚持五湖四海、任人唯贤,坚持事业为上、公道正派,把好干部标准落到实处。

三是以"八项规定"作为切入点,以锲而不舍的态度抓党的作风建设。事实证明,"八项规定"整肃了陋习,开启了新风,极大促进了全党的作风转变。全面加强新时代党的建设新的伟大工程,加强作风建设,必须紧紧围绕保持党同人民群众的血肉联系,增强群众观念和群众感情,不断厚植党执政的群众基础。

四是以零容忍态度惩治腐败,夺取反腐败斗争压倒性胜利。全面加强新时代党的建设新的伟大工程,只有以反腐败永远在路上的坚韧和执着,深化标本兼治,保证干部清正、政府清廉、政治清明,才能跳出历史周期律,确保党和国家长治久安。

五是大力加强党的制度建设。全面加强新时代党的建设新的伟大工程,要把制度建设贯穿到党的建设各个方面。特别是要完善和落实民主集中制的各项制度,坚持民主基础上的集中和集中指导下的民主相结合,既充分发扬民主,又善于集中统一。

坚持以人民为中心的价值追求

习近平总书记指出:"人民是历史的创造者,是决定党和国家前途命运的根本力量。""一个政党,一个政权,其前途命运取决于人心向背。"十八大以来,在党的建设价值取向上,习近平总书记强调"以人民为中心"。我们党在树立群众观念、改进党的作风、反腐倡廉方面的成绩可圈可点,赢得了人民群众的信任,党与人民群众的联系得到了加强,党的执政基础进一步巩固。

十八大以来全面从严治党的经验启示我们,全面加强新时代党的建设新的伟大工程必须以人民为中心,必须坚持人民主体地位,坚持立党为公、执政为民,践行全心全意为人民服务的根本宗旨,把党的群众路线贯彻到治国理政全部活动之中,把人民对美好生活的向往作为奋斗目标,依靠人民创造历史伟业。明确这一点,对于我们全面加强新时代党的建设新的伟大工程无疑是至关重要的。

原载《人民论坛》2017 年第 S2 期

深入理解习近平新时代中国特色社会主义思想要重视的两个问题

党的十九大最重要的理论成果就是形成并提出了习近平新时代中国特色社会主义思想，因此，深入理解准确把握习近平新时代中国特色社会主义思想在全国上下认真学习研究深入贯彻落实党的十九大精神的热潮中就显得至关重要。习近平总书记在党的十九大报告中指出："十八大以来，国内外形势变化和我国各项事业发展都给我们提出了一个重大时代课题这就是必须从理论和实践结合上系统回答新时代坚持和发展什么样的中国特色社会主义、怎样坚持和发展中国特色社会主义，围绕这个重大时代课题，我们党坚持以马克思列宁主义，进行艰辛理论探索，取得重大理论创新成果，形成了新时代中国特色社会主义思想。"①可见，习近平新时代中国特色社会主义思想是重大时代课题的解答和凝练，是在理论和实践相结合的基础上，系统而深刻回答新时代坚持和发展什么样的中国特色社会主义，怎样坚持和发展中国特色社会主义的过程中形成并提出的，要深入理解并准确把握习近平新时代中国特色社会主义思想就要科学理解和把握这两个问题。

一、新时代坚持和发展什么样的中国特色社会主义

对坚持和发展什么样的中国特色社会主义，习近平总书记多次强调，中国特色社会主义是社会主义而不是其他什么主义，如 2013 年 1 月 5 日，习近平总书记在新进中央委员会委员候补委员学习贯彻党的十八大精神研讨班上的讲话中指出："中国特色社会主义是社会主义而不是其他什么主义，科学社会主义基本原则

① 《党的十九大报告辅导读本》，人民出版社 2017 年版，第 18－19 页。

不能丢,丢了就不是社会主义一个国家实行什么样的主义,关键要看这个主义能否解决这个国家面临的历史性课题。历史和现实都告诉我们,只有社会主义才能救中国,只有中国特色社会主义才能发展中国,这是历史的结论人民的选择。"①既然中国特色社会主义是社会主义而不是其他什么主义,为什么中国特色社会主义进入新时代还要继续系统回答新时代坚持和发展什么样的中国特色社会主义的问题呢?因为对这个问题的不同回答,决定中国特色社会主义发展的不同方向,进而影响决胜全面建成小康社会影响,建成富强民主文明和谐美丽的社会主义现代化强国,甚至影响中华民族伟大复兴中国梦的实现,因此要高度重视这个问题,要科学理解准确把握这个问题

第一,既然中国特色社会主义是社会主义,我们就要坚定不移地走社会主义道路,绝不能丢掉科学社会主义的基本原则,坚信只有社会主义能够救中国,只有中国特色社会主义能够发展中国。既然要坚定不移走社会主义道路,就要坚定中国共产党对一切工作的领导,将"党政军民学,东西南北中,党是领导一切的指示精神"落细落小落实。绝不丢掉科学社会主义的基本原则,就要在经济上大力发展生产力,大力发展公有制经济,做大做强做优国有企业集体企业;就要在政治上坚持人民民主专政,发展中国特色社会主义民主政治;就要在文化上培育和践行社会主义核心价值观,加强主流意识形态建设,建设社会主义先进文化;就要在法治上坚持中国特色社会主义法治建设,强调党的领导人民当家做主和依法治国的有机统一;就要在军事上坚持党对军队的领导,强调听党指挥能打胜仗作风优良;等等。

第二,既然中国特色社会主义不是其他什么主义,那么不是其他什么主义呢?首先不是民主社会主义,其次不是资本主义,更不是中国特色资本主义。之所以说中国特色社会主义不是民主社会主义,是因为民主社会主义不是社会主义,它是改良的资本主义,民主社会主义者没有认为民主社会主义是社会主义,民主社会主义有时又称为社会民主主义,两者都不是社会主义,都是改良的资本主义。因为民主社会主义既不坚持共产党的领导,也不坚持人民民主专政(无产阶级专政)。之所以说中国特色社会主义不是资本主义更不是中国特色资本主义,是因为中国特色社会主义是社会主义,社会主义与资本主义具有本质的区别;是因为

① 《习近平谈治国理政》,外文出版社 2014 年版,第 13 页。

我国的社会主义还处于并将长期处于初级阶段,我国必须进行社会主义市场经济建设,搞市场经济就有外资企业民营企业,有外资企业和民营企业就有剥削,但有剥削并非就是资本主义,因为外资企业和民营企业都是受中国共产党的管理,它们的剥削也都是受党和人民监督的,其生产也不像资本主义那样无序。

二、新时代怎样坚持和发展中国特色社会主义

对新时代怎样坚持和发展中国特色社会主义,党的十九大报告做了详细的阐述。不忘初心,牢记使命,必须要在以下几个方面坚持和发展中国特色社会主义。

第一,中国特色社会主义是社会主义,一定要坚定信心走社会主义道路,高举中国特色社会主义伟大旗帜,坚定中国特色社会主义道路自信、理论自信、制度自信、文化自信。习近平总书记讲过,“中国特色社会主义是适合中国国情符合中国特点顺应时代发展要求的理论和实践,所以才能取得成功,并将继续取得成功。”①中国特色社会主义是社会主义发展到21世纪的时代与历史的选择,是中国人民经历三次革命,即新民主主义革命、社会主义革命、改革开放新的伟大革命的伟大选择,伟大选择的一个重要结论就是要坚信社会主义道路是中国当下未来发展接续奋斗的道路,伟大道路需要中国特色社会主义伟大旗帜的引领,只有在这个能实现伟大事业的旗帜引领下,我们才能坚定四个自信,并把道路自信理论自信制度自信文化自信统一于中国特色社会主义这一人民伟大选择的社会主义事业之中。

第二,坚持以马克思列宁主义毛泽东思想邓小平理论三个代表重要思想科学发展观习近平新时代中国特色社会主义思想为指导。习近平总书记指出,时代是思想之母,实践是理论之源。马克思列宁主义毛泽东思想邓小平理论三个代表重要思想科学发展观习近平新时代中国特色社会主义思想都是时代精神的精华,这些精华恰恰印证了列宁提出的一个著名的论断,“没有革命的理论,就不会有革命的运动”。理论与思想,实践与现实,通过理论有效指导沟通了理想与现实之间的距离,在中国特色社会主义理论发展与创新时代转换的道路上,必须始终坚持上述理论的一脉相承,与时俱进,推进理论的深化与发展。

第三,毫不动摇地坚持一个中心、两个基本点路线。一个中心就是坚持“以经

---

① 《习近平谈治国理政(第二卷)》,外文出版社2017年版,第11页。

济建设为中心”，两个基本点就是坚持四项基本原则，坚持改革开放，以经济建设为中心，就是要大力解放生产力发展生产力，为消除两极分化实现共同富裕提供坚实的物质基础；坚持四项基本原则，坚持改革开放，就是要最大限度地发挥制度优势，发挥党作为中国特色社会主义领导核心的作用，通过改革开放这一伟大革命的全面推进与深化，调动各方面的积极性，发挥社会主义的优越性。

第四，为落实五位一体总体布局和四个全面战略布局，十九大做出了时代与历史的研判，中国特色社会主义进入新时代，我国社会主要矛盾已经转化为人民日益增长的美好生活需要和不平衡不充分的发展之间的矛盾。落实五位一体总体布局和四个全面战略布局，才能从总体上解决这一矛盾，落实五位一体总体布局才能解决人民群众对于经济政治文化社会生态等方面的诉求，才能夯实中国特色社会主义的基石。四个全面战略布局，是习近平新时代中国特色社会主义思想实现的重要践行形式，是推动改革开放和社会主义现代化建设迈上新台阶的强力保障，更是实现中华民族伟大复兴的伟大实践的重要保障。

第五，把握新的历史方位，在新的起点上决胜全面建成小康社会，夺取新时代中国特色社会主义伟大胜利。中国特色社会主义进入新时代，把握这一新的历史定位，才能继往开来，为推进伟大事业而继续奋斗，实现国富民强。经历三次革命，中国特色社会主义的制度、理论、理念、实践物质基础、文化底蕴以及各种机制都规范化制度化，为新的起点的实现奠定了基础，提供了前提条件，更为决胜全面建成小康社会、夺取新时代中国特色社会主义伟大胜利提供了必要的条件与保障。

第六，坚持推动构建人类命运共同体，为中国发展创造和平安宁的国际环境。国际局势风云变幻，各种风险与挑战，传统安全与非传统安全相互交织，抵御风险迎接挑战，必须坚持推动构建人类命运共同体，实现国际社会的和平与发展。习近平总书记在中国共产党与世界政党高层对话会上的主旨讲话中提出，我们要把自己的事情做好，这本身就是对构建人类命运共同体的贡献。我们也要通过推动中国发展给世界创造更多机遇，通过深化自身实践探索人类社会发展规律并同世界各国分享。我们不输入外国模式，也不输出中国模式，不会要求别国复制中国的做法。这本身就是对国际社会的贡献，同时又创造了有利于国际和平安宁的国际环境。

艰难困苦玉汝于成，百尺竿头更进一步。我们必须深刻认识把握习近平新时代中国特色社会主义思想要重视的这两个问题,旗帜鲜明、立场坚定地拥护以习近平同志为核心的党中央对于中国特色社会主义的领导,把习近平新时代中国特色社会主义思想贯彻好落实好,丰富人民的大脑,成为人民群众的强大的精神武器和行动指南。

原载《国外社会科学》2018 年第 1 期

意识形态工作最重要的任务

——用习近平新时代中国特色社会主义思想武装全党教育人民

学好习近平新时代中国特色社会主义思想，才能准确理解中国特色社会主义的本质和内容。习近平新时代中国特色社会主义思想深刻回答了我们坚持和发展的是什么样的中国特色社会主义以及怎样坚持和发展中国特色社会主义这个根本问题。但是，一个时期以来，社会上、国内外对于中国特色社会主义有各种各样的理解，有的人打着中国特色社会主义的旗号，讲的却是自己的那一套理论，塞的全是“私货”，所谓“我注六经”“六经注我”；甚至以解读为名刻意歪曲对中国特色社会主义内容的认识，例如，“中国特色社会主义就是经济上是资本主义、政治上搞社会主义”，等等，这些歪曲的言论都在有意误导广大群众，危害很大。只有认真学好习近平新时代中国特色社会主义思想，掌握其精神实质，才能准确辨别和批判种种对于中国特色社会主义的错误理解和认识，从而统一全社会的思想，在推进中国特色社会主义的各项事业中不走偏方向，确保全党全国各族人民同心同力、同向而行。

要联系总结历史经验，学习习近平新时代中国特色社会主义思想。习近平新时代中国特色社会主义思想一个鲜明的特点，就是以问题为导向。对于问题的回答，并不是从空洞的理论推演出来的，而是在深刻总结中国共产党历史、新中国历史、改革开放历史以及世界社会主义历史的经验教训，科学分析研究当代世界发展变化新情况的基础上提出来的。所以，我们要真正理解、掌握习近平新时代中国特色社会主义思想的精神，就必须像习近平总书记那样，认真学习研究党史、国史、改革开放史、世界社会主义史等，总结经验教训，才能真正把习近平新时代中国特色社会主义思想的含义弄清楚、精神实质把握准确，这样才能在落实习近平新时代中国特色社会主义思想的实践中避免出现偏差。

要通过学习习近平新时代中国特色社会主义思想，大力加强意识形态工作，巩固全党全国各族人民团结奋斗的共同思想基础。党的十八大以来，以习近平同志为核心的党中央高度重视意识形态工作，反复强调意识形态工作是党的一项极端重要的工作。我们在充分看到意识形态工作取得重大成就的同时，要清醒认识到，意识形态领域斗争依然复杂，国家制度安全面临着新情况。在社会上，"普世价值""新自由主义""历史虚无主义""西方宪政民主""新闻自由""公民社会""民主社会主义"以及否定人民民主专政、否认马克思主义国家学说等错误观点和错误思潮并没有销声匿迹，而是不断变换花样轮番粉墨登场，意识形态工作仍然任务艰巨。意识形态工作最重要的任务是：全党全社会全体人民都要学好习近平新时代中国特色社会主义思想，对于我们的制度、党的历史、党的领导、党的路线、国家政策等的认识，都要统一到习近平新时代中国特色社会主义思想上来，都要以这个科学理论为指导来分析认识问题。总之，要通过深入学习习近平新时代中国特色社会主义思想，使全社会全体人民树立起正确的理想信念，树立起正确的世界观、价值观，以巩固马克思主义指导地位、巩固国家的主流意识形态。

学习习近平新时代中国特色社会主义思想应该在真学真懂、真正掌握上下功夫。作为党员干部，一定要学好习近平新时代中国特色社会主义思想。同时，特别要加强广大群众的学习。要加强对城市社区居民、广大农村地区群众、各类非公组织从业者的宣传教育活动。要有新的载体，用群众喜闻乐见的形式，改变只有高层机关、高等院校学习理论，而广大城乡基层单位、基层群众长期缺乏理论学习的状况，保证习近平新时代中国特色社会主义思想能够在广大普通群众中入脑入心，并以此指导自己的言行，从而不仅提高广大人民群众的思想觉悟、道德水准、文明素养，而且进一步促进全党全社会思想上的团结统一，使全体人民在理想信念、价值理念、道德观念上更加一致，为夺取中国特色社会主义事业新胜利奠定广泛、坚实的思想基础。

原载《人民论坛》2018 年 6 月（下）

新时代中国特色社会主义的若干问题

一、中国特色社会主义进入新时代的现实根据

中国特色社会主义进入了新时代，这是党的十九大在准确把握我国发展所处新的历史方位基础上做出的一个重大政治判断。做出这一重大政治判断，具有以下科学依据。

（一）中国特色社会主义发展的环境和条件发生了重大变化

党的十八大以来，以习近平同志为核心的党中央提出一系列治国理政新理念新思想新战略，出台一系列重大方针政策，推出一系列重大举措，推进一系列重大工作，解决了许多长期想解决而没有解决的难题，办成了许多过去想办而没有办成的大事，推动党和国家事业发生历史性变革，推动我国经济实力、科技实力、国防实力、综合国力进入世界前列，推动我国国际地位实现前所未有的提升。

十八大以来的5年间，我国国内生产总值从54万亿元增长到80万亿元，稳居世界第二，对世界经济增长贡献率超过30%。5年间，我国人民生活不断改善，6000多万贫困人口稳定脱贫，城乡居民收入增速超过经济增速，教育事业全面发展，就业状况持续改善，人民健康和医疗卫生水平大幅提高。

在新中国成立以来特别是改革开放以来我国发展取得的重大成就基础上发生的这些历史性变革，使我国发展的环境和条件发生重大变化，我国发展站到新的历史起点上，对发展水平和质量的要求比以往更高了。

（二）我国社会主要矛盾发生了新变化

经过改革开放近40年的努力，我国稳定解决了十几亿人的温饱问题，总体上实现了小康，并将在2020年全面建成小康社会，人民美好生活需要日益广泛，不

仅对物质文化生活提出了更高要求,而且在民主、法治、公平、正义、安全、环境等方面的要求日益增长。同时,我国社会生产力水平显著提高,社会生产能力在很多方面进入世界前列,当前和今后面临的更加突出的问题是发展不平衡不充分。发展不平衡不充分已成为满足人民日益增长的美好生活需要的主要制约因素,体现在我国经济社会发展各个领域各个方面。它既表现为城乡、区域发展不平衡不充分,又表现为经济发展与社会发展不平衡不充分,还表现为经济发展、社会发展本身不平衡不充分。在这种情况下,党的十九大提出,我国社会主要矛盾已经由人民日益增长的物质文化需要同落后的社会生产之间的矛盾,转化为人民日益增长的美好生活需要和不平衡不充分的发展之间的矛盾。这个论断,反映了我国发展的实际状况,揭示了制约我国发展的症结所在。

当然,我国社会主要矛盾的变化,并没有改变我们对我国社会主义所处历史阶段的认识和判断,我国仍处于并将长期处于社会主义初级阶段的基本国情没有变,我国是世界最大发展中国家的国际地位没有变。

(三)党和国家事业发展的主要任务发生了新变化

经过改革开放近40年的发展,我们已经解决了人民的温饱问题,人民生活总体上达到小康水平。现在,我们面临的新的主要任务,是决胜全面建成小康社会和全面建设社会主义现代化国家。尤其是,在党的十九大到二十大这一“两个一百年”奋斗目标的历史交汇期,我们既要全面建成小康社会、实现第一个百年奋斗目标,又要乘势而上开启全面建设社会主义现代化国家新征程,向第二个百年奋斗目标进军。党和国家事业发展主要任务的变化,意味着中国特色社会主义进入了新时代。

(四)党的指导思想和事业发展的战略举措也有新变化

发展环境、社会主要矛盾和主要任务的变化,使党的指导思想的与时俱进既十分必要也非常现实。十八大以来,我们党进行艰辛理论探索,取得重大理论创新成果,形成了习近平新时代中国特色社会主义思想。党的十九大把习近平新时代中国特色社会主义思想确立为党必须长期坚持和发展的指导思想,实现了党的指导思想的又一次与时俱进。同时,基于我国社会主要矛盾的变化,我们党强调发展的内涵和重点、理念和方式、环境和条件、水平和要求与过去有很大不同,要针对发展不平衡不充分问题提出新的思路、新的战略、新的举措,更好地贯彻落实新发展理念,努力实现更高质量、更有效率、更加公平、更可持续的发展,不断满足人民日益增长的美好生活需要。党和国家指导思想和发展中国特色社会主义战略举措的新变化,也是中国特色社会主义进入新时代的一个重要依据。

二、中国特色社会主义进入新时代的伟大意义

中国特色社会主义进入新时代对中华人民共和国、中华民族、世界社会主义和人类社会的发展,都具有重大意义。

首先,中国特色社会主义进入新时代意味着中华民族迎来了从站起来、富起来到强起来的伟大飞跃,迎来了实现中华民族伟大复兴的光明前景。只有社会主义才能救中国,只有中国特色社会主义才能发展中国。在以毛泽东为代表的中国共产党人的领导下,中国人民打败日本帝国主义,推翻国民党反动统治,完成新民主主义革命,建立了中华人民共和国,确立社会主义基本制度,消灭一切剥削制度,翻身做了主人,掌握了自己的命运,“站起来了”。十一届三中全会以来,在以邓小平、江泽民、胡锦涛同志为代表的中国共产党人的领导下,中国摆脱贫困并赶上了时代,中国特色社会主义伟大事业不断开创、发展,中国经济稳居世界第二,中国人民解决了温饱问题、总体上实现了小康,并将实现全面小康,“富起来了”。十八大以来,在以习近平同志为主要代表的中国共产党人的领导下,党和国家事业发生历史性变革,我国经济实力、科技实力、国防实力、综合国力进入世界前列,我国日益走近世界舞台的中央,国际地位实现前所未有的提升,中华民族进入了走向“强起来”的历史时期。

其次,中国特色社会主义进入新时代意味着科学社会主义在21世纪的中国焕发出强大生机活力,在世界上高高举起了中国特色社会主义伟大旗帜。中国特色社会主义的成功实践,不仅导致中国经济社会发展的巨大进步,而且向世界充分展示了科学社会主义的强大生命力和充沛活力,展示了社会主义的良好形象,也根本改变了20世纪80年代末90年代初以来社会主义在世界上不断遭受挫折的命运和失败的形象,使世界越来越多的人相信新自由主义的、全球化的资本主义并非历史的终结,越来越有必要更加认真地思考社会主义的历史主题。

再次,中国特色社会主义进入新时代意味着中国特色社会主义道路、理论、制度、文化不断发展,拓展了发展中国家走向现代化的途径,给世界上那些既希望加快发展又希望保持自身独立性的国家和民族提供了全新选择,为解决人类问题贡献了中国智慧和中国方案。人类面临的问题很多,发展是其中一个极为

重要的问题。一直以来,在发展及其现代化问题上,存在一种西方现代化道路的迷信。我国发展的实践使中国特色社会主义进入新时代的事实无疑向世界说明了一个道理,即,“治理一个国家,推动一个国家实现现代化,并不只有西方制度模式这一条道,各国完全可以走出自己的道路来。可以说,我们用事实宣告了‘历史终结论’的破产,宣告了各国最终都要以西方制度模式为归宿的单线式历史观的破产”。

三、新时代中国特色社会主义的由来与形成

新时代中国特色社会主义不是一夜之间形成的,其形成是一个历史的过程,有其历史的由来。

(一)1840 年以来中国近代历史演变的结果

1840 年以来,中国逐步成为半殖民地半封建社会,中国陷入内忧外患的黑暗境地,中国人民身处水深火热之中。争取民族独立、人民解放,实现国家富强、人民富裕,成为中国人民必须完成的历史任务。为实现中华民族伟大复兴,中国人民和无数仁人志士进行了千辛万苦的探索和不屈不挠的斗争。太平天国运动、戊戌变法、义和团运动,不甘屈服的中国人民一次次抗争,但又一次次失败。孙中山先生领导的辛亥革命,结束了统治中国几千年的君主专制制度,对推动中国社会进步具有重大意义,但也未能改变中国半殖民地半封建的社会性质和中国人民的悲惨命运。

十月革命一声炮响,给中国送来了马克思列宁主义。1921 年中国共产党应运而生。中国共产党一经成立,就把实现共产主义作为党的最高理想和最终目标,义无反顾肩负起实现中华民族伟大复兴的历史使命。从此,中国命运就有了光明发展前景。96 年来,为了实现中华民族伟大复兴的历史使命,我们党初心不改、矢志不渝,团结带领人民创造了一个又一个彪炳史册的人间奇迹。其中,中国特色社会主义是党和人民历尽千辛万苦、付出巨大代价取得的根本成就。今天,我们坚定不移坚持中国特色社会主义道路、理论体系、制度和文化的全部内容,不是天上掉下来的,不是任何书斋式科学研究的结果,而是近代以来无数仁人志士、先进的中国人,为民族谋复兴,英勇奋斗,付出了无数鲜血与生命代价得出的历史结论。

(二)新中国成立以来近70年我们党接力探索在落后的东方大国如何建设社会主义的结果

众所周知,我们党领导人民进行社会主义建设,有改革开放前和改革开放后两个历史时期。新时代中国特色社会主义,不是对改革开放前我国社会主义建设理论与实践探索的推倒、重来,恰恰相反,它坚持改革开放前我国社会主义建设理论与实践探索积累的成果,如坚持马克思主义中国化的第一大理论创新成果——毛泽东思想的指导地位,坚持中国共产党的领导,坚持人民民主专政,坚持社会主义道路,坚持社会主义制度,坚持社会主义先进文化,坚持把党和国家的工作重点转到技术革命和社会主义建设上来,坚持以农业为基础和工业为主导,以农轻重为序安排国民经济,走一条中国工业化的道路,坚持民主集中制,扩大社会主义民主,加强社会主义法制建设,坚持正确区分和处理敌我矛盾和人民内部矛盾,等等,并以我们在社会主义建设时期取得的建立了独立的比较完整的工业体系和国民经济体系,农业生产水平有很大提高,城乡商业和对外贸易有很大增长,教育、科学、文化、卫生、体育事业有很大发展等重大成就为实践基础,接续奋斗,接力进行理论、实践、制度和其他各方面的探索创新。

毋庸讳言,改革开放前我国社会主义建设理论与实践探索,由于我们党领导社会主义事业的经验不多,党的领导对形势的分析和对国情的认识有主观主义的偏差,再加上犯过把阶级斗争扩大化、在所有制问题上急于求纯和在经济建设上急于求成的错误,我们没有取得本来应该取得的更大成就。新时代中国特色社会主义,坚持实事求是的思想路线,分清主流和支流,坚持真理,修正错误,总结经验,吸取教训,在这个基础上把党和人民事业继续推向前进。

(三)十一届三中全会以来近40年坚持社会主义改革开放的结果

改革开放既是我们党的历史上一次伟大觉醒,也是发展中国、发展社会主义、发展马克思主义的强大动力。中国特色社会主义之所以具有蓬勃生命力,就在于是实行改革开放的社会主义。中国特色社会主义在改革开放中产生,也必将在改革开放中发展壮大。新时代中国特色社会主义就是在改革开放中发展壮大的中国特色社会主义,因为它坚持改革开放只有进行时,没有完成时,不仅坚定不移走改革开放之路,而且蹄疾步稳推进全面深化改革,坚决破除各方面体制机制弊端,使中国特色社会主义制度更加完善,国家治理体系和治理能力现代化水平明显提高,全社会发展活力和创新活力明显增强,使中国特色社会主义在党和人民长期努力的基础上进入了新时代。

需要指出,即使是社会主义国家的改革开放,也有不同方向的选择。方向选择错误,“把改革定义为往西方政治制度的方向改”,往资本主义方向改,就是对广大人民来说的祸国殃民的“邪路”,苏联东欧国家的改革证明了这一点。苏联改革之初,就有人指出改革方向正确的极端重要性:“社会不是树木,它不仅下面有根,上面也有根。如果连通上下的血管被某种专横、教条主义以至于愚昧所梗阻,就必然会形成栓塞,而要想医治这种病症,正像我们今天所看到的那样,绝非一件易事。最严重的错误是在判断错误原因时所犯的错误。如症结在右边,而你偏到左边去找。甚至有这样的情况:找到了原因却视而不见,然后顾左右而言他。”①不幸的是,戈尔巴乔夫一意孤行,根本听不进去。

新时代中国特色社会主义的全面深化改革,绝不把西方的理论、观点生搬硬套在自己身上,坚决反对一切照抄照搬他国政治制度的主张和图谋,相反,始终坚定不移把握改革开放的正确方向,以坚持我国社会主义制度优越性为目标指向,始终坚持无论改什么、改到哪一步,坚持党对改革的集中统一领导不能变,完善和发展中国特色社会主义制度、推进国家治理体系和治理能力现代化的总目标不能变,坚持以人民为中心的改革价值取向不能变。

(四)我们党正确认识和总结国际共产主义运动历史经验教训的结果

我国革命、建设和改革都高度重视总结和汲取国际共产主义运动的历史经验教训。新时代中国特色社会主义也高度重视总结和汲取国际共产主义运动尤其是苏联社会主义建设成败的历史经验教训,其个中原因则如习近平总书记在中纪委十八届二次全会上指出的:我们国家无论在体制、制度上,还是在所走的道路和今天所面临的前所未有的境遇,都与苏联有着相似或者相近乃至相同的地方。弄好了,能走出一片艳阳天;弄不好,苏联的昨天就是我们的明天。

新时代中国特色社会主义对国际共产主义运动历史经验教训的总结和汲取主要表现在以下几点。

第一,强调全党保持政治定力,更加自觉地增强道路自信、理论自信、制度自信、文化自信,既不走封闭僵化的老路,也不走改旗易帜的邪路,坚定不移地走中

---

① 〔苏联〕A. 格尔曼:《官僚主义——最坏的内部敌人(苏联报刊文摘)》,罗正发等译,三联书店 1989 年版,第 226 页。

国特色社会主义道路。

第二，强调坚持党对一切工作的领导，坚决反对一切削弱、歪曲、否定党的领导和我国社会主义制度的言行，不断增强意识形态领域主导权和话语权。习近平总书记深刻指出："苏联为什么解体？苏共为什么垮台？一个重要原因就是意识形态领域的斗争十分激烈，全面否定苏联历史、苏共历史，否定列宁，否定斯大林，搞历史虚无主义，思想搞乱了，各级党组织几乎没任何作用了，军队都不在党的领导之下了。最后，苏联共产党偌大一个党就作鸟兽散了，苏联偌大一个社会主义国家就分崩离析了。这是前车之鉴啊！"①民主德国共产党的垮台也与党内出现严重的思想问题密切相关。一位东欧剧变的亲历者就曾回忆说：在20世纪"50年代，当人们谈论政治时，总会有一位共产党同志站出来维护党的立场。可是到了70年代和80年代，在对政治问题进行争论时，共产党员们不是离开会场就是建议换一个话题"②。

第三，强调完善和发展中国特色社会主义制度，推进国家治理体系和治理能力现代化。习近平总书记深刻总结苏联的经验教训指出："苏联在这个问题上进行了探索，取得了一些实践经验，但也犯下了严重错误，没有解决这个问题。"③苏联在这个方面犯下的严重错误之一，就是自动放弃党在国家治理体系中的领导核心地位，搞西方的多党制民主那一套。新时代中国特色社会主义则坚持党在国家治理体系中的核心地位，强调人大、政府、政协、法院、检察院、军队、各民主党派和无党派人士，各企事业单位，工会、共青团、妇联等群团组织，都要坚持党的领导，自觉贯彻党的路线方针政策和中央决策部署。

（五）以习近平同志为核心的党中央不忘初心，牢记使命，勇于担当、勇于探索，奋力推进党的理论和实践创新发展的结果

中国特色社会主义进入新时代固然是党带领全国各族人民经过长期努力的结果，但也是十八大以来以习近平同志为核心的党中央不忘初心，牢记使命，勇于担当、勇于探索，奋力推进党的理论和实践创新发展的结果。面对十八大以来我国经济进入新常态，发展步入新阶段，面对发展中不平衡、不协调、不可持续问题

---

① 《十八大以来重要文献选编（上）》，中央文献出版社2014年版，第113页。

② 〔英〕本·福凯斯：《东欧共产主义的兴衰》，张金鉴译，中央编译出版社1998年版，第252-253页。

③ 习近平：《切实把思想统一到党的十八届三中全会精神上来》，《求是》2014年第1期。

突出，科技创新能力不强，深化改革开放和转变经济发展方式任务艰巨，城乡区域发展差距和居民收入分配差距依然较大和关系群众切身利益的问题较多，以及党内存在的突出问题和党面临的重大风险考验等一系列问题，如果没有以习近平同志为核心的党中央从理论和实践结合上对新时代坚持和发展什么样的中国特色社会主义、怎样坚持和发展中国特色社会主义做出系统回答，并且根据新的实践对经济、政治、法治、科技、文化、教育、民生、民族、宗教、社会、生态文明、国家安全、国防和军队、“一国两制”和祖国统一、统一战线、外交、党的建设等各方面做出理论分析和政策指导，我们就不可能取得十八大以来全方位的、开创性的成就并进行深层次的、根本性的变革，就不可能推动中国特色社会主义进入新时代。

四、新时代中国特色社会主义的本质与特征

习近平同志继承和发展马克思主义时代观，依据中国特色社会主义事业发展的新局面，做出了一个重要的历史性判断，“经过长期努力，中国特色社会主义进入了新时代，这是我国发展新的历史方位”。这个重大判断，具有划时代的里程碑意义，我们要深刻理解和准确把握其精神实质和特征。

这个新时代，是承前启后、继往开来、在新的历史条件下继续夺取中国特色社会主义伟大胜利的时代。这个新时代，不是区别于不同社会形态的时代（从历史发展大趋势和社会形态方面来看，我们仍然处在马克思主义所指明的历史大时代），而是特指中国特色社会主义伟大事业进入更高水平的阶段。一定要明确，在新时代，坚持和发展中国特色社会主义这个主题没有变，坚持中国特色社会主义道路、理论、制度、文化自信没有变，党和国家的事业不是另起炉灶，不是与这之前的事业一刀两断，从零开始，而是承前启后，继往开来。我国的社会主义制度和党的基本理论都要继续坚持。当然，我们也要从中国特色社会主义进入新时代这一新的历史方位出发，全面把握中国特色社会主义新发展阶段的时代特点、主要矛盾、发展目标，才能不断取得新成就，夺取新时代中国特色社会主义伟大胜利，在中华人民共和国发展史上、中华民族发展史上、世界社会主义发展史上、人类社会发展史上书写下新的辉煌篇章。

这个新时代，是决胜全面建成小康社会、进而全面建设社会主义现代化强国的时代。小康社会是几千年来中华民族普通老百姓最朴素的追求和愿望。改革开放之初，邓小平同志用“小康”这个概念来明确和诠释中国社会主义现代化建设

的阶段性发展目标，这符合中国的发展实际和优秀文化传承，深入人心，赢得广大人民群众的普遍认同和支持，是我们党向人民、向历史做出的庄严承诺。30 多年来，围绕这个目标，我们艰苦奋斗，推动小康社会建设取得了显著成绩。在党的十九大上，习近平总书记指出，从现在到 2020 年，是全面建成小康社会决胜期。全面建成小康社会只是实现中华民族伟大复兴的关键一步，我们还要继续向第二个百年奋斗目标进军。党的十九大将实现第二个百年奋斗目标进一步明确划分为两个阶段：从 2020 年到 2035 年，在全面建成小康社会基础上，再奋斗 15 年，基本实现社会主义现代化；在基本实现现代化的基础上再奋斗 15 年，到 21 世纪中叶把我国建成富强民主文明和谐美丽的社会主义现代化强国。在这两步战略安排中，我们看得很清楚，今后 30 年左右的时间，我们党和全国各族人民在推进中国特色社会主义事业的新实践中，具体的基本任务就是要在以往奋斗的基础上，把我国建设成为经济、科技、国防实力、文化软实力、综合国力在世界领先的社会主义现代化强国。

这个新时代，是全国各族人民团结奋斗、不断创造美好生活、逐步实现全体人民共同富裕的时代。实现共同富裕，是千百年来人们追求的理想目标，也是科学社会主义目标的大众化表达。改革开放之初，由于我国生产力发展水平较低，区域间发展不平衡，使十几亿中国人民同步富裕是不现实的。当前，我国经济社会快速发展，生产力水平大幅提高，人民生活大大改善，共同富裕的问题日益提上议事日程，我们也有能力在实现共同富裕方面迈出坚实步伐。党的十九大做出了我国社会主要矛盾已经转化的论断，并明确提出要深入贯彻以人民为中心的发展思想，坚持在发展中保障和改善民生，保证全体人民在共建共享发展中有更多获得感，不断促进人的全面发展、全体人民共同富裕。这充分反映了当代中国最大多数人的热烈愿望和期盼，顺应了中国特色社会主义新时代的要求。

这个新时代，是全体中华儿女勠力同心、奋力实现中华民族伟大复兴中国梦的时代。1840 年鸦片战争后，中国逐步沦为半殖民地半封建国家，中华民族到了最危险的时刻，陷入内忧外患的黑暗境地，中国人民也经历了战乱频仍、民不聊生的深重苦难。从那时起，实现中华民族伟大复兴就成为中国人民最伟大的梦想。无数仁人志士为了民族复兴大业，前仆后继，开展了反帝反封建的艰苦探索和斗争，进行了民族解放、国家独立富强的各种尝试，但始终没有找到一条正确的道路来实现这个伟大目标和理想。中国共产党一经成立，就义无反顾肩负起实现中华民族伟大复兴的历史使命，团结带领人民进行了艰苦卓绝的斗争，推动中国社会一次又一次实现伟大飞跃，取得了革命、建设、改革的一个又一个伟大成就，从根本上改变了中国人民和中华民族的前途命运。新中国成立后特别是改革开放以来，中国共产党带领全国人民开辟了中国特色社会主义道路，中华民族的面貌发生了前所未有的变化，实现了从站起来、富起来到强起来的伟大飞跃，迎来了实现中华民族伟大复兴的光明前景。应该说，实现中华民族伟大复兴中国梦，这是近代以来中国人民奋斗的主题，但在不同历史时期，具体的任务不一样。在新中国成立前，主要任务是要实现“站起来”目标，为这个主题创造前提，中国特色社会主义进入新时代后，主要任务是要实现“强起来”目标，为这个主题画上圆满句号。

这个新时代，是我国日益走近世界舞台中央、不断为人类做出更大贡献的时代。十八大以来，在始终把为人类做出新的更大贡献作为自己使命的中国共产党的坚强领导下，中国的综合国力、国际影响力、塑造力进一步提高，日益走近世界舞台中央。中国秉持共商共建共享的全球治理观，推动建设相互尊重、公平正义、合作共赢的新型国际关系和构建人类命运共同体。中国积极发展全球伙伴关系，推进大国协调和合作，加强同发展中国家团结合作，以扩大同各国的利益交汇点，防范和化解危机、冲突。中国坚持对外开放的基本国策，积极促进“一带一路”国际合作，打造国际合作新平台，推动建设开放型世界经济，为国际社会增添共同发展新动力。中国发挥负责任大国作用，积极参与全球治理体系改革和建设，不断贡献中国智慧和力量，受到国际社会高度赞誉和广泛认同，中国是世界和平的建设者、全球发展的贡献者、国际秩序的维护者，中国共产党是为人类进步事业而奋斗的政党，这已经为世界所公认。在中国特色社会主义新时代，中国有信心、也有能力继续为世界做出更大贡献，以促进世界的和平发展与稳定、人类的繁荣与进步。

五、新时代中国特色社会主义的基本任务

十九大报告根据我国社会主要矛盾的变化及其对党和国家事业发展的新要求，提出了新时代开启全面建设社会主义现代化国家的基本任务。根据十九大的部署，可以分两个阶段来安排全面建设社会主义现代化国家。第一个阶段，从2020年到2035年，在全面建成小康社会的基础上，基本实现社会主义现代化。社会主义现代化基本实现也就意味着，“我国经济实力、科技实力将大幅跃升，跻身

创新型国家前列；人民平等参与、平等发展权利得到充分保障，法治国家、法治政府、法治社会基本建成，各方面制度更加完善，国家治理体系和治理能力现代化基本实现；社会文明程度达到新的高度，国家文化软实力显著增强，中华文化影响更加广泛深入；人民生活更为宽裕，中等收入群体比例明显提高，城乡区域发展差距和居民生活水平差距显著缩小，基本公共服务均等化基本实现，全体人民共同富裕迈出坚实步伐；现代社会治理格局基本形成，社会充满活力又和谐有序；生态环境根本好转，美丽中国目标基本实现。"①

第二个阶段，从2035年到21世纪中叶，把我国建成富强民主文明和谐美丽的社会主义现代化强国。社会主义现代化强国的建成则意味着："我国物质文明、政治文明、精神文明、社会文明、生态文明将全面提升，实现国家治理体系和治理能力现代化，成为综合国力和国际影响力领先的国家，全体人民共同富裕基本实现，我国人民将享有更加幸福安康的生活，中华民族将以更加昂扬的姿态屹立于世界民族之林。"②

新时代建成社会主义现代化强国的基本任务，绝不是轻轻松松、敲锣打鼓就能完成的，必须全面贯彻习近平新时代中国特色社会主义思想和十九大的决策部署，更好地统筹推进"五位一体"总体布局、协调推进"四个全面"战略布局，着力解决发展不平衡不充分问题。

必须着力解决经济发展本身不平衡不充分的问题，突出抓重点、补短板、强弱项，坚定不移贯彻创新、协调、绿色、开放、共享的发展理念，以供给侧结构性改革为主线，推动经济发展质量变革、效率变革、动力变革，提高全要素生产率，着力加快建设实体经济、科技创新、现代金融、人力资源协同发展的产业体系，着力构建市场机制有效、微观主体有活力、宏观调控有度的经济体制，不断增强我国经济创新力和竞争力。

必须着力解决经济与发展之间不平衡不充分的问题，坚持在发展中补齐民生短板，在幼有所育、学有所教、劳有所得、病有所医、老有所养、住有所居、弱有所扶上不断取得新进展，深入开展脱贫攻坚，保证全体人民在共建共享发展中有更多

---

① 习近平：《决胜全面建成小康社会夺取新时代中国特色社会主义伟大胜利——在中国共产党第十九次全国代表大会上的报告》，人民出版社2017年版，第28－29页。

② 习近平：《决胜全面建成小康社会夺取新时代中国特色社会主义伟大胜利——在中国共产党第十九次全国代表大会上的报告》，人民出版社2017年版，第29页。

获得感,不断促进人的全面发展,实现全体人民共同富裕。

必须着力解决社会文明方面存在的道德失范、诚信缺失问题,坚持培育和践行社会主义核心价值观,加强社会信用体系建设,发展社会主义先进文化,不忘本来、吸收外来、面向未来,更好构筑中国精神、中国价值、中国力量,为人民提供精神指引。

必须着力解决国家治理体系和治理能力不适应经济社会发展要求的问题,坚持发挥党总揽全局、协调各方的领导核心作用,坚决清除妨碍社会生产力发展的体制机制障碍,推动中国特色社会主义制度更加成熟更加定型,同时也要努力增强学习本领、政治领导本领、改革创新本领、科学发展本领、依法执政本领、群众工作本领、狠抓落实本领、驾驭风险本领,着力提高党科学执政、民主执政、依法执政水平,保证党领导人民有效治理国家。

原载《马克思主义研究》2017 年第 12 期

第二部分 02

坚持马克思主义指导地位

深刻认识马克思主义的历史地位和当代意义

中国共产党之所以能排除万难,制定出正确的路线、方针和政策,实现正确的领导,就是因为它坚持以马克思主义作为行动的指南,并且坚持把马克思主义与中国社会实际紧密结合,在推动发展的实践中进行理论创新,推进马克思主义中国化、时代化,发展中国化的马克思主义。

一个半多的世纪以来,马克思主义风雨兼程,以前所未有的伟大力量改变着世界的面貌和人类历史的进程,充分展现着它巨大真理威力和强大生命力。在马克思200周年诞辰、《共产党宣言》发表170周年的今天,在新时代的历史方位上,需要我们充分认识马克思主义的历史地位和当代意义,深刻感悟和把握马克思主义真理力量。

马克思主义是人类优秀文化遗产的产物。它以德国古典哲学、英国古典经济学和欧洲空想社会主义为主要理论来源,包括马克思主义哲学、政治经济学和科学社会主义三个组成部分。马克思主义不仅是关于自然、社会和思维发展的普遍规律的学说,更是无产阶级的科学世界观和方法论。马克思主义一经创立,就成为无产阶级解放的思想武器,它为全世界无产阶级争取自身解放和整个人类解放指明了正确的道路,是无产阶级政党和社会主义事业的指导思想。

马克思主义产生以来的国际共产主义运动史证明,无产阶级政党和社会主义国家的兴衰,是与马克思主义直接关联的。俄国取得十月革命胜利和后来的东欧剧变表明,是否坚持马克思主义指导地位,是关系无产阶级政党和社会主义国家能否取得革命胜利和发展富强的思想保证;动摇、取消马克思主义指导地位,必然使无产阶级政党和社会主义国家遭受惨痛失败。同样,1840年以来的中国历史证明,在民族灾难深重,人民水深火热的旧中国,无数仁人志士奋斗牺牲救中国都以失败而告终,只有在马克思主义传入中国以后,中国革命的面貌才焕然一新,只有马克思主义才能救中国。中国共产党正是以马克思主义为自己的思想武器,把马克思主义与中国具体实际相结合,才夺取了中国革命的胜利。

新中国成立以后,中国共产党团结带领人民进行社会主义建设,建立了人民民主专政的国体、人民代表大会的政体,使被奴役的广大中国人民成为国家的主人,在政治上确保了中国社会长治久安、人民安居乐业。同时废除封建土地制度,没收官僚资本,进行社会主义改造,形成了中国社会主义基本经济制度的主要内容。在带领人民进行建设社会主义的探索中,取得了很多的理论成果和实践经验。1978 年底,党的十一届三中全会重新确立了马克思主义的实事求是思想路线,确立了改革开放的基本国策,开始探索中国特色社会主义道路、理论、制度。同时,不断排除对改革开放的干扰,坚持改革的社会主义方向,确保了中国道路的成功。中华人民共和国之所以能够完成中华民族有史以来最为广泛而深刻的社会变革,实现中华民族由近代不断衰落到根本扭转命运、持续走向繁荣富强的伟大飞跃,根本原因就在于中国共产党一以贯之地坚持以马克思主义为指导思想,以马克思主义为推动党和国家事业前进的行动指南。历史证明,只有马克思主义才能发展中国,马克思主义及中国化成果是改革开放以来中国所取得的一系列历史性成就的思想保证。

党的十八大以来,以习近平同志为核心的党中央面对错综复杂的国际环境和艰巨繁重的国内改革发展稳定任务,科学把握当今世界和当代中国的发展大势,顺应实践要求和人民愿望,总揽全局、开拓创新,推出一系列重大战略举措,出台一系列重大方针政策,推进一系列重大工作,解决了许多长期想解决而没有解决的难题,办成了许多过去想办而没有办成的大事。今天的中国成为世界第二大经济体、世界第一贸易大国和制造大国,我们越来越走向世界舞台的中央,越来越接近 100 多年来仁人志士梦寐以求的实现中华民族伟大复兴的梦想。靠的是什么?靠的就是中国共产党坚强正确的领导。中国共产党之所以能排除万难,制定出正确的路线、方针和政策,实现正确的领导,就是因为它坚持以马克思主义作为行动的指南,并且坚持把马克思主义与中国社会实际紧密结合,在推动发展的实践中进行理论创新,推进马克思主义中国化、时代化,发展中国化的马克思主义。

马克思主义是中国 100 多年历史发生根本改变的思想根源,是中国共产党取得辉煌成就的根本原因,是中华民族由水深火热到振兴奋起走向富强的灵魂,是中华民族实现伟大复兴、中国人民走向美好未来的思想保证。

习近平新时代中国特色社会主义思想，是马克思主义中国化最新成果，是当代中国的马克思主义，它全面回答了我们坚持和发展什么样的中国特色社会主义以及怎样坚持和发展中国特色社会主义的一系列问题。它阐述的关于新时代中国特色社会基本矛盾的思想，关于以人民为中心的发展思想，关于全面深化改革、全面依法治国、全面从严治党思想，新时代强军思想，构建人类命运共同体思想，等等，都发展了马克思主义关于科学社会主义的学说。这是我们建设富强民主文明和谐美丽的社会主义现代化强国，实现中华民族伟大复兴中国梦的思想武器和运动指南。用习近平新时代中国特色主义思想武装全党、教育人民是今天我们坚持马克思主义指导地位的根本性任务。纪念马克思，坚持马克思主义，我们必须认真学习、正确理解、牢牢掌握、坚决贯彻习近平新时代中国特色社会主义思想。

原载《人民政协报》2018 年 5 月 3 日

旗帜鲜明坚持马克思主义指导地位

一年来,哲学社会科学界结合自己的研究领域,已把坚持以马克思主义为指导的聚焦点,落实到了研究我国发展和我们党执政面临的重大理论和实践问题上,落实到了提出解决问题的正确思路和有效办法上,在面对错误思潮时敢于亮剑,唱响了中国舆论场的时代主旋律,为给中国社会健康发展扩充了理论正能量。

习近平总书记在"5·17"重要讲话中指出,坚持以马克思主义为指导,是当代中国哲学社会科学区别于其他哲学社会科学的根本标志,必须旗帜鲜明地加以坚持。

坚持马克思主义是历史和人民的正确选择

迄今为止,马克思主义是人类思想史上对人类文明进步产生影响最大的科学思想。尽管马克思主义诞生在一百多年之前,但迄今依然有着强大的理论与实践生命力。在21世纪来临之时,马克思被西方思想界评为"千年第一思想家"。海尔布隆纳在《马克思主义:赞成与反对》中表示,要探索人类社会发展前景,必须向马克思求教,人类社会至今仍然生活在马克思所阐明的发展规律之中。实践证明,无论时代如何变迁、科学如何进步,马克思主义依然显示出科学思想的伟力,依然占据着真理和道义的制高点。

哲学社会科学坚持以马克思主义为指导,是中国国家发展历程赋予的规定性和必然性。马克思主义是中国当代哲学社会科学的灵魂,是中国当代哲学社会科学沿着正确方向发展的保证。当代中国哲学社会科学的成就之所以能在中国特色社会主义事业中发挥积极作用,根源在于坚持马克思主义为指导。坚持马克思主义指导,决定了我国哲学社会科学的性质方向和繁荣发展。坚持以马克思主义为指导,是我国哲学社会科学最鲜明的特色,是中国哲学社会科学繁荣发展的应有之义,是在错综复杂的形势下保持清醒头脑、坚定正确的政治方向和学术导向的思想政治保证。习近平总书记"5·17"重要讲话明确要求,发展中国哲学社会科学,必须坚持马克思主义指导地位。

坚持马克思主义指导,塑造了我国哲学社会科学的学术传统。英国历史学家巴勒克拉夫在评价新中国历史研究时曾说,由于强调了农民战争的革命性以及对促进社会变革的推动作用,"从根本上改变了中国历史的语言","建立了评估和重现中国过去历史的标准"。正是由于坚持人民立场、自觉为人民做学问,坚持科学性与革命性相统一的马克思主义指导地位,我国哲学社会科学工作者不仅继承了优良的学术研究传统,还形成了崇尚精品、严谨治学、注重诚信、讲求责任的优良学风;营造了风清气正、互学互鉴、积极向上的学术生态;崇尚"士以弘道"的价值追求,把做人、做事、做学问统一起来;坚持把社会责任放在首位,做真善美的追求者和传播者,以深厚的学识修养赢得尊重,以高尚的人格魅力引领风气,在为祖国、为人民立德立言中成就了自我、实现了价值。

坚持马克思主义指导要落实到行动

一年来,广大哲学社会科学工作者把马克思主义对哲学社会科学的指导落实到行动上,强化了马克思主义在指导哲学社会科学研究工作中的重要地位。

第一,强化马克思主义在指导哲学社会科学研究工作中的作用,要解决真懂真信问题。马克思主义关于世界的物质性及其发展规律、人类社会及其发展规律、认识的本质及其发展规律等原理,为哲学社会科学各个领域提供了基本的世界观、方法论。过去一段时间,哲学社会科学界一些人对马克思主义指导存在模糊甚至错误的认识:有的认为马克思主义已经过时了;有的认为马克思主义只是一种意识形态说教,没有学理性和学术上的系统性;有的对马克思主义的学习和研究浅尝辄止、蜻蜓点水、一知半解等,致使在一些领域中马克思主义被边缘化、空泛化、标签化,在一些学科研究中"失语"、教材中"失踪"、在论坛上"失声"。一年来,哲学社会科学界结合习近平总书记"5·17"重要讲话精神,通过培训和自学,认真学习马克思主义基本原理,特别是对习近平总书记系列重要讲话精神的学习,在解决对马克思主义真懂真信的问题上取得了很好的效果。

第二,坚持马克思主义指导地位,核心是要解决"为什么人"的问题。广大哲学社会科学工作者通过深入学习习近平总书记“5·17”重要讲话精神，进一步理解了“为什么人”的问题之于哲学社会科学研究的根本性、原则性。越来越多的哲学社会科学工作者通过学习“5·17”重要讲话，不断强化了坚持为人民做学问的理想，坚持以人民为中心的研究导向，把个人学术追求同国家和民族发展紧紧联系在一起的思想认识，客观上增强了哲学社会科学对人民群众的吸引力、感染力、影响力。

第三，坚持马克思主义指导地位，有个正确的立场、方法问题。通过对“5·17”重要讲话的深入学习，广大哲学社会科学工作者认识到坚持马克思主义不能采取教条主义的态度，也不能采取实用主义的态度，坚持马克思主义就是要在工作中坚持马克思主义立场、观点、方法，将之贯穿于自己的研究始终。一年来，哲学社会科学界结合自己的研究领域，已把坚持以马克思主义为指导的聚焦点，落实到了研究我国发展和我们党执政面临的重大理论和实践问题上，落实到了提出解决问题的正确思路和有效办法上，在面对错误思潮时敢于亮剑，唱响了中国舆论场的时代主旋律，为给中国社会健康发展扩充了理论正能量。

第四，坚持马克思主义，关键在于巩固和发展马克思主义。党的十八大以来，马克思主义在意识形态领域的指导地位进一步得到巩固，高校马克思主义学院建设呈现良好局面，思想政治理论课教师的职业认同度也大大提高，特别是以习近平总书记系列重要讲话精神和治国理政新理念新思想新战略等为代表的当代中国马克思主义理论成果，已成为高校思政课教育与教学的主要内容。

习近平总书记在“5·17”重要讲话中提出，构建中国特色哲学社会科学，必须坚持以马克思主义为指导，形成有中国特色、中国风格、中国气派的各领域的学科体系、学术体系、话语体系。一年来，以中国社会科学院为代表的各研究单位，围绕指导思想、学科体系、学术体系、话语体系等方面进行了深入研究，正在加快构建中国特色哲学社会科学建设步伐，正在努力提出能够体现中国立场、中国智慧、中国价值的理念、主张、方案。

在中国特色社会主义发展进程中，广大哲学社会科学工作者正努力学习和落实习近平总书记“5·17”重要讲话精神，始终坚持马克思主义对我国哲学社会科学的指导，不畏艰辛、不辱使命，将以自己的智慧和努力为实现“两个一百年”奋斗目标、实现中华民族伟大复兴的中国梦，贡献出新的更大的力量！

原载《中国社会科学报》2017年5月5日

科学理论是价值观的“航标”自信源于马克思主义正确指导

科学理论是成功经验和规律性认识的提炼与升华,对价值观具有重要的形塑和导航作用。马克思主义是经历史与实践证明的颠扑不破的科学理论,是社会主义核心价值观的理论基础和源泉。我们今天之所以有底气讲核心价值观自信,主要是因为社会主义核心价值观坚持以马克思主义为指导。

马克思主义的核心价值取向具有最广泛认同度

马克思主义自创立以来,就把实现工人阶级和广大劳动人民的幸福生活作为自己的奋斗目标,其核心价值取向是为广大人民群众谋利益。因此,社会主义革命得到了广大人民群众的支持。马克思主义政党在领导人民建立社会主义社会后,其价值目标同样是为广大人民群众谋利益。马克思曾指出,人们奋斗所争取的一切,都同他们的利益有关。可见,促进广大人民群众根本利益的实现,是马克思主义永葆生机和充满活力的关键。

中国化马克思主义认同并坚持马克思主义的这一核心价值取向。在中国革命、建设中,毛泽东同志提出了全心全意为人民服务的根本宗旨。改革开放以来,邓小平同志把是否有利于提高人民的生活水平作为是否坚持社会主义道路的重要评判标准,“三个代表”重要思想强调始终代表中国最广大人民的根本利益,科学发展观的核心是以人为本。党的十八大以来,以习近平同志为核心的党中央坚持以人民对美好生活的向往为我们党的奋斗目标,提出了共享发展的新理念。显然,马克思主义的核心价值取向在中国化马克思主义中一脉相承、与时俱进,为中国广大人民群众所认同和支持,成为我们增强核心价值观自信的坚强支撑。

“中国奇迹”彰显马克思主义价值理想的实践威力

20世纪初,当中国人民对国家的前途命运感到困惑和迷茫时,“十月革命”的胜利给中国送来了马克思主义这一强大思想武器。伴随着中国共产党的成立,马克思主义成为中国革命事业的指导思想。从此,中国革命有了明确方向和奋斗目标:为广大人民群众谋利益,建立社会主义社会和共产主义社会。

正是在这一理想信念和价值追求指引下,中国共产党人领导广大人民群众取得了新民主主义革命胜利,建立了人民当家做主的新中国;顺利完成“三大改造”,确立了社会主义基本制度。改革开放以来,我们始终坚持社会主义、共产主义的理想追求,中国特色社会主义事业取得巨大成就,创造了举世瞩目的“中国奇迹”。党的十八大以来,以习近平同志为核心的党中央坚持“最低纲领”与“最高纲领”有机统一,强调实现“两个一百年”奋斗目标和中华民族伟大复兴的中国梦。“中国奇迹”的创造、中国梦的提出和伟大实践,彰显了马克思主义价值理想的强大实践威力,进一步增强了我们的核心价值观自信。

马克思主义对核心价值观建设具有根本指导意义

促进国家富强文明是马克思主义的一贯追求。在肯定生产力发展和社会财富积累的进步意义时,马克思、恩格斯指出:“资产阶级在它的不到一百年的阶级统治中所创造的生产力,比过去一切世代创造的全部生产力还要多,还要大。”同时,马克思、恩格斯对生产力在未来共产主义社会的高度发达充满期待:“只有在那个时候,才能完全超出资产阶级权利的狭隘眼界,社会才能在自己的旗帜上写上:各尽所能,按需分配!”今天,我们将富强作为社会主义核心价值观的重要范畴,就是要努力实现马克思主义提倡的生产力极大发展、人民群众共同富裕。此外,马克思主义经典作家还对社会主义国家在经济、政治、文化等多方面的价值追求做出阐述和论证,是社会主义核心价值观倡导的国家层面价值目标的重要理论来源和未来发展的方向指引。

追求社会公平正义是马克思主义的题中应有之义。马克思深刻揭示了资本主义社会的剥削和压迫本质,指出资本主义社会自由平等和公平正义理念的虚假性和伪善性。同时指出,共产主义社会必然是自由、平等与公正的社会,而实现这一价值目标的关键是发展社会生产。“通过社会生产,不仅可能保证一切社会成员有富足的和一天比一天充裕的物质生活,而且还可能保证他们的体力和智力获得充分的自由的发展和运用。"马克思主义经典作家将社会公平正义作为社会主义、共产主义的基本价值追求,并强调社会生产对实现这一价值追求的基础作用,这对我们今天把握和践行社会主义核心价值观在社会层面的价值追求、价值标准具有重要指导意义。

实现人的自由全面发展是马克思主义的终极价值追求。"代替那存在着阶级和阶级对立的资产阶级旧社会的,将是这样一个联合体,在那里,每个人的自由发展是一切人的自由发展的条件。"这是马克思主义的终极价值追求,也是中国共产党人的终极奋斗目标。恩格斯还认为,科学社会主义是"人类从必然王国进入自由王国的飞跃。"可见,马克思、恩格斯都认为社会主义社会发展的目标是为人的自由全面发展提供良好条件。社会主义核心价值观关于个人层面的价值准则,无论爱国、敬业还是诚信、友善,以及国家、社会层面的各个价值范畴,归根到底都是为了实现马克思主义关于人的自由全面发展的价值目标和追求,也需要在实现这一目标和追求的实践中得到确认和彰显。

原载《红旗文稿》2016 年第 1 期

新发展理念彰显马克思主义真理性

发展是马克思主义政党执政兴国的第一要务。能否在马克思主义指导下确立系统科学的发展理念,是检验马克思主义真理性和马克思主义政党执政能力强弱的“试金石”。创新、协调、绿色、开放、共享的新发展理念,是我们党将马克思主义基本原理同我国具体实际和时代特征相结合的理念结晶,彰显了马克思主义的真理性,彰显了我们党执政兴国的高超智慧与能力。

彰显马克思主义以人为本的根本立场

人民是历史的创造者,民心向背是政党政权前途命运的决定因素,这是为马克思主义所揭示并为历史发展所证明的客观规律。坚持以人为本,是马克思主义的基本立场。以人为本,就是始终站在人民大众的立场上,坚持一切为了人民、一切相信人民、一切依靠人民,诚心诚意为人民谋利益。坚持以人为本,实现好、维护好、发展好最广大人民根本利益,是我们党开展一切工作的出发点和落脚点。落实到发展问题上,就是坚持以人民为中心的发展思想,把人民利益放在最高位置,尊重人民主体地位,发扬人民首创精神,想群众之所想、急群众之所急、谋群众之所需,坚持发展为了人民、发展依靠人民、发展成果由人民共享。

面对“十三五”时期我国经济社会发展的新形势和人民群众的新期待、新需求,我们党提出了创新、协调、绿色、开放、共享的新发展理念。这些新发展理念是一个有机联系的整体,集中体现了我们党以人为本的根本立场。创新发展、协调发展、绿色发展、开放发展,人民群众既是主体,又是受益者;共享发展,则鲜明体现了新发展理念的根本价值取向,就是让发展成果最大限度地惠及全体人民。因此,新发展理念一经提出,就得到广大人民群众的衷心拥护和大力支持,必将通过人民群众的伟大实践创造新的人间奇迹。

彰显马克思主义实事求是的本质要求

实事求是是马克思主义的本质要求。实事求是,就是从客观存在的事物出发,通过观察和研究、学习和总结、概括和抽象,认识把握事物发展的内在规律。坚持实事求是,是马克思主义真理性的一个重要体现。在发展的问题上坚持实事求是,需要我们从我国现实国情和发展的阶段性特征出发,着力把握推进经济社会发展的科学规律。

社会主义社会的发展,受经济规律、自然规律、社会规律支配和制约。科学把握和自觉遵循这些客观规律对发展提出的要求,就能赢得发展的主动权,顺利实现发展目标。在全面深化改革的重大历史关头,我们党提出创新、协调、绿色、开放、共享的新发展理念,充分体现了马克思主义发展观的真谛,即发展必须是遵循经济规律的科学发展,必须是遵循自然规律的可持续发展,必须是遵循社会规律的包容性发展。

新发展理念遵循经济规律,按照科学发展的基本要求,顺应我国经济深度融入世界经济大循环的趋势,按照适应新常态、把握新常态、引领新常态的总要求,坚持以创新、开放的发展理念引领发展行动,努力以最小投入获得最大产出,不断提高经济效益和劳动生产率,满足全体社会成员的物质和文化需要。

新发展理念遵循自然规律,按照可持续发展的基本要求,强调自觉遵守自然资源和环境容量对发展的刚性约束,绝不使发展逾越生态红线、打破生态平衡;强调在维护绿水青山中打造金山银山,实现绿色发展,促进人与自然和谐共生。

新发展理念遵循社会规律,按照包容性发展的基本要求,以促进共同富裕为目标,致力于让大家共同享有自己创造的福利,实现共同建设、共享发展。只有这样,社会才能永葆和谐稳定,内需潜能才能充分释放,发展动力才能更加充沛,发展势头才能更加强劲。

彰显马克思主义与时俱进的理论品格

真理是绝对真理与相对真理的辩证统一,需要根据时代的变化和实践的推进不断创新发展。马克思主义正是因为具有与时俱进的理论品格,才成为我们始终坚持和遵循的真理;马克思主义的真理性,也正是在人民群众与时俱进的创新实践中、在不断丰富和完善自身中得以体现和证明的。新发展理念是马克思主义中国化的最新理论成果之一,彰显了马克思主义与时俱进的理论品格。

创新、协调、绿色、开放、共享的新发展理念,是马克思主义基本原理在中国的具体运用,坚持了马克思主义一以贯之的立场、观点和方法;同时,新发展理念是针对我国面临的新发展形势、为解决我国经济社会发展存在的突出问题而提出的,具有鲜明的时代特征。创新发展理念科学把握创新驱动发展的时代潮流,将创新作为引领发展的第一动力,摆在国家发展全局的核心位置,为经济发展提供持续动力保障;协调发展理念针对我国经济社会发展不协调的突出问题,强调不断增强发展整体性,为我国经济社会健康、可持续发展奠定坚实基础;绿色发展理念积极回应人们从"求温饱"到"求环保"的新期待,强调经济发展与生态环境保护的有机结合,推进人与自然和谐共生,为中华民族永续发展提供保障;开放发展理念顺应经济全球化的时代潮流和我国经济深度融入世界经济的新形势,强调丰富对外开放内涵、提高对外开放水平,为我国进一步发展提供外部动力和良好国际环境支持;共享发展理念坚持全民共享、全面共享、共建共享、渐进共享,进一步丰富了马克思主义以人为本、共同富裕的内涵。总之,创新、协调、绿色、开放、共享的新发展理念是我们党根据时代变化和发展新形势提出的创新理念,鲜明体现了马克思主义与时俱进的理论品格,鲜明体现了马克思主义的真理性。

原载《人民日报》2016年2月26日

马克思主义国家学说的基本内涵及现实价值

国家具有强烈的阶级性

马克思主义创始人认为,在阶级社会中,国家具有强烈的阶级性,国家总是与一定阶级紧密联系在一起的,没有超阶级和超民族的国家。在《德意志意识形态》一文中,马克思恩格斯明确指出:“正是由于特殊利益和共同利益之间的这种矛盾,共同利益才采取国家这种与实际的单个利益和全体利益相脱离的独立形式,同时采取虚幻的共同体的形式……”而国家之所以如此,“是在我们以后将要阐明的已经由分工决定的阶级的基础上产生的,这些阶级是通过每一个这样的人群分离开来的,其中一个阶级统治着其他一切阶级。从这里可以看出,国家内部的一切斗争——民主政体、贵族政体和君主政体相互之间的斗争,争取选举权的斗争等,不过是一些虚幻的形式——普遍的东西一般说来是一种虚幻的共同体的形式——在这些形式下进行着各个不同阶级间的真正的斗争(德国的理论家们对此一窍不通,尽管在《德法年鉴》和《神圣家族》中已经十分明确地向他们指出过这一点)。”从这里可以看出,马克思恩格斯认为国家是在阶级产生的基础上发展起来的,国家的本质就是阶级的统治。正是阶级的存在、阶级斗争的存在,才使国家始终保持着自身的力量。当今世界,国家的阶级本质依然没有改变。美国等西方国家一直保持着强大的经济与军事力量,保持着强大的国家机器,这一机器一方面要对国内威胁到统治阶级利益的阶级保持着高压,另一方面要对社会主义国家进行遏制甚至压制。美国的军事力量是世界上最强大的,中央情报局、联邦调查局拥有庞大的机构和先进的手段,这就是为了维护美国资产阶级的统治和美国的国家利益的。

国家具有明显的社会性

马克思主义创始人认为,国家具有一般的社会性和公共性,即具有维护社会发展的基本秩序和履行一定的公共职能。国家具有的社会性,主要体现在以下几个方面:其一,国家必须起到缓和或者降低社会冲突的作用,使经济利益互相冲突的阶级不至于在无谓的斗争中把自己和社会消灭;其二,国家必须起到推动经济社会发展的作用,国家动员社会力量,达成一定社会共识,解决经济社会发展中的某些难题;其三,国家必须在全社会范围内确立起一种运行的规则和秩序,这种规则不断潜移默化于人们心中,使经济社会发展的成本可以降低。

马克思主义创始人一再强调:政治统治到处都是以执行某种社会职能为基础,而且政治统治只有在它执行了它的这种社会职能时才能持续下去。恩格斯在《反杜林论》中指出:"第一,一切政治权力起先都是以某种经济的、社会的职能为基础的……第二,政治权力在对社会独立起来并且从公仆变为主人以后,可以朝两个方向起作用。或者它按照合乎规律的经济发展的精神和方向发生作用,在这种情况下,它和经济发展之间没有任何冲突,经济发展加快速度。或者它违反经济发展而发生作用,在这种情况下,除去少数例外,它照例总是在经济发展的压力下陷于崩溃。"国家要想发挥作用,就必须按照合乎规律的经济发展的精神和方向履行其社会职能。

承认国家的社会性正是与承认其阶级性相一致的。国家的阶级性与社会性是辩证统一的。在阶级社会中,国家的阶级性起着决定性作用,阶级性决定着社会性。同样社会性又补充着阶级性,离开了社会性,阶级性就会失去其基础。国家的社会性归根结底是为其阶级性服务的。

新型国家的本质是人民当家做主

马克思主义创始人强调未来社会真正实现了民主形式与内容的统一,也就是人民当家做主。马克思在1871年4—5月写的《法兰西内战》中指出:"公社的伟大社会措施就是它本身的存在和工作。它所采取的各项具体措施,只能显示出走向属于人民、由人民掌权的政府的趋势。"未来社会的政府是属于人民、由人民掌权的政府。马克思在1875年4—5月写的《哥达纲领批判》中也强调:"'民主的'这个词在德语里意思是'人民当权的'。"

未来社会的民主之所以能够成为人民当家做主的民主，原因在于：无产阶级利用新型国家可以不断废除资产阶级私有制，为人民当家做主建立公有制的基础。恩格斯在 1847 年 10—11 月写的《共产主义原理》中指出："首先无产阶级革命将建立民主的国家制度，从而直接或间接地建立无产阶级的政治统治。"又说："如果不立即利用民主作为手段实行进一步的、直接向私有制发起进攻和保障无产阶级生存的各种措施，那么，这种民主对于无产阶级就毫无用处。"也就是说，无产阶级通过自己的革命建立政权后，取得公共权力，并且利用这个权力把过去资产阶级掌握的社会生产资料变为公共财产。通过这一行动，无产阶级使生产资料摆脱了它们迄今所具有的异化人的本性的资本属性，使广大人民群众有实现自由和民主权利的现实条件。这正是人民能够当家做主的基础。

新型国家能够使广大民众不断获得自身的政治解放

无产阶级和广大人民群众通过民主制度可以把国家政权收回，从而获得自己的政治解放。马克思讲："公社——这是社会把国家政权重新收回，把它从统治社会、压制社会的力量变成社会本身的充满生气的力量；这是人民群众把国家政权重新收回，他们组成自己的力量去代替压迫他们的有组织的力量；这是人民群众获得社会解放的政治形式，这种政治形式代替了被人民群众的敌人用来压迫他们的假托的社会力量。"为什么公社能成为无产阶级解放的政治形式呢：其一，公社作为一种新型民主制度，废除了常备军和警察这两支旧政府的物质力量。公社的第一个法令就是废除常备军而代之以武装的人民。警察不再是中央政府的工具，他们立刻被免除了政治职能，而变为公社的负责任的、随时可以罢免的工作人员。所有其他各行政部门的官员也是一样，社会公职已不再是中央政府走卒们的私有物，不仅城市的管理，而且连先前由国家行使的全部创议权也都转归公社。其二，公社建立了廉价政府，为真正民主制的实现奠定了现实基础。马克思讲："公社实现了所有资产阶级革命都提出的廉价政府这一口号，因为它取消了两个最大的开支项目，即常备军和国家官吏。公社的存在本身就意味着那至少在欧洲是阶级统治的真正赘瘤和不可或缺的外衣的君主制已不复存在。公社给共和国奠定了真正民主制度的基础。但是，无论廉价政府或'真正共和国'，都不是它的终极目标，而只是它的伴生物。"廉价政府一方面表明政府是清廉的，另一方面表明政府运行是低成本的。其三，公社公开宣布它是工人阶级的政府，工人阶级是真正能够推动人类实现政治解放的主体力量。马克思说:"人们对公社有多种多样的解释,多种多样的人把公社看成自己利益的代表者,这证明公社完全是一个具有广泛代表性的政治形式,而一切旧有的政府形式都具有非常突出的压迫性。公社的真正秘密就在于:它实质上是工人阶级的政府,是生产者阶级同占有者阶级斗争的产物,是终于发现的可以使劳动在经济上获得解放的政治形式。"只有社会主义新型国家才能使广大民众获得真正的解放。

新型国家使广大群众能够获得经济与劳动解放

通过新型国家制度,无产阶级和广大人民群众能够获得自己的经济与劳动解放。只有使广大人民群众实现经济和劳动的解放,民主制度才能完全实现。马克思指出,"公社要成为铲除阶级赖以存在、因而也是阶级统治赖以存在的经济基础的杠杆。劳动一解放,每个人都变成工人,于是生产劳动就不再是一种阶级属性了。"巴黎公社对所有公务员,不论职位高低,都只付给跟其他工人同样的工资。薪金的最高限设定,以工人的工资执行地方性和全国性的实际行政职务,可以有效地防止政府公职人员去追求升官发财的目的。从前国家高官显宦所享有的一切特权以及公务津贴,都随着这些人物本身的消失而消失了。政府公职人员失去了追求升官发财的目的,国家就变得纯粹了,就会真正成为为人民的制度。国家越纯粹,越失去其获得物质利益的属性,就越有利于人民。

列宁在十月革命后领导苏维埃俄国进行了将近七年的社会主义建设,尽管对国家治理问题没来得及深入探索就去世了,但对于这个问题依然留下了很多宝贵的遗产。列宁在实践中提出了一系列社会主义国家治理的原则:国家机关及其改善的问题,是一个非常困难、远未解决同时又亟待解决的问题;用比以前大得多的规模把无产阶级和农民组织起来,同时真正实行吸收工人阶级参加管理的种种办法排挤掉官僚主义,使官僚主义在国家政权中失去存在的土壤;任何由选举产生的机关或代表会议,只有承认和实行选举人对代表的罢免权,才能被认为是真正民主的和确实代表人民意志的机关,任何以此为理由而拒绝实行罢免权、阻挠行使罢免权以及限制罢免权的行为都是违反民主制的,民主的国家治理要求人民群众广泛而深入地进行监督;政权愈趋向稳固,民事流转愈发展,就愈需要提出加强革命法制这个坚定不移的口号,法治是国家治理最为可靠的基础。

社会主义国家的职能只能加强,不能削弱

增强社会主义国家的力量就要加强人民民主专政国体的建设,这是中国特色社会主义理论体系一直强调的。运用人民民主专政的力量,能够有效捍卫国家根本利益,这是正义的事情。邓小平同志明确指出运用人民民主专政的力量,巩固人民的政权,是正义的事情,没有什么输理的地方。运用人民民主专政的力量,可以有效维护人民的根本利益。

增强社会主义国家的力量就要注重新形势下一些特殊形式的阶级斗争。我们与那些疯狂想颠覆社会主义制度和共产党领导的“颜色革命”制造者、那些极端的民族分裂主义者、那些血腥的暴力恐怖犯罪者的斗争就是一种特殊形式的阶级斗争。坚持人民民主专政,要注意阶级斗争形式的变化,一方面不能把阶级斗争形式的变化等同于阶级斗争的消失,另一方面要研究和分析阶级斗争的新形态、新现象,弄清其变化的内在机理。

增强社会主义国家职能就要回答“建设什么样的国家、怎样建设”这一重大问题。建设什么样的国家?建设一个富强民主文明和谐的社会主义现代化国家。2014 年 5 月 4 日习近平总书记指出:“建设富强民主文明和谐的社会主义现代化国家,实现中华民族伟大复兴是鸦片战争以来中国人民最伟大的梦想,是中华民族的最高利益和根本利益。”这个最高利益和根本利益要求不断加强人民民主专政的国体建设,不断完善人民代表大会制度的政体,使国家国体和政体在实现现代化的过程中完善起来。建设一个文明大国、东方大国、负责任大国、社会主义大国。

怎样建设?就要推进国家治理体系与治理能力现代化。推进国家治理体系与治理能力现代化并不意味着人民民主专政过时了,或者说治理现代化就替代了人民民主专政。恰恰相反,国家治理现代化必须牢牢地建立在人民民主专政国体基础之上。在这一基础之上,做好以下工作:第一,推进依法治国进程,使国家治理牢牢地建立在法治基础之上。以宪法和法律体系、法治精神为基础的国家治理是现代化国家治理的基本要求。为此,要进一步健全宪法实施监督机制和程序,把全面贯彻实施宪法提高到一个新水平,从制度上确保任何组织或者个人都不得有超越宪法和法律的特权,从法律上确保一切违反宪法和法律的行为都能够予以追究,得到严惩。第二,大力培育和弘扬社会主义核心价值观,使国家治理体系和治理能力现代化有充分反映中国特色、民族特性、时代特征的价值体系作为支撑。国家治理中必须坚守我们的价值体系，坚守我们的核心价值观，不能用“普世价值”观、西方“宪政民主”等观点来指导我们的国家治理。国家治理还要融入我们民族优秀的文化，民族文化是一个民族区别于其他民族的独特标识，是国家治理须臾不能离开的。在国家治理中努力实现中华传统美德的创造性转化、创新性发展，把跨越时空、超越国度、富有永恒魅力、具有当代价值的文化精神弘扬起来。第三，进一步完善纪检监察体制，使国家治理有风清气正的氛围。纪检机关是国家治理体系的重要组成部分，要深化党的纪律检查体制改革，探索实现治理能力现代化。党的十八届三中全会指出了实现纪检体制现代化的主要途径：推动党的纪律检查工作双重领导体制具体化、程序化、制度化，强化上级纪委对下级纪委的领导；查办腐败案件以上级纪委领导为主，线索处置和案件查办在向同级党委报告的同时必须向上级纪委报告；各级纪委书记、副书记的提名和考察以上级纪委会同组织部门为主。第四，建立国家安全委员会，确保国家治理在综合安全的轨道上运行。国家治理是以国家安全为基础的。2014 年 4 月 15 日，在主持召开中央国家安全委员会第一次会议时，习近平总书记发表重要讲话，指出：党的十八届三中全会决定成立国家安全委员会，是推进国家治理体系和治理能力现代化、实现国家长治久安的迫切要求，是全面建成小康社会、实现中华民族伟大复兴中国梦的重要保障。可以说，国家安全委员会是实现国家治理现代化的重要组织保障。

原载《中国社会科学报》2015 年 1 月 14 日

论坚持马克思主义指导地位

习近平总书记多次强调，坚持马克思主义指导地位是哲学社会科学研究的根本问题，是党的建设的根本问题，是关系党和国家前途命运的根本问题。坚持马克思主义的指导地位是中国共产党取得辉煌成就的根本原因，是中华民族实现伟大复兴、中国人民走向美好未来的思想保证。

一、坚持马克思主义指导地位，是近代以来中华民族中国人民走向美好未来的思想保证

近代以来，在西方列强的坚船利炮下，中国一步步沦为半殖民地半封建社会，中华民族成为被帝国主义、封建专制主义和官僚资本主义奴役的对象。为救亡图存，无数仁人志士进行了各种努力和尝试：禁烟运动、太平天国农民起义、洋务运动、维新变法、辛亥革命都一次次失败了。中国人民用无数鲜血与生命的代价获得一个认识，即这些“主义”都不能挽救中国的危亡，都不适合中国实际。灾难深重的中华民族必须寻找救国的新路。

十月革命一声炮响，给我们送来了“马克思列宁主义”，中国共产党和中国革命的面貌焕然一新。正是在以马克思主义为指导的中国共产党的领导下，中国人民才找到了适合中国实际、解决中国问题的科学理论和科学道路。从此，中国共产党团结带领中国人民不断取得了新民主主义革命、社会主义革命、建设和改革开放新征程的伟大胜利，取得了国家独立、民族振兴、人民富裕的伟大成就，人民生活显著改善，综合国力显著增强，国际地位显著提高。

中国共产党在革命、建设和改革方面创造的辉煌成就，成功的原因有很多，但其中最根本的一条就在于，始终把马克思主义作为自己的行动指南，并坚持在实

践中不断结合中国实际，丰富和发展马克思主义，推进马克思主义中国化。

在新民主主义革命时期，中国共产党以马克思主义为指导，分析中国半殖民地半封建社会的性质，找到了中国革命的对象和动力，明确了中国革命的任务、前途、道路。党在领导中国革命的实践中，不断克服和排除离开马克思主义科学理论指导的干扰，先后战胜了陈独秀违背中国革命规律的右倾机会主义、王明等人照搬照抄的教条式理解马克思主义的“左”倾机会主义。在战胜这些错误的同时，把马克思主义科学原理与中国社会的实际、中国革命的实际、中国传统文化的实际相结合，产生了马克思主义中国化的第一大理论成果——毛泽东思想。正是在毛泽东思想指导下，中国革命势如破竹蓬勃发展，终于在 1949 年推翻了三座大山，成立了新中国。

新中国成立以后，中国共产党以马克思列宁主义国家学说为指导，建立起与中国历史和现实相适应的国家制度：人民民主专政的国体，人民代表大会的政体。这样的国体和政体使 100 多年来国家分裂、社会动乱的中国统一起来，使被奴役的广大人民成为国家的主人，确保了中国社会的长治久安，人民安居乐业。与此同时，中国共产党根据马克思主义生产关系要适应生产力发展要求的原理，废除封建土地制度、没收官僚资本，进行社会主义改造，形成了中国社会主义基本经济制度的主要内容；同时，带领人民在中国进行建设社会主义的探索，取得了很多的理论成果和实践经验。1978 年底，党的十一届三中全会重新确立了党的实事求是思想路线，确立了改革开放的基本国策，开始探索中国特色社会主义道路、理论、制度。同时，不断排除对改革开放的干扰，坚持改革的社会主义方向，确保了中国道路的成功。

今天的中国成为世界第二大经济体，世界第一贸易大国和制造大国。我们愈来愈走向世界舞台的中心，愈来愈接近 100 多年来仁人志士们实现民族伟大复兴的梦想，靠的是什么，靠的就是中国共产党坚强正确的领导。中国共产党之所以能排除万难，制定出正确的路线、方针和政策，实现正确的领导，就是因为它坚持以马克思主义作为自己行动的指南，并且坚持把马克思主义与中国社会实际紧密结合，在推动发展的实践中实行理论创新，促进马克思主义中国化、时代化，发展中国化的马克思主义。马克思主义是中国 100 多年历史发生根本改变的思想根源，是中华民族由水深火热到振兴奋起走向富强的灵魂，是中国人民美好未来的思想保证。

二、动摇、取消马克思主义指导地位，是东欧剧变的根本原因，是国际共产主义运动史上最惨痛的教训

一个无产阶级政党和社会主义国家的衰亡，是从放弃正确的指导思想开始的。十月革命后的苏联在苏共的领导下，以马列主义为指导，充分发挥社会主义制度优越性，经济社会发展迅猛，成为世界强国之一。然而，这个执政74年的共产党却在一夜之间垮台，并在其他社会主义国家引起多米诺骨牌效应，国际共产主义运动跌入谷底。这其中的原因引人深思。现在，随着时间推移，随着诸多档案的公开，随着我们从多层次、多角度对事实真相的了解，越来越可以确认，苏共垮台、苏联解体的根本原因就在于其在国家意识形态领域放弃了马克思主义的指导地位。

习近平总书记指出，一个政权的瓦解往往是从思想领域开始的，政治动荡、政权更迭可能在一夜之间发生，但思想演化是个长期过程。苏共在西方“和平演变”政策下，逐步放弃了马克思主义的指导地位。特别是戈尔巴乔夫上台后，提出改革“新思维”，推出一套所谓人道的民主社会主义改革方案。其最核心的内容就是:放弃马克思主义指导地位，实行指导思想多元化。在这条核心原则的指导下，苏联在政治上否定共产党的领导，搞多党制，实行议会民主、三权分立;经济上否定公有制的地位，搞全面私有化，建立资本主义市场经济，最终酿成制度剧变、国家解体的历史悲剧。

当时，苏联东欧国家都通过党中央决议，取消军队中的政治委员制度和政治教育工作，取消高校中马克思主义理论课教学，在党章中删除马克思主义的指导地位，在公开性、民主化的口号下放任鼓励国内外敌对势力诋毁、妖魔化马克思主义科学理论和社会主义制度，肆无忌惮地宣传资产阶级政治民主、自由、人权、法治理念，通过大量的文化传播搞乱民众的思想，颠覆全社会的价值观、是非观。正如习近平总书记所说:苏东国内党的意识形态动摇，马克思主义指导地位动摇了，结果，在敌对势力进攻下，整个党就如鸟兽散，整个国家就土崩瓦解了。教训十分深刻。苏联是这样，原东欧社会主义国家垮台的悲剧也完全是这样，都是从党放弃马克思主义指导地位开始的。

需要特别指明的是，苏东共产党丧失领导地位，社会主义制度垮台后，并没有像这些国家当时许多人想象的那样，达到经济发展良好、国家综合国力上升、人民生活水平提高的状况。事实完全相反。多数的原东欧国家、苏联现在独联体的10多个国家,都是综合国力持续下降,经济发展长期低迷,大多数人民生活没有改善,甚至下降。前不久,俄罗斯调查机构公布的民调显示,在独联体9个国家调查中,超过64%的35岁以上被调查者认为,当时在社会主义制度下,生活更幸福。这就鲜明地告诉世人:东欧制度剧变,不仅导致了这些国家的共产党、社会主义制度的悲剧,而且导致了这些国家、人民的悲剧。整个国家、民族和人民付出了惨痛代价。这个代价告诉我们的真理就是:马克思主义指导地位是社会主义国家人民的命运所系。

三、马克思主义不仅是党的指导思想,而且是我们国家的主流意识形态

贯彻落实习近平总书记的要求,确实做到坚持和巩固马克思主义的指导地位,必须首先明确马克思主义指导地位的适用范围。

有人认为,马克思主义指导地位只应在哲学社会科学研究中坚持;也有人认为,马克思主义及其中国化成果是中国共产党的指导思想,党的建设及党的各项工作应该坚持以马克思主义及其中国化成果为指导,共产党员以及党的干部应该在言行中坚持马克思主义,而党组织之外的广大非党员群众、青年,则不应要求他们坚持马克思主义的指导地位;甚至还有人认为,马克思主义作为指导思想只是党章的规定,其他社会组织包括政府、司法部门以及群团组织等,都不应该坚持马克思主义的指导地位。

以上对马克思主义指导地位适用范围的主张是不全面的,是错误的。我们应让全社会明确坚持马克思主义指导地位的准确对象和含义。马克思主义指导地位的适用范围不仅限于哲学社会科学研究,不仅在思想理论工作、整个宣传文化工作中要坚持马克思主义指导地位;不仅在党的建设、党的各项工作中需要坚持马克思主义指导地位,而且在整个国家生活、社会生活、经济生活、文化生活中,在一切国家政权机关活动中、所有非党组织活动中都应坚持马克思主义指导地位。这一点在我们国家的根本大法——《中华人民共和国宪法》里面已经有明确规定。宪法序言明确指出:“中国各族人民将继续在中国共产党领导下,在马克思列宁主义、毛泽东思想、邓小平理论、‘三个代表’重要思想指引下,坚持人民民主专政,坚持社会主义道路,坚持改革开放,不断完善社会主义的各项制度”。

因此,马克思主义指导地位的适用范围是整个中国,是我们全部的国家、社

会、经济、文化生活，马克思主义不仅是党的指导思想，而且是我们国家的主流意识形态。

四、坚持马克思主义指导地位，必须对社会上形形色色的社会思潮、多样思想进行指导和引导

应当承认，30多年改革开放带来的社会经济成分多样化、利益主体多样化，必然会导致思想观念和价值取向的多样化。一方面，我们应当承认不同阶层、不同利益群体、不同宗教信仰背景的人们，因各自的人生观、价值观等的不同，会偏好和认同不同的社会思潮、思想观念。在社会主义制度下，只要这些不同的、多样化的思想观念和社会思潮无害于国家制度和国家安全，不反对党和党的根本指导思想，不反对社会主义制度，应该允许其存在。但另一方面，允许其存在，不等于应该让各种形形色色的非马克思主义的思想观点与马克思主义一起平等竞争，不等于任其自由发展，更不等于鼓励和倡导其发展。对于上述"非马"无害的思想观点，要用马克思主义加强引导和指导。特别是对于广大人民群众，基于对自身利益的关注而产生的各种认识、想法、诉求，我们要加强说服和教育工作，要用社会主义的先进思想文化去感召群众，要用社会主义核心价值观去引导群众。这一教育引导的任务须臾不可缺失，一定要大力加强。

我们不能因为主张各类思想观点包容发展，就否定或影响我们坚持马克思主义的指导地位；也绝不能把市场竞争中不同主体的地位平等观念引申至指导思想领域，将各种社会思潮与马克思主义并列，在对人们行为的指导上理解为平等地位；更不能单纯地让各种社会思潮相互自由竞争，对人民特别是青年放任自由地发生影响。相反，我们要理直气壮地宣传马克思主义、坚持马克思主义，用马克思主义思想观点来引导非马克思主义观点。这是我们对待多样文化思潮应采取的正确态度。

五、坚持马克思主义指导地位，必须对各类错误思潮和观点进行批评、批判

由于种种原因，我们的社会生活中，常常会存在各种错误有害的社会思潮，包括：在政治上，反对社会主义根本政治制度和基本政治制度，鼓吹政治多元化，主张搞资本主义宪政民主、三权分立和多党制，企图推翻中国共产党的领导和社会主义制度；在经济上，反对社会主义基本经济制度，鼓吹新自由主义，主张全面彻底的私有化,以消解公有制的主体和主导地位,建立自由放任的市场经济;在思想文化上,反对马克思主义指导地位,主张普世价值和思想文化多元主义;在社会建设上,主张公民社会,搞多元主体治理社会;在生活上,大搞消费主义,主张利己主义,消解集体主义。

这些错误思潮,说法不完全一样,但实质和目标指向是一样的,都是意图削弱马克思主义的指导地位,颠覆中国共产党的领导和社会主义制度,在中国走资本主义道路。这是关系党和国家生存发展的根本问题。面对这些有害思想观点,我们绝不能糊涂,绝不能袖手旁观、无动于衷,绝不能任由这些反马克思主义的思想、言论肆意宣传。我们要旗帜鲜明、理直气壮地对错误思潮进行批判和斗争,揭穿其险恶用意,揭穿它们对于中国人民幸福生活和中华民族美好前途的极大危害性。

六、坚持马克思主义指导地位,必须正确看待若干重大理论与实际问题

坚持以马克思主义为指导,必须对关系指导地位的若干重大理论与现实问题一一予以明确,以正视听

(一)关于十月革命

苏共垮台前后,苏联自己否定十月革命,提出一些所谓的“学术”观点:十月革命是偶然产物;十月革命是激进人士发动的激进的社会革命;十月革命建立的是一种专制集权,极权政体;十月革命是残暴的,它残暴地处死尼古拉二世;等等。

十月革命是人类历史上第一次成功的无产阶级革命。它建立了第一个社会主义国家和社会主义制度,为中国送来了马克思列宁主义,为全世界被压迫民族开辟了解放道路。坚持马克思主义的指导地位,就必须用以上观点认识和评价十月革命,必须抵制国内外形形色色的诋毁、妖魔化十月革命的错误观点。

(二)关于苏联70多年的社会主义建设历史

苏共垮台以后,欧美各国乃至俄罗斯全面否定苏联的社会主义建设历史,中国思想界、理论界、学术界关于这个问题的很多文章对苏联制度及历史也基本持否定态度。其观点主要包括:斯大林执政时期,苏联实行的是专制集权,无党内民主,无社会主义民主;苏联的社会主义是一党专政,无人权,阻碍了思想的发展,损失了一批艺术家、思想家;苏联经济制度就是单一公有制和高度集中的计划经济体制,消灭了商品生产和交换,这不仅导致苏联经济落后,也导致其他社会主义国

家经济缓慢发展；苏联70多年的历史，除了反法西斯战争和新经济政策是值得肯定的，其他都应予以批判和否定。

以上错误观点至今仍存在。实际上，这是对中国共产党的执政地位以及中国特色社会主义制度的变相否定全面否定。全面否定苏联的历史必然否定社会主义的基本政治制度和基本经济制度。

坚持马克思主义的指导地位，必须用马克思主义观点正确认识和评价苏联70多年社会主义的历史，必须反对全盘否定、妖魔化社会主义历史的错误观点。

（三）关于苏联、东欧国家制度剧变的原因

关于苏联和东欧国家在20世纪90年代剧变的原因，西方媒体将此归因于苏联社会主义制度的落后。主要观点为：苏联长期没有搞好经济，导致人民不满；没有政治民主；党内产生了脱离民众的特权阶层，苏共腐败，人民要抛弃这一制度；等等。以上因素虽然不同程度地客观存在，但不是根本原因。根本原因是习近平总书记所指出的，苏共从领导层到全党理想信念的丧失，苏联意识形态工作出现了问题，思想混乱，接受了资产阶级的价值观。这个原因总结如果不正确，而把东欧剧变归因于社会主义制度，必然危害马克思主义的指导地位。

（四）关于新中国前三十年历史的评价问题

中国特色社会主义制度的探索开始于新中国成立之时，许多重要内容都是在新中国成立后的前三十年内逐步确立的。然而，一段时间以来，一些人对此进行错误的宣传，把改革开放前后三十年对立起来、割裂开来，特别是用后三十年否定前三十年，把前三十年的建设说得一无是处。比如：有人认为，政治上，前三十年是以阶级斗争为纲的历史；经济上，毫无建树，大量人口被饿死；文化上，摧毁中国先进文化，使中国文化严重倒退。这些错误宣传完全否定了新中国头三十年发展的伟大成就。

习近平总书记明确指出，不能把改革开放前后两个三十年对立起来，不能全盘否定新中国前三十年的光辉历史。在这一时期，社会主义经济建设取得了有目共睹的巨大成就，中国社会主义政治体制、中国社会主义基本经济制度均在此期间得以确立。树立这样的观点是坚持马克思主义指导地位必须解决的问题。

（五）关于正确认识我国改革开放的问题

改革开放是决定中国命运的关键抉择，是社会主义国家在20世纪80年代面临的共同任务。从那时开始，包括中国在内的社会主义国家对改革的认识从一开始就出现了一种错误观点。这种观点借改革之名，从根本上否定党的领导、社会主义制度和马克思主义的指导地位，企图通过推进他们定义的"改革"，导致执政的共产党丢权垮台。苏联东欧国家20世纪80年代实行的就是这样的改革。在我国国内，改革伊始，有的人就打着改革的旗号，鼓吹资产阶级自由化，要求改变社会主义制度和中国共产党的领导。后来，他们又提出要在中国推行改变社会主义经济制度的改革。他们主张在中国实行欧美式的自由市场经济，反对我们党建立社会主义市场经济的改革，还提出市场经济的发展必然要求政治民主化，提出要在中国建立适应市场经济多元化的、西方式的政治民主制度和体制，实行资本主义制度。

显然，这些主张与我们党关于改革开放的原则是背道而驰的，应将这种有害主张与我们坚持社会主义方向的改革开放严格区别开来，这对于马克思主义指导地位的巩固是非常必要的。

（六）关于社会主义核心价值观的几个概念问题

在社会主义核心价值观的概念中，有些内容来源于中国传统文化，有些内容则来源于西方文化。比如民主、法治、公正、自由，还有政治生活中广泛使用的"人权"一词，等等。坚持马克思主义指导地位必须以马克思主义观点来分析和看待这些概念。

民主、自由、人权、公正、法治等都是相对的概念。在不同的社会制度条件下，有着不同的内容。一方面，我们必须承认，在社会主义制度条件下，这些概念的内容与西方文化关于这些概念的内容并不是毫无共同之处的。但另一方面，我们必须明确，这几个概念在社会主义制度下与资本主义制度下的内容是有本质区别的。比如资本主义制度下，每个人的民主权利与其经济地位是有直接联系的，资本主义民主是受金钱、垄断资本集团操纵的民主，社会主义条件下人民的民主权利不受财富多少的限制；再比如资本主义民主要求政治多元化，在社会主义条件下，我们的民主是建立在全体人民根本利益一致基础上的，我们反对政治多元化。

如果不加区别地进行关于民主、自由、人权、法治的宣传，结果必然使全社会广大群众、广大青年产生简单化的误解，甚至误认为在中国弘扬的民主、自由、人权、法治的价值观和美欧资本主义国家奉行的价值观完全相同、没有区别，误认为这几个概念是普世的价值观。因此，在宣传社会主义核心价值观时，一定要按照马克思主义立场、观点、方法辩证地看待这些概念，既不要认为作为我们社会主义核心价值观内容的这些概念与西方社会中的这些概念毫无相同之处,也不要简单等同、不加区别地完全照搬,而要用马克思主义观点科学分析,构建社会主义的民主观、自由观、人权观、法治观,等等。

(七)关于要警惕极“左”和右两种错误倾向问题

坚持马克思主义的指导地位,还必须正确认识和对待“左”和右的概念。所谓极“左”,是指打着马克思主义的旗号,提出和实行貌似颇为革命但实际上严重脱离实际的关于中国革命和建设的路线、方针、政策等主张。这样的极“左”在中国革命和建设的历史上曾经有过惨痛教训,比如王明“左”倾机会主义、“文化大革命”时期“四人帮”宣传的那些理论和主张等,给中国革命和建设带来了巨大的损失。邓小平同志说过,要警惕右,但主要是防“左”。但邓小平同志从来也没有讲,无论在任何情况下,我们党只能防“左”反“左”,而没有防右反右的任务。实际上,邓小平同志曾旗帜鲜明地指出,必须坚持四项基本原则,反对资产阶级自由化。

现在的问题是,一些人把“警惕右,但主要是防止‘左’”的论断进行片面化、绝对化理解。还有一些人把“左”的概念与马克思主义、共产党的领导、社会主义制度等同起来。在思想理论工作中,在意识形态领域把宣传马克思主义、宣传习近平总书记治国理政思想一概说成“左”,这对于坚持马克思主义指导地位是十分有害的。坚持马克思主义指导应该实事求是地判断问题,有“左”反“左”,有右反右。

七、坚持马克思主义指导地位,必须做好“结合”的文章

马克思主义中国化及马克思主义给中国社会、中华民族带来巨大变化的经验告诉我们,坚持马克思主义必须把马克思主义与中国的实际紧密结合,努力实现马克思主义中国化。在中国革命、建设和改革实践中,中国共产党大大发展了马克思主义,形成了马克思主义中国化的两大理论成果,即毛泽东思想和中国特色社会主义理论体系。

然而,马克思主义中国化还远未结束。今天,时代特点的变化和我国发展的广度与深度远远超出了马克思主义经典作家当时的背景。面对新的时代特点,新的国内外环境和发展的新要求,马克思主义面临着进一步中国化、时代化、大众化的问题。同时,中国特色社会主义还只经历了几十年的实践,还处在初级阶段,事

业越发展,新情况新问题新矛盾就越多,也就越需要我们在实践上大胆探索,在理论上不断突破,在伟大实践中推进21世纪中国马克思主义的发展,不断丰富发展中国特色社会主义理论体系。

坚持马克思主义指导地位,推进马克思主义中国化,应不断做好"结合"的文章,推进马克思主义理论的创新。

第一是马克思主义基本原理与当代中国的实际情况相结合。在领导中国革命的实践中,王明等人忽视当时半殖民地半封建中国社会的实际,忽视在这个社会环境下中国各阶级的状况,而以教条主义态度对待马克思主义,完全照搬苏联十月革命经验,走中心城市武装暴动的道路。毛泽东同志则坚持把马克思主义与中国实际相结合,认真分析中国社会实际、中国革命所处的环境,弄清中国社会各阶级在当时社会条件下的地位及对于革命的态度,由此找到中国革命的规律。今天,在新的历史条件和时代背景下推进马克思主义理论创新,实行马克思主义与当代中国社会实际的结合,首先必须认清我们所处的社会主义初级阶段这个最大国情,认清当代中国最大的特点就是我国仍是最大的发展中国家,是在大力发展社会主义市场经济,社会成员间有不同的利益诉求而形成利益多样化,在此基础上也产生了形形色色的思想观念的多样化。与此同时,全球化不断加深,不仅经济全球化,而且是包括科技、教育、文化、思想观念等在内,资强我弱、西强我弱的基本局面未改变下的全球化。坚持发展和完善中国特色社会主义制度,推进中国特色社会主义伟大事业,我们必须根据这样的时代特点国内环境和条件,做好马克思主义与中国国情结合的文章。在这个结合中,找寻解决中国问题的思路和方案,实现理论的创新。

第二是坚持马克思主义与中国优秀传统文化相结合。马克思主义中国化把马克思主义基本原理与中国的历史文化传统这个实际,包括中国民族特性、思维方式、生活方式特点等相结合。习近平总书记指出,中国特色社会主义深深根植于中国优秀文化传统。中国共产党成立以来,中国革命、建设与改革的成功,其中一个重要原因就是我们党制定的路线、方针、政策适合了中国的民族特性、文化传统,避免了水土不服的问题。几千年形成的中国传统文化在中华民族的凝聚、国家认同、爱国主义传统观念形成中,发挥了重大作用。其中有些已经成为中华民族生生不息、延绵发展的精神纽带、文化血脉,对当代中国人的生产方式、生活方式、思维特点,对中华民族的民族性格起着重大影响作用。治理中国、发展中国必

须考虑这些因素，推进中国特色社会主义理论创新，必须做好马克思主义与中国优秀传统文化结合这个文章

第三是要把马克思主义基本原理与党和国家的实践相结合。当代中国国情的重要内容是党带领人民推进中国特色社会主义建设的伟大实践，这是党和国家的中心工作。把马克思主义与中国实际相结合，包括要与这个实践相结合。一是同党和国家发展社会主义实践的历史经验相结合。应研究总结党和国家在社会主义建设、改革、发展几十年来包括新中国成立以来、改革开放以来的经验教训，不断形成关于中国特色社会主义制度建设与完善，中国特色社会主义事业改革与发展，中国特色社会主义理论探索与创新等的经验和教训，形成规律性认识，丰富中国特色社会主义理论体系。二是与党和国家进行的新的实践相结合。新的实践中的五位一体建设总任务、四个全面战略布局、两个一百年奋斗目标，给我们提出了哪些要求？实现这些要求，应解决哪些问题，采取什么路径解决这些问题？应该在对以上问题的解决回答中丰富发展中国化的马克思主义。

推进马克思主义中国化，做好“结合”的文章，还要进一步做好“四个分清”工作，即分清哪些是必须长期坚持的马克思主义基本原理，哪些是需要结合新的实际加以丰富发展的理论判断，哪些是必须破除的对马克思主义的教条式理解，哪些是必须澄清的附加在马克思主义名下的错误观点，以便于更好地掌握马克思主义基本原理、基本观点、基本立场、基本方法。

八、坚持马克思主义指导地位，要用习近平总书记讲话精神统一全党思想，教育全体人民

党的十八大以来，面对发展的新环境、新形势，面对全面建成小康社会、实现两个一百年奋斗目标、实现民族伟大复兴的任务，围绕实现这些任务、全面推进中国特色社会主义伟大事业，习近平总书记发表了一系列重要讲话，涉及治党治国治军、内政外交国防，内容十分丰富，思想十分深刻。讲话精神反映了我们党对新环境、新形势、新时代特点的深刻认识，体现了中国共产党对中华民族、中国人民，对社会主义、共产主义的责任担当和不懈奋斗精神，阐明了在具有许多新的历史特点的条件下，党实现新的伟大任务必须明确的理念、思路、任务与举措，体现了党对中国改革与建设经验总结的成果，达到了党对中国特色社会主义发展规律的最新最高认识水平，是 21 世纪马克思主义中国化的最新成果，是马克思主义中国

化、中国特色社会主义理论体系的最新内容，是党团结带领人民推进中国特色社会主义伟大事业继续前进，实现中华民族伟大复兴的指导思想。

今天，坚持马克思主义指导地位，最重要的是要用习近平总书记讲话精神统一全党思想，教育全体人民。只有用这个科学理论统一全党思想，我们党才能真正保持自己的先锋队性质，才能在社会主义市场经济下保持自己的先进性、纯洁性，才能使自己的路线方针政策准确地代表全体中国人民整体、长远、根本的利益，才能在广大人民群众中具有更大的吸引力、凝聚力和号召力，成为领导中国特色社会主义事业的坚强核心。只有用习近平总书记系列重要讲话精神教育全体人民，才能确保在社会主义市场经济下，在利益多元、思想观念多样的社会条件下，不同利益群体，不同文化、民族、宗教，不同职业、行业背景的人们，能够正确处理各种利益问题，解决利益矛盾，化解各种纠纷，构建共同的社会主义核心价值体系，不断增强对社会主义制度、党的领导的坚定信念，增强我们的道路、理论、制度自信，巩固中国特色社会主义的共同理想，为实现中华民族伟大复兴中国梦团结奋斗。

实现上述要求，首先要认真扎实地学习、研究、宣传好习近平总书记系列重要讲话。学习、研究、宣传好这些讲话中承载的新思想、新理念、新战略，学习、研究、宣传好讲话精神中的核心要义、思想观念。今年以来在全党开展的“两学一做”活动，是这种学习的重要载体，必须使这个活动扎扎实实、坚持不懈地开展下去。对于习近平总书记讲话精神的学习，要系统地学，要学好讲话原文，要联系我国改革与实践，联系各单位工作实际进行，要防止和克服学习中的形式主义，防止不务实的“虚功”，防止不联系实际的空洞学习，真正系统地理解、掌握好习近平总书记讲话中的新理论、新观点、新战略，真正用习近平总书记讲话的精神武装党员干部和广大群众头脑，剔除党员和群众中与习近平总书记讲话精神不一致的、相悖的形形色色的思想、观念和理念。

学习、研究、宣传习近平总书记讲话精神，重要的在于运用。不仅要用习近平总书记讲话精神统一思想，改造我们的主观世界，而且要用讲话精神推动、指导我们的实践，改造客观世界。全党各个组织、全国广大地区，不同地域、不同行业、不同层级，都有各自不同的任务。在实施这些任务、推动事业发展的实践中，都应以习近平总书记讲话精神为指导，弄清本地区、本行业实践的特点，在习近平总书记阐明的新思想、新理念指导下，提出符合规律的工作思路与举措，绝不允许自觉不自觉用形形色色的错误思想观点，非马克思主义、马克思主义的思想观点指导工作在拟定改革方案，推出工作举措时，要坚决防止各种错误思想观念引导我们、左右我们，包括西方资产阶级的“民主观”“自由观”“法治观”，包括西方资产阶级的“新自由主义”，包括各种对中国特色社会主义事业有害的“民粹主义”“无政府主义”等。只有抵制这些思想影响，用当代中国的马克思主义——习近平总书记系列重要讲话精神为指导，我国、各个地区、各个行业的改革、建设举措、思路才会对头，任务才会准确，才会使中国特色社会主义事业沿着正确方向健康发展。

学习、研究、宣传习近平总书记系列重要讲话，必须认真贯彻落实习近平总书记关于坚持马克思主义、学习马克思主义、发展马克思主义的讲话要求。从2013年全国宣传思想工作会议起，习近平总书记多次强调，全党要学好马克思主义基本原理，要加强党的意识形态工作，对于各种非马克思主义、反马克思主义的错误思想、观点要辨析，要批评，要批判。落实习近平总书记这些指示，既是坚持马克思主义指导地位的紧迫任务，也是认真推进马克思主义理论创新的必然要求。

学习、研究、宣传习近平总书记讲话精神，必须学习近平总书记的马克思主义立场、观点、方法。首先是对马克思主义的坚定信仰，对党的领导、社会主义制度的坚定信任，对共产主义远大目标的坚定信念。理想信念的坚定，是共产党员的精神力量之源，是党能够克服种种困难艰险的力量之源。巩固马克思主义指导地位，需要全党落实习近平总书记的要求，像习近平总书记那样坚定理想信念。其次是要坚持马克思主义基本原理，坚持马克思主义立场、观点、方法，把这个理论当作认识世界、改造世界的武器，而不受形形色色所谓新思想、新观点的影响。再次是必须以马克思主义的态度对待马克思主义，既要坚持马克思主义科学理论指导，又要紧密联系实际，联系新的实践特点分析新情况，得出新结论，不断推进理论的创新，丰富和发展21世纪中国的马克思主义。

原载《世界社会主义研究》2016年第1期

对马克思主义与中国传统文化关系的几点思考

“马克思主义与中国优秀传统文化”论坛的主旨是要促进学术界、思想界坚持以马克思主义为指导,在正确认识、科学对待中国传统文化方面做一点贡献。我们不是引导大家全面回归儒学,不是像有些论者所说的要从中国儒学的经典里面来寻找、解决当代中国所有问题的答案,而是要促进人们正确认识和对待中国传统文化。

一、中国特色社会主义带有中国优秀传统文化的基因

中国特色社会主义究竟在哪些方体现了中国优秀传统文化的内容和特点,这需要我们认真研究,把它揭示出来。党的十八大以后,习近平总书记系列重要讲话中,提出了一个很重要的观点:中国特色社会主义植根于中华优秀传统文化沃土。他还明确提出,中国特色社会主义道路,是在改革开放30多年的伟大实践中走出来的,是在中华人民共和国成立60多年的持续探索中走出来的,是在对近代以来一百多年中华民族发展历程的深刻总结中走出来的,是在对中华民族五千多年悠久文明的传承中走出来的,具有深厚的历史渊源和广泛的现实基础。这些论述,实际上给我们认识这个问题提供了一个很重要的思路:我们现在所走的中国特色社会主义道路,是一条崭新的社会主义道路,它本质上是科学社会主义,是科学社会主义在中国土地上的伟大实践,蕴含了科学社会主义原理与中国优秀传统结合的因素。这条道路肯定不是民主社会主义,也不完全等同于苏联的社会主义模式,在制度体制的某些内容上,也存在许多不同于当代世界上越南、古巴、老挝、朝鲜等社会主义国家的地方,也不同于现在拉丁美洲及世界上其他地方形形色色的社会主义。

中国特色社会主义是中国土地上实践的科学社会主义。习近平总书记关于这方面的论述蕴含丰富的内容,包括理论、制度、道路的一些具体内容,包括社会主义经济、政治、文化、社会管理、生态文明建设,包括党的建设一些具体理念与制度的内容,包括一些具体的制度、体制、路线、方针、政策、策略和一些具体的工作举措等,都体现了科学社会主义的本质要求。

中国特色社会主义理论与实践中相当一些内容受到中国优秀传统文化的影响,从中可以找到贯穿于中国几千年生生不息的中华文明文化基因和文化血脉。认识这个问题,需要进行各方面具体化的研究。中国特色社会主义植根于中华文化沃土,它究竟在哪些方面体现了中国优秀传统文化的特点、内容,这需要理论工作者认真研究,进而揭示出中国正在走的中国特色社会主义这种科学社会主义,在哪些方面带有中国优秀传统文化的基因。

二、儒家思想是中国两千年封建社会的国家意识形态

近代以后,儒家思想不能破解当时中国社会落后挨打局面的难题,资本主义思想体系也解决不了中国的问题。在这样的情况下,中国人民才找到了马克思主义作为自己国家的指导思想。

从秦始皇之后两千年的中国封建社会,基本上是以儒道佛作为国家主流意识形态,这是中国封建社会思想文化的主要内容。但儒道佛之中,儒家是灵魂,以儒来化道化佛,这是中国传统文化的特点。这个特点也非常形象地表明了儒家文化在中国两千年封建社会中的地位。用现在的语言表述,它是中国两千年封建社会的国家意识形态、统治阶级的主要思想。

如果这个观点成立的话,那么研究马克思主义与中国优秀传统文化的关系,有两个基本观点必须明确:第一,要充分看到儒学作为两千年中国封建社会主流意识形态在中国封建社会历史条件下发挥了积极作用。在1840年之前,它对中国古代各个朝代社会的稳定、人民安居乐业,对国家疆域的形成和巩固,对于中国爱国主义思想观念的形成,都发挥了积极作用。第二,儒学毕竟是中国封建社会的国家意识形态,随着人类社会的进步,封建社会意识形态逐渐失去存在的现实依据,体现为落后和反动。现在我们不能把它作为国家意识形态,不能“儒化中国”。以儒学取代马克思主义成为今天的国家意识形态,这种观点既是有害的也是违背历史规律的。我认为,不仅现在不可以,1840年以后儒学就已不能作为国

家意识形态，依靠儒学就已不能解决中国的问题，否则我们就不会有一百多年的民族耻辱和人民深深的灾难。如果它可以解决中国的社会问题，中华民族在鸦片战争后就不会有一百年的灾难与屈辱。正如毛泽东同志所讲的“自从1840年鸦片战争失败那时起，先进的中国人，经过千辛万苦，向西方国家寻找真理”，这才最终找到一个新的主义——马克思主义。

三、马克思主义传入中国以后的一百多年时间里，实现了三个结合，产生了两大理论成果

马克思主义传入中国以后的一百多年时间里，在中国的土地上实现了三个结合，产生了两大理论成果。总结其中的经验和教训，对我们实现中华民族伟大复兴的中国梦有重要意义。

马克思主义传入中国以后，以毛泽东同志为代表的中国共产党人把这个科学理论和中国社会的实际、中国革命的实际、中国优秀传统文化相结合，产生了中国化的马克思主义。这三个结合，使马克思主义在中国土地上，产生了两大理论成果，这两大理论成果，解决了一百多年来中华民族遇到的前所未有的大麻烦和新问题，解决了中国国家独立、中华民族振兴、中国人民富裕幸福的问题。

在推进中国特色社会主义伟大事业，实现中华民族伟大复兴中国梦的实践中我们如何继续推进马克思主义与中国优秀传统文化结合？过去将近一百年里，以毛泽东同志为代表的第一代共产党人成功实现了第一次结合。三个结合中的第一次结合，产生了第一个伟大成果，即毛泽东思想，在这个伟大的思想指导下，中国革命取得了胜利，半殖民地半封建的社会性质得以结束。新中国成立以后，中国共产党人经过六十多年的奋斗，把马克思主义与中国改革、建设的实际和中国优秀传统文化的实际相结合，产生了第二大理论成果，即中国特色社会主义理论体系，使中国不断走向强大、富裕和幸福。

党的十八大以后，我们要全面推进中国特色社会主义事业，实现两个一百年的奋斗目标，实现中华民族伟大复兴中国梦的目标。有一个历史任务，就是继续推进马克思主义与中国优秀传统文化的结合。要实现这个伟大任务，有必要总结前两次结合的一些规律和特点。为什么能实现前两次结合，有哪些教训和成功经验，把这些问题理清楚，对于我们实现中国特色社会主义理论体系创新和发展，推进中国梦的实现，一定会有很好的理论和实践的意义。

四、1840 年以来，对待中国传统文化一直存在两种错误态度

1840 年鸦片战争以来的一百多年里，中国社会在对待传统文化这个问题上存在两个极端、两种片面性的错误态度，导致了思想文化建设、社会进步等方面的问题。一种极端态度是，完全闭眼不看时代的变化，陷在“半部论语治天下”的思维里，把《论语》当成亘古不变的真理，当成解决所有时代所有问题的灵丹妙药。用这种思想和态度来寻找解决中国问题的方案是肯定不行的，近代史上封建顽固派就是这方面的代表，中华民族为此付出了极大的代价。还有一个极端态度，认为中国传统文化没有一点好东西，最极端的就是“文化大革命”时期，所有的东西都是封建主义的黑货。这两种极端的态度，都给近代以来我们认识和解决中国问题、对经济社会的发展进步造成了不好的效果。

对待中国传统文化正确的态度就是毛泽东同志早就明确提出的一定要进行马克思主义分析，吸取其精华，剔除其糟粕。习近平总书记也强调要坚持这样的态度。对中国传统文化，我们一定要有一个清醒的头脑，要看到中国传统文化里面既有很优秀的东西——作为民族基因、民族血脉的东西有积极作用，同时也有糟粕的、封建的、影响积极进步的东西。今天我们对待中国传统文化，要有一个理性科学的态度，就是毛泽东同志讲的吸取其精华、去除其糟粕。这里就有一个鉴别和界定的任务，中国传统文化博大精深，文化资源浩如烟海，对于哪些是优秀的，哪些是糟粕的东西需要进行清理、界定。

五、在中国传统文化与马克思主义问题上总结历史可以得出两个结论：没有马克思主义救不了中国；马克思主义进入中国，应该而且必须和中国优秀传统文化实现有机结合。

近代中国的命运，一直与如何处理马克思主义和中国传统文化的关系联系一起。回顾这一百多年的历史，在马克思主义与中国传统文化的关系上有两个结论。第一个结论就是，没有马克思主义救不了中国。中国传统文化再优秀，马克思主义没传进来的时候，我们只能被动挨打，中华民族陷入深深的灾难，中国人民陷入水深火热之中。第二个结论就是，近代一百多年的历史告诉我们，马克思主义来到中国，应该、必须与中国优秀传统文化实现有机结合。如果不能很好地结合，也会影响中国问题的解决，甚至会对革命和建设事业造成很大的损失。

在这方面,王明是一个最典型的例子。王明对马克思主义基本理论的信仰是没有问题的,但他是典型的教条主义、是生吞活剥地对待马克思主义。这不利于中国革命的实践,所以导致了中国革命的严重挫折。新中国成立以后,毛泽东同志意识到我们建设社会主义,一定不能简单照搬马列原著中的一些具体的结论,也不能简单照搬苏联的全部具体做法,不能简单移植。他提出在中国建设社会主义,一定要从中国的实际情况出发的伟大思路。后来实行改革开放,中国道路取得成功,很重要、很正确的一条经验就是把马克思主义尤其是科学社会主义的基本理论和中国优秀传统文化成功地实现了结合。这使中国社会主义能够焕发生机、活力和生命力。所以,近代中国一百多年的命运,给我们最大的启发有两条:没有马克思主义救不了中国;马克思主义不与中国优秀传统文化结合,我们的革命、建设和改革事业,也有可能遭受很大的挫折,最终也不能成功。

我们现在要继续在中国道路上前行,把中国特色社会主义推向未来。习近平总书记讲中国道路是人类文明的一条新路,从这个角度来看,它不仅开辟了社会主义的新境界,而且为落后国家走向现代化开辟了一条不同于西方国家的现代化新路,这是完全不同于西方所宣传的普世价值的路子。我们要在中国的土地上,走出一条通向现代化的新路,必须继续做好把马克思主义科学原理与中国优秀传统文化结合这个文章。

六、总结中国古代封建社会宣传儒学的经验,从中可以得到一些启发和借鉴

一百多年来中国社会的演变、中国社会的进步,给了我们一个很明确的结论,那就是:中国要实现国家富强、民族振兴、人民幸福,必须坚持马克思主义的指导地位。这个指导地位不坚持、不巩固,我们国家富强、民族振兴、人民富裕幸福就不可能,而且已有的成果都要丧失。为了国家的未来,为了人民更美好的生活,必须巩固一百多年来中国人民努力奋斗的成果,巩固马克思主义及其中国化成果的指导地位。

关于如何巩固马克思主义的指导地位,可以从中国传统文化里面得到技术性、方法性启示。如前所述,中国古代封建社会的国家意识形态,儒学的指导地位在汉代就确立了,“罢黜百家,独尊儒术”,汉武帝时已明确,后来历代的统治者,实际上是遵从了儒学在国家生活中的至尊地位。越到后来(比如到明清时期)儒学在国家和社会生活中的地位越高,指导作用越强,对人民影响越大。造成这种历

史现象的奥秘在于,中国封建社会有一套成功的办法推动儒学"内化于心,外化于行",在中国古代推崇儒学、把它作为国家指导思想这方面做得很好、很出色。在国家治理中,不仅封建官吏在他们的行为中把儒学作为指导思想,作为价值准则,老百姓的行为习惯和日常生活,也可以说真正是以儒学为指导思想和价值准则。那时候农村家家户户都要供个牌,把儒学的祖宗跟自己的祖宗一起顶礼膜拜。应该看到,中国封建社会在巩固全社会指导思想的地位这一点上,做得很成功。对于它具体有哪些技术性办法,又是怎么做到的,我觉得我们今天巩固马克思主义指导地位,有必要研究这些技术性、方法性的办法。一百多年来中国社会变革的事实告诉我们,只有坚持巩固马克思主义及中国化成果的指导地位,中华民族才有美好的未来。但是要实现这个指导地位,需要做很多大量具体的工作。用马克思主义理论"武装全党""教育人民"这句话已经讲了多年。马克思主义及其中国化成果的指导地位,是不是就落实到社会生活各方面了呢?是不是真正"内化于心、外化于行"了呢?借鉴中国古代社会宣传儒学的经验,我们可从中得到一些启发。

探讨马克思主义与中国优秀传统文化的关系,在以上几个方面做一些深入研究,形成一些系统的、深刻的、科学的认识和成果,对今天我们建设中国特色社会主义有一定的启发和借鉴作用。这样做,我们的学术研讨就能够达到服务于中国特色社会主义的伟大实践、服务于中华民族伟大复兴中国梦的目的。

原载《特区实践与理论》2015 第 6 期

深刻认识毛泽东“古为今用,洋为中用”思想的重要意义

毛泽东思想博大精深,“古为今用,洋为中用”是其中一个杰出之处,它不仅本身是社会主义文化的重要因子,而且是社会主义文化发展繁荣的重要指导方针,也是“三个倡导”基础上培育社会主义核心价值观的一个重要原则。在毛泽东同志120周年诞辰之际,深刻认识毛泽东“古为今用,洋为中用”思想的现实意义,准确把握其对凝练与培育社会主义核心价值观的重要作用,进一步探讨核心价值观的大众化,具有极其重要的时代价值。

“古为今用,洋为中用”是毛泽东思想的一个杰出之处

“古为今用”指弘扬古代的精粹,为今天所用;“洋为中用”指批判地吸收外国文化中一切有益的东西,为我所用。在1942年5月召开的延安文艺座谈会上,毛泽东从文化的“源”和“流”的角度阐明了“古为今用,洋为中用”的思想。1964年9月1日,中央音乐学院音乐学系学生陈莲给毛泽东写了一封信,反映该院教学和演出中存在的一些问题。毛泽东做了批示,肯定此信,指示解决她所提出的问题。就在这个批示中,毛泽东提出“古为今用,洋为中用”的文艺方针,这标志着毛泽东“古为今用,洋为中用”思想的形成。

就“古为今用”来说。毛泽东认为,对古代流传下来的传统文化不能采取“拿来主义”的态度,而应该批判地继承,“学习我们的历史遗产,要用马克思主义的方法给以批判的总结”,为此,他提出了对中国古代文化进行清理的任务。他认为,“清理古代文化的发展过程,剔除其封建性的糟粕,吸收其民主性的精华,是发展民族新文化提高民族自信心的必要条件”。毛泽东指出:中国有些人

“崇拜旧的过时的思想，这些思想对于我们今天的中国不仅不适用而且有害。这样的东西必须抛弃”。我们必须尊重历史，“但是这种尊重，是给历史以一定的科学的地位，是尊重历史的辩证法的发展，而不是颂古非今，不是赞扬任何封建的毒素。对于人民群众和青年学生，主要地不是要引导他们向后看，而是要引导他们向前看”。

就“洋为中用”来说。毛泽东认为，文化发展应该“海纳百川”，面向世界，积极学习和汲取世界各国文化的优秀成分为我所用。他指出：“要多多吸收外国的新鲜东西，不但要吸收他们的进步道理，而且要吸收他们的新鲜用语。”针对中西文化的差异，毛泽东指出：“我们的方针是，一切民族、一切国家的长处都要学，政治、经济、科学、技术、文学、艺术的一切真正好的东西都要学。”当然，我们学习外国文化不能简单奉行“拿来主义”，而是必须坚持马克思主义的唯物辩证法。毛泽东指出：“对于外国文化，排外主义的方针是错误的，应当尽量吸收进步的外国文化，以为发展中国新文化的借鉴；盲目搬用的方针也是错误的，应当以中国人民的实际需要为基础，批判地吸收外国文化。”

总之，毛泽东“古为今用，洋为中用”思想，不仅内在地要求继承传统文化，学习借鉴国外文化，而且要求对中国传统文化的继承和对外国文化的学习借鉴必须结合起来，既要汲取积极合理成分，也要摒弃和抵制消极落后的因素。这是毛泽东“古为今用，洋为中用”思想的重要内涵和重要指向，也是毛泽东文化思想的杰出之处。

“古为今用，洋为中用”是社会主义文化发展繁荣的重要指导方针

毛泽东“古为今用，洋为中用”思想之所以应该而且必须成为社会主义文化发展繁荣的重要指导方针，原因在于：一方面，任何文化的发展都离不开自身的历史和现实基础，中国建设社会主义文化必须坚持“古为今用”的原则，对传统文化的积极成分予以发掘，并推陈出新，从而奠定社会主义文化发展的坚实基础。人类社会的进步体现在，每一代人都是以前一代人所取得的成就为基础不断发展的，而文化在其中的地位和作用非常重要。在当代中国，发展社会主义文化，其重要任务之一就是要立足于改革开放的实践，继承民族文化的优秀传统，进行文化创新，从而不断增强中国特色社会主义文化的吸引力和感染力。

另一方面，社会主义文化必须博采众长，才能充满生机活力，增强竞争力。毛

泽东主张尊重、学习、接受外国文化，其实质是要“洋为中用”，为新中国服务。从文化自身发展的规律和现实要求来看，我们建设和发展社会主义先进文化，必须坚持和发扬毛泽东的“古为今用，洋为中用”的思想，以其作为我们应遵循的原则。党的十七届六中全会通过的《中共中央关于深化文化体制改革推动社会主义文化大发展大繁荣若干重大问题的决定》明确提出，“要全面认识祖国传统文化，取其精华、去其糟粕，古为今用、推陈出新，坚持保护利用、普及弘扬并重，加强对优秀传统文化思想价值的挖掘和阐发，维护民族文化基本元素，使优秀传统文化成为新时代鼓舞人民前进的精神力量”，要“坚持以我为主、为我所用，学习借鉴一切有利于加强我国社会主义文化建设的有益经验、一切有利于丰富我国人民文化生活的积极成果、一切有利于发展我国文化事业和文化产业的经营管理理念和机制”。这充分说明“古为今用，洋为中用”思想仍然是当前我们发展繁荣中国特色社会主义文化的重要指导方针。

“古为今用，洋为中用”是“三个倡导”基础上培育核心价值观的一个重要原则

党的十八大报告强调指出：“倡导富强、民主、文明、和谐，倡导自由、平等、公正、法治，倡导爱国、敬业、诚信、友善，积极培育和践行社会主义核心价值观。”这“三个倡导”为进一步培育社会主义核心价值观指明了方向，而“三个倡导”的内容本身体现了“古为今用，洋为中用”的思想，这是显而易见的。从形式上看，这些内容总体上体现了传统文化价值内核的延续和西方文化价值精髓的吸收。当然，这种延续和吸收不是简单地延续吸收，而是一种基于社会主义本质要求和现实需要的批判继承的遴选吸收，是一个加工、提炼和转化的过程。

核心价值观在一个社会的价值观念体系中处于主导地位，体现着价值观念体系的基本价值倾向，统率着其他处于从属地位的价值观念，是一种社会制度普遍遵循的基本原则，是一种文化区别于另一种文化的基本价值观念。社会主义核心价值观是社会主义核心价值体系的内核和精髓。培育、凝练和践行社会主义核心价值观是社会主义核心价值体系建设的基础性工程，也是繁荣发展社会主义先进文化的重要任务。立足当前，着眼长远和未来，凝练和培育社会主义核心价值观必须从中国特色社会主义发展实际出发，批判吸收传统文化的积极成分，以开放的眼光和宽阔的视野汲取人类文明的积极成果。只有这样凝练出来的核心价值

观才能体现社会主义的根本性质和价值追求，才能体现时代特点并反映人民群众的根本价值诉求。从本质上说，这样做的过程就是毛泽东“古为今用，洋为中用”思想，在“三个倡导”基础上进一步凝练社会主义核心价值观的过程。因此，“古为今用，洋为中用”思想是在“三个倡导”基础上培育核心价值观的一个极其重要的原则。

原载《光明日报》2013 年 12 月 22 日

充分认识意识形态工作的极端重要性

习近平总书记在2013年8月全国宣传思想工作会议上的重要讲话中指出："经济建设是党的中心工作，意识形态工作是党的一项极端重要的工作"。这是习总书记在对世情、国情和党情科学判断的基础上，对意识形态工作重要地位和作用的新论断，表明了我们党对这项工作认识上的升华和理论上创新。2014年2月，习近平总书记在中共中央政治局第十三次集体学习时强调，把培育和弘扬社会主义核心价值观作为凝魂聚气、强基固本的基础工程，广泛开展社会主义核心价值观的宣传教育。在当前改革发展的攻坚阶段，能否充分发挥意识形态工作的政治支持、思想引导、精神动力等作用，是关系到改革发展能否坚持正确的方向、中华民族伟大复兴的中国梦能否实现的重大问题。只有深刻认识意识形态工作的这一极端重要性，才能在实践中正确处理党的中心工作与意识形态工作的关系，从而切实发挥意识形态工作的极端重要作用。

一、意识形态工作在党的整个事业中具有战略性地位

新的历史时期，经济建设无疑是党的中心工作，其他一切工作都必须紧紧围绕经济建设这个中心来展开，既不能脱离这个中心，也不能偏离这个中心，更不能代替这个中心。但是绝不能因此而忽视或放松意识形态工作，必须把它放在极端重要的地位，防止和克服"一手硬一手软"的倾向。

意识形态具有政治、经济、文化、教育等多重功能，作为一定社会的上层建筑对经济基础有巨大的反作用。古今中外的历史都已表明，思想文化、价值观念、意识形态，对于一个国家和社会的长治久安、和谐稳定、兴旺发达具有极其重要的意义。现代意义的"强国"概念，更不仅仅是经济上的强大，以价值观为核心的文化

软实力的较量尤为明显。历史与现实都已证明,“仓廪实未必一定知礼节,衣食足并非必然知荣辱”。实际上,古人在强调“仓廪实而知礼节,衣食足而知荣辱”的同时,还提出“四维不张,国乃灭亡”,即“礼、义、廉、耻”的伦理不大加宣扬,国家就会灭亡。不是物质生活好了就一切都能水到渠成,物质文明强大了,精神文明并不一定自然而然地提高,不是经济发展了,意识形态工作就一定能自然而然地做好。而且,越是以经济建设为中心,越是在改革攻坚克难的关键时刻,越是需要加强意识形态工作,从而为经济建设提供强大精神动力支撑。

所谓“极端重要”,就是进一步增强“重要”的程度,进一步强调党的意识形态工作在党的整个事业中所具有的根本性、战略性、全局性、关键性。从马克思主义的观点看,意识形态是国家权力的组成要素,即“思想的上层建筑”。任何一个政权的建立,总要先造舆论,取得道义上的广泛认同;而一个政权的巩固,则总要把统治阶级的意志上升为统治思想,成为社会的普遍共识。意识形态对政治、经济具有巨大的反作用,它关系着人心的向背、社会的安定、经济的兴衰、政权的得失、国家的安危。邓小平同志早就指出:“不加强精神文明建设,物质文明的建设也要受破坏,走弯路。光靠物质条件,我们的革命和建设都不可能胜利。”物质文明搞不好,精神文明会受到影响,同样,精神文明搞不好,物质文明也要受到影响。经济建设事关党和国家的前途命运,意识形态工作也同样关系到党和国家前途命运,关系到中国特色社会主义的成功,关系到广大人民的幸福安康。经济建设工作搞不好会翻船,意识形态工作搞不好则会变色、会变质。意识形态所具有的政治支持、统一思想、引导舆论、鼓舞动员、凝聚力量等作用,是党的任何工作取得成功的关键所在。正因为如此,我们要深刻认识和理性把握习近平总书记意识形态工作“极端重要”的论断,增强做好意识形态工作的自觉性、主动性、能动性,创造性地做好宣传思想工作,巩固马克思主义意识形态领域的指导地位,巩固全党和全国人民团结奋斗的共同思想基础。

二、高度重视意识形态工作是我们党的政治优势和优良传统

高度重视并善于做宣传思想工作或意识形态工作,是我们党的政治优势和优良传统,是我们党凝聚力量、战胜艰难险阻、夺取一个又一个胜利的重大法宝。中国革命、建设和改革事业的每一个胜利,都与党的艰苦细致、卓有成效的宣传思想工作密不可分。无论是战争代还是和平建设时期,我们党都把意识形态工作放在

事关党和国家事业兴衰成败的战略高度来抓，把进步的思想文化引领和放手发动群众、宣传群众、组织群众作为凝心聚力、推进工作的重要手段，在广泛的领域开展形式多样、卓有成效的宣传鼓动工作，在唤起民众、鼓舞士气、瓦解敌军等方面发挥了极其重要的作用，成为中国革命取得胜利的“第二大武器”。我们党对宣传思想工作或意识形态工作的重要地位和作用，一直用“生命线”一词来形象地比喻和凝练地表达。党从成立之日起，就把这一工作放在党的全部工作的重要位置上。早在1921年党成立之初，我们党就设立宣传机构，负责宣传鼓动工作，为革命事业发展宣传鼓动。新民主主义革命时期，尽管我们党不掌控国家意识形态机器，但积极倡导新的政治文化思想，不断加强马克思主义的宣传和引导，以此推动中国革命的历史进程，为新民主主义革命的胜利奠定了坚实基础。新中国成立后，我们党把宣传思想和舆论引导工作放在突出地位，始终牢牢掌握着意识形态的主导权，马克思主义在意识形态领域的指导地位不断巩固。

在不同历史时期，毛泽东、邓小平等党的几代领导人就加强意识形态工作提出了一系列重要思想。毛泽东同志曾指出：“掌握思想领导是掌握一切领导的第一位。”邓小平同志曾指出：“经济工作搞得好不好，宣传工作搞得好不好，对经济形势和政治形势能否稳定发展，关系很大。”并强调：“我们一定要把思想政治工作放在非常重要的地位，切实认真做好，不能放松。”江泽民同志曾强调：“越是发展经济，越是改革开放，越要重视思想政治工作。”并指出，意识形态领域阵地，马克思主义不去占领，非马克思主义和反马克思主义的东西必然会去占领。胡锦涛同志曾指出：“意识形态历来是敌对势力同我们激烈争夺的重要阵地，如果这个阵地出了问题，就可能导致社会动乱甚至丧失政权。敌对势力要搞乱一个社会、颠覆一个政权，往往总是先从意识形态领域打开突破口，先从搞乱人们的思想下手。”习近平总书记指出：“经济建设是党的中心工作，意识形态工作是党的一项极端重要的工作。”将意识形态工作强调到“极端重要”的程度，这在党的历史上还是第一次。从“生命线”到“极端重要”，是对意识形态工作或宣传思想工作重要地位和作用的新表达、新概括、新论断，表明了我们党对这项工作认识上的又一次升华。

90多年来，我们党不断发展壮大的一个重要条件，就是始终坚持抓好意识形态工作。而苏联解体的一个重要原因，就是在意识形态领域放松和放弃马克思列宁主义在意识形态领域的指导地位，使得党和国家失去了科学理论的指导和正确的舆论支撑，各种错误思想和反动思潮的泛滥，导致苏联革命和建设成就遭到否定，使人们对社会主义事业失去信心，结果只能是导致社会主义苏联的覆灭。这是世界社会主义历史上的沉痛教训。

三、改革关键阶段凸显意识形态工作的极端重要性

社会主义意识形态工作是社会主义建设事业的重要组成部分，在社会主义建设总体布局中占有重要的地位。当前，国内形势发生复杂变化，我国改革发展进入关键阶段。社会发展进入了社会转型、体制转轨、机制转换、政府职能转变的艰难时期，一些深层次的矛盾凸显，中国特色社会主义建设事业面临多重挑战。其必然给意识形态工作带来诸多的新课题，凸显意识形态工作的重要和必要。越是在这种关键时期，越是要抓好意识形态工作，以主流意识形态引领多元化文化，及时应对和回答，形成各阶层都能接受的建设中国特色社会主义共识，对社会健康发展进行正面引导，为改革发展提供强大的思想保障和精神动力。

伴随国际形势的风云变幻、国内经济社会的转轨转型、新技术新媒体的迅猛发展，党的意识形态工作面临着严峻挑战。世界范围内各种思想文化交流、交融、交锋更加纷繁复杂，西方意识形态渗透方式发生新变化，采取新的手法来散布"意识形态终结"的迷雾，推销"普世价值"的神话；运用各种传播工具，抢占舆论阵地，公开或隐蔽地推销其社会政治理论、价值观念、意识形态和生活方式，试图使我们党在思想理论上崩盘，行动上自乱，最终让我们党重蹈苏东国家亡党亡国的覆辙。社会矛盾日益复杂，思想文化多元多样多变，享乐主义、拜金主义、极端个人主义在一些地方还严重存在，一些人世界观、人生观、价值观发生扭曲，是非混淆、善恶颠倒、荣辱不分的现象还时有发生。科学技术的日新月异，传播手段的迅猛发展，新兴媒体对人们的影响日益增大。网络已经成为人类生存的又一"家园"，成为人们与外界交流、获取信息、学习知识、表达思想的主要途径。但网络是一把"双刃剑"，网络信息良莠不齐、泥沙俱下、鱼目混珠，极易对社会产生负面影响。在这种状态下，以掌握舆论和引导舆论为重要内容的意识形态工作，显得"极端重要"。

在当前我国改革发展的关键阶段，利益格局和阶层结构的日益分化，不同阶层、不同利益群体的利益性矛盾日益增多，甚至一些价值性矛盾出现。在国家通过经济发展和政策调整来解决这些问题的同时，我们的意识形态工作，就是要大力宣传改革发展与最广大人民群众根本利益之间的关系，重点加强对收入分配差距问题、先富与后富问题、公平与正义问题的教育，引导人们树立正确的利益观、

公正观和共富观。既要正视而不回避当前存在的问题,又要使人们认识产生问题的原因;既要看到我们在解决这些问题上的努力和成绩,又要看到问题依然存在,有些还很严重;既要看到由于各种因素而导致的解决问题的任重道远,又要看到社会主义制度在解决这些问题上的优越性,使广大干部群众对党和国家充满信心,从而为实现中华民族伟大复兴的中国梦凝聚其强大的精神力量。

原载《广西社会科学》2014 年第 10 期

马克思主义中国化的历史进程、主要成果与基本经验

90多年来，中国共产党之所以能领导中国人民在革命、建设和改革中取得民族解放、国家独立、人民富裕、国家富强等如此辉煌的成就，并带领中华民族一步一步走向伟大复兴，其关键因素在于，中国人民在救国救民实践中找到了马克思主义，中国共产党能够始终把马克思主义与中国实际、实践相结合，以创新性思想来解决中国革命、建设和改革中出现的问题，不断地推进马克思主义的中国化、时代化。

一、马克思主义中国化的科学内涵

（一）中国人接受马克思主义是历史的必然选择

1840年开始，中国一步步沦为半殖民地半封建社会，中华民族成为被帝国主义、封建专制主义和官僚资本主义共同奴役的对象。中国社会灾难深重，中国人民水深火热，这是近代以来中国社会的基本面貌。为改变这个面貌，挽救中国，包括地主阶级、农民阶级、资产阶级在内的无数仁人志士进行了禁烟运动、太平天国农民起义、洋务运动、维新变法、义和团运动、辛亥革命等各种努力和尝试，但都一次次地失败了。这些失败使中国人民付出了无数鲜血与生命代价，也使中国人民获得一个基本认识，就是指导地主阶级的自强运动、农民阶级的起义、资产阶级的民主主义运动的这些“主义”都不能救中国于危亡。结束悲剧，挽救灾难深重的中华民族于危亡还必须寻找别的“主义”。

五四运动前后，传入中国的思潮与主义、救国理论形形色色、多种多样，什么巴枯宁主义、浦鲁东主义、实业救国、科学救国、教育救国等都是热闹一时，转瞬即

逝。马克思主义在中国发生影响并被中国人民所认同、所选择、所掌握,有着深刻的社会历史原因和相应的主客观条件。正在中华民族和中国人民迷惘于"主义"的选择时,俄国十月革命一声炮响,给中国送来了马克思列宁主义。经历过新文化运动洗礼的中国先进分子不仅很快就接受了马列主义,并且在它的指导下成立无产阶级政党——中国共产党。中国人民终于找到了适合中国实际、能够解决中国问题的科学理论。正如一个病情危重的病人,被高手名医妙手回春。只有药效对症,才能药到病除。正是有了马克思主义的指导,中国共产党团结带领全党全国人民逐步解决了中国社会中华民族两大难题,取得了新民主主义革命和社会主义革命的胜利,取得了社会主义建设和改革开放的辉煌成就。从国家独立、民族解放到人民富裕、国家富强、民族振兴,中国实现了从站起来到富起来、强起来的伟大飞跃,从而成功开辟出一条具有高度现实性和可行性的中国道路。

(二)马克思主义中国化是理论和实践的必然要求

马克思主义传入中国必须经过中国化,这是马克思主义作为科学理论的内在要求,也是中国革命、建设和改革实践提出的必然要求。

马克思主义是关于全世界无产阶级和全人类彻底解放的科学理论,因其揭示出了人类社会发展的普遍规律而成为全世界工人阶级和最广大人民群众的世界观,成为解放和发展自己的行动指南。马克思主义是"世界性的",但是每个民族、每个国家在运用马克思主义改造社会时必须民族化、本土化,这是普遍真理的内在要求。马克思主义需要不断在"世界性"的传播中创新发展。这种创新发展必须同各国历史文化特点、具体实践相结合,方能形成和产生现实的科学指导力量。正如恩格斯所说的:马克思主义不是教条,是行动的指南,是发展着的理论,它的实际运用和发展随时随地都要以当时的历史条件为转移。也正如列宁一再所强调的,马克思主义"所提供的只是总的指导原理,而这些原理的应用具体来说,在英国不同于法国,在法国不同于德国,在德国又不同于俄国。"①马克思主义具体运用到中国,肯定不同于英、法、德、俄等国,它必带有中华民族之特点。

中国共产党在革命、建设与改革的实践中不断深化对马克思主义中国化的认识。早期的共产主义者如李大钊、陈独秀、毛泽东等在接受与传播马克思主义时,在主观上对怎样坚持和发展马克思主义有了一些初步的认识,比如李大钊提出马

① 《列宁专题文集·论马克思主义》,人民出版社2009年版,第96页。

克思主义“怎样应用于中国今日的政治经济情形”的问题，回答是要“因时、因所、因事的性质情形”，把马克思主义“适用到实际的政治上去”，“务求其适合者行之”。但直到遵义会议之前，这些初步认识在党内并没有占主要地位，也没有形成共识，结果给革命事业带来了巨大损失。第一、二次国内革命战争时期，苏共以世界革命领导者自居，中共成为苏共主导的共产国际的一个支部而几乎没有独立自主的权利。其间，年幼的中国共产党在运用马克思主义问题上，不是教条地对待马列主义的具体理论甚至个别论断，就是无条件地把共产国际的指示和苏联经验神圣化而无视中国实际，导致中国革命遭受严重挫折，吃过大亏，一度几乎陷入绝境。错误的认识和严重的挫折教育了党，使更多的共产党人逐渐认识到：仅有马克思主义还不行，还必须使马克思主义中国化，才能取得中国革命的胜利。遵义会议确立了毛泽东的领导地位后，中国共产党在慢慢摆脱共产国际和苏共的影响中不断走向独立自主，对马克思主义中国化问题的正确认识越来越清晰。1938年，毛泽东在中共六届六中全会所做的《论新阶段》政治报告中，首次提出“马克思主义中国化”的命题。他强调指出：“马克思主义必须和我国的具体特点相结合并通过一定的民族形式才能实现。马克思列宁主义的伟大力量，就在于它是和各个国家具体的革命实践相联系的。对于中国共产党来说，就是要学会把马克思列宁主义的理论应用于中国的具体环境，离开中国特点来谈马克思主义，只有抽象的空洞的马克思主义。因此，使马克思主义在中国具体化，使之在其每一表现中带着必须有的中国的特性，即是说，按照中国的特点去应用它，成为全党亟待了解并亟待解决的问题。”①随着马克思主义必须中国化这一正确认识在全党形成共识，中国共产党开始自觉地将马克思主义基本原理与中国实际相结合，在结合中实现了马克思主义中国化的两次历史性飞跃，孕育并创造出两大中国化马克思主义理论成果，即毛泽东思想与中国特色社会主义理论体系，在两大理论成果指导下取得了新民主主义革命、社会主义革命的胜利和社会主义建设与改革开放的伟大成就，并且开创出了一条独具中国特色的革命、建设和改革的发展道路。

应马克思主义科学真理本身创新发展和生命力的需要，应中国革命、建设、改革实践的客观需要，马克思主义在中国“民族化”和“地域化”了，体现出了中国特色，彰显出了马克思主义的强大生命力和理论价值。

---

① 《毛泽东选集》第二卷，人民出版社 1991 年版，第 534 页。

（三）马克思主义中国化的基本内涵

习近平总书记在2008年3月1日中央党校春季学期开学典礼上的讲话中，从时间和空间上对马克思主义中国化的基本内涵有一个明确的概括，他说："马克思主义中国化，就是把马克思主义基本原理同中国具体实际和时代特征结合起来，运用马克思主义的立场、观点、方法研究和解决中国革命、建设、改革中的实际问题，坚持和发展马克思主义；就是运用中国人民喜闻乐见的民族语言来阐述马克思主义理论，揭示中国革命、建设、改革的规律，使之成为具有中国风格、中国气派的马克思主义。"①这一概括包括以下几层思想内涵：

第一，马克思主义本土化是必需的，但本土化不是离开它的灵魂与根基，不能离经叛道，而必须是坚持马克思主义基本原理指导，坚持贯穿其中的立场观点方法。恩格斯逝世后的一百多年来，国际上出现了千姿百态、形形色色、各种各样的社会主义思想和运动。有些所谓的社会主义思想和运动与马克思主义毫无共同点，如非洲一些冠名社会主义的国家只是用了社会主义之名而不知社会主义的真谛，甚至反对马克思主义的指导；有些社会主义思想和运动只是借用马克思主义的口号和个别概念，马克思主义只成其大杂烩式指导思想中的一种主义，如查韦斯的21世纪社会主义；有些社会主义国家本质上是直接背离和放弃马克思主义而导致红旗落地、改旗易帜，如原苏东社会主义国家，戈尔巴乔夫奉行的所谓民主、人道的社会主义实际上是背叛马克思主义的；今天的世界上，也有许多标榜以马克思主义为指导思想的国家、政党。但细看他们的纲领、实践与马克思主义基本原理，与马克思主义立场、观点、方法都没有什么共同点，比如有些所谓的社会主义国家却推崇伊斯兰文化。有些社会主义国家在坚持和发展马克思主义过程中，没有与本国国情和时代特征结合好，甚至走样变形了，如朝鲜等。这些各式各样的"社会主义国家"因没有真正处理好马克思主义本土化问题，要么搞的根本就不是社会主义，要么就把社会主义搞垮了，要么搞的就是贫穷的不合格的社会主义。反观，中国共产党90年来所以能带领全国人民创造举世瞩目的伟业，一个根本原因，就在于始终坚持把马克思主义基本原理和贯穿其中的立场、观点、方法，坚持马克思主义的指导地位是我们立党立国必须坚持的四项基本原则。

① 习近平：《关于中国特色社会主义理论体系的几点学习体会和认识》（2008年3月1日在中央党校2008年春季学期开学典礼上的讲话），《求是》2008年第7期（发表时有删节）。

第二，马克思主义中国化的内涵，用一句话表达，就是不断把马克思主义基本原理同中国具体实际和时代特征相结合。这个结合是一个永远性课题，只有进行时，没有完成时。

第三，马克思主义中国化的基本内涵是，中国特色马克思主义必须体现中华民族几千年文化传承的精髓，必须与保证中华民族生生不息、绵延发展了几千年的历史文脉、精神特征相衔接、相协调。其思想内涵、价值理念、表达方式必须合乎中华民族的传统文化个性，必须具有中国味。

第四，马克思主义中国化的根本目的，在理论层面就是揭示中国革命、建设、改革的规律，使之发展成为具有中国风格、中国气派的当代中国马克思主义；在实践层面就是创造性地回答和解决中国革命、建设、改革中的具体问题；在价值层面就是实现中华民族伟大复兴的中国梦和社会主义现代化强国，不断向共产主义理想社会迈进。

第五，判断马克思主义中国化的基本标准，一是看是否符合马克思主义基本原理及贯穿其中的马克思主义立场、观点、方法；二是看是否能用来分析、解释和解决中国革命、建设和改革中出现的问题，是否能用来有效地指导中国革命、建设和改革的伟大实践走向胜利、走向成功。

二、马克思主义中国化的历史进程和重大理论成果

（一）马克思主义中国化的第一次历史性飞跃与毛泽东思想

1. 毛泽东思想形成的时代背景：中国社会与时代的主题

毛泽东思想产生和形成于 20 世纪前中期，当时时代的主要特点是战争与革命。1914 年第一次世界大战的爆发造成了革命形势，随后俄国爆发了十月社会主义革命。俄国十月革命开辟了无产阶级社会主义革命的新时代，这是毛泽东思想产生的国际背景。十月革命对中国革命运动产生了极为重要的影响，包括毛泽东同志在内的一大批赞成十月革命的具有初步共产主义思想的知识分子成长起来，认识到救中国，救人民，实现国家的独立、统一、民主、富强，必须走俄国人的路，用马克思主义指导中国革命。因而，把马克思主义与中国实际结合起来，形成适合中国情况的科学指导思想，就成为时代的基本要求。

2. 毛泽东思想形成的原因

毛泽东思想的形成和发展是一个历史过程。土地革命战争前中期（从 1927—

1935年),是毛泽东思想的形成时期。土地革命战争后期至抗日战争时期(1935—1945年),是毛泽东思想的成熟时期。这一时期,毛泽东思想得到系统总结和全面展开。解放战争时期至毛泽东逝世(1946年—1976年),是毛泽东思想继续发展的时期。

从毛泽东思想形成和发展的历史来看,可以得出这样几个基本结论。

第一,毛泽东思想是以毛泽东同志为代表的中国共产党人在寻找中国革命规律的实践中,把马克思主义列宁主义的普遍真理与中国革命、中国社会实际相结合,独立创造的结果。

在旧中国这样的半殖民地半封建的东方大国,中国革命的条件与马克思、恩格斯、列宁所分析的西方资本主义国家进行无产阶级革命的条件极为不同,中国具有自己特殊的国情,即农民占人口的绝大多数,分散的小农经济、小生产广泛存在,又遭受着西方列强侵略和压迫。科学把握中国革命的规律,必须紧密结合当时的中国国情和时代条件,运用马克思列宁主义来指导中国革命,寻找适合中国实际的革命道路和革命方略,并做出科学的理论概括。以毛泽东同志为代表的中国共产党人从中国的历史状况和社会状况出发,创造性地运用马克思列宁主义基本原理,深刻分析中国社会形态和阶级状况,经过艰苦的实践和探索,明确了中国革命的性质、对象、任务和动力,提出通过新民主主义革命走向社会主义的两步走的战略,制定了新民主主义革命的总路线,科学把握了中国革命的特点和规律,开辟了以农村包围城市、最后夺取全国胜利的革命道路。毛泽东思想就是在马克思主义列宁主义的普遍真理与中国革命、中国社会实际相结合的过程中形成、成熟和发展的。

第二,毛泽东思想是以毛泽东同志为代表的中国共产党人与党内错误倾向、错误路线进行斗争,在斗争中摸索、选择、鉴别的结果。在20世纪20年代后期和30年代前期,党内一度盛行右倾投降主义和把马克思主义教条化、把共产国际决议和苏联经验神圣化的"左"倾盲动主义及其错误思想、政治、军事和组织路线。即使在抗日战争时期,党内也还存在王明的右倾机会主义错误路线,叫作"一切通过统一战线","一切服从统一战线",就是一切听从蒋介石的路线。这些错误倾向和路线对中国革命和党的事业危害极大。以毛泽东同志为代表的中国共产党人坚持不懈地与党内的这些错误倾向、错误路线进行斗争,深入分析其错误的思想和社会根源,深刻揭露其巨大危害。毛泽东思想就是在同这些错误倾向和错误路线做斗争,并深刻总结这方面的历史经验的过程中逐渐形成和发展起来的。

第三,毛泽东思想是以毛泽东同志为代表的中国共产党人与共产国际及其代表人物做斗争,争取独立自主解决中国革命重大问题的结果。应该说,共产国际的初期(1919 年 3 月至 1927 年 7 月),共产国际对于中国革命的指导,虽然有个别原则问题的错误,但还是有益的多。共产国际的中期(1927 年 7 月至 1935 年 7 月),共产国际及其代表人物在中国革命问题上的错误就是主要的了。其错误主要在于一般号召不与中国实践相结合,具体布置代替了原则的指导,变成了干涉中国共产党的内部事务,使中国共产党不能独立自主,发挥自己的积极性、创造性,使中国共产党党内的"左"、右倾错误极其严重,中国革命力量受到巨大损失。中国共产党执行共产国际支持的王明的"左"倾机会主义路线的结果,使"白区党损失百分之百,苏区损失了百分之九十"。

面对共产国际及其代表人物如鲍罗廷、罗米那兹、米夫、李德、王明等人不顾中国的国情,把十月革命的模式强加在中国革命头上、要求对共产国际所有指示一切机械照办的倾向,面对他们在中国革命形势、道路、策略和党的组织路线、军事路线等问题上的严重错误,以毛泽东同志为代表的中国共产党人与他们进行坚决斗争,坚决反对他们按照自己的经验和自己的利益对中国革命和中国共产党的瞎指挥,强调要放在自己力量的基点上,自己找出适合我国情况的前进道路,并指出,在我们这样一个大国,尤其必须信任和依靠本国亿万人民的智慧和力量,依靠自己的力量发展革命事业。否则,革命不可能取得胜利,胜利了也不可能巩固。

遵义会议就是以毛泽东同志为代表的中国共产党人与共产国际及其代表人物做斗争的会议,当然也就是中国共产党人第一次独立自主地运用马列主义原理解决自己的路线、方针、政策,独立自主地处理关系中国革命前途命运的会议。

正是因为以毛泽东同志为代表的中国共产党人与共产国际及其代表人物的坚决斗争,共产国际的后期(1935 年至 1943 年),虽然王明右倾机会主义路线对我们党或多或少造成了干扰,但这条错误路线很快被我们党成功抵制住了。

在以毛泽东同志为代表的中国共产党人与共产国际及其代表人物的斗争中,毛泽东思想形成和发展起来了。从这个意义上,马克思主义中国化的第一个成果毛泽东思想的形成发展史,是以毛泽东同志为代表的中国共产党人为争取独立自主进行中国革命,与共产国际及其代表人物的斗争史。

第四,毛泽东思想是以毛泽东同志为代表的中国共产党人坚持马克思主义,认真研究中国国情,本着对中国革命高度负责,对中华民族和党的事业无限忠诚,勇于担当、艰难探索、独立思考的结果。

邓小平同志曾经说过,“没有毛主席,至少我们中国人民还要在黑暗中摸索更长的时间。”熟悉中国革命史的人都知道,是毛泽东同志在革命的危急关头“以很大的耐心,隐忍着各种的痛苦”积极工作,勇于担当,使党内的许多领导同志逐渐接受他的正确意见,从而使革命转危为安。在与党内错误倾向和错误路线的斗争中,毛泽东同志本人多次受到错误处分,他自己就说过,“我就受过压,得过三次大的处分,被开除过党籍,撤销过军职,不让我指挥军队,不让我参加党的领导工作。我就在一个房子里,两三年一个鬼也不上门。”面对此种境遇,毛泽东同志从不消沉,始终本着对革命高度负责,对中华民族和党的事业的无限忠诚,坚决反对迷信国际路线,迷信打大城市,迷信外国的政治、军事、组织、文化的那一套政策,始终坚持马克思主义,认真研究中国国情,独立思考中国革命的各种问题。毛泽东思想就是这种以对党无限忠诚,对中国人民高度负责的精神,以马克思主义为指导,认真研究中国国情,独立思考中国革命各种问题的结果。

3. 毛泽东思想的主要内容

毛泽东思想是马克思主义中国化的第一个重大理论成果,它是马克思列宁主义在中国的运用与发展,是被实践证明了的关于中国革命和建设的正确的理论原则和经验总结,是中国共产党人集体智慧的结晶。毛泽东思想具有十分丰富的内容,主要在以下六个方面以独创性的理论发展了马克思主义。

新民主主义革命理论。其基本点,一是认为中国资产阶级有两个部分,一部分是依附于帝国主义的大资产阶级(即买办资产阶级、官僚资产阶级),另一部分是既有革命要求又有动摇性的民族资产阶级。无产阶级领导的统一战线要争取民族资产阶级参加,并且在特殊条件下把一部分大资产阶级也包括在内,以求最大限度地孤立最主要的敌人。在同资产阶级结成统一战线时,要保持无产阶级的独立性,实行又团结又斗争、以斗争求团结的政策;在被迫同资产阶级、主要是同大资产阶级分裂时,要敢于并善于同大资产阶级进行坚决的武装斗争,同时要继续争取民族资产阶级的同情或中立。二是认为由于中国没有资产阶级民主,反动统治阶级凭借武装力量对人民实行独裁恐怖统治,革命只能以长期的武装斗争为主要形式。中国的武装斗争,是无产阶级领导的以农民为主体的革命战争。农民是无产阶级的最可靠的同盟军。无产阶级有可能和必要通过自己的先锋队用先进思想、组织性和纪律性来提高农民群众的觉悟水平，建立农村根据地，长期进行革命战争，发展和壮大革命力量。毛泽东同志指出，“统一战线和武装斗争，是战胜敌人的两个基本武器”，加上党本身的建设，就成为革命的“三个法宝”。以上这些，就是中国共产党所以能成为全民族的领导核心，并且创造出一条以农村包围城市，最后夺取全国胜利的道路的基本依据。

社会主义革命和建设理论。一是提出对人民内部的民主方面和对反动派的专政方面互相结合起来就是人民民主专政的理论。二是提出在社会主义制度建立以后，人民的根本利益是一致的，但人民内部还存在着各种矛盾，必须严格区分和正确处理敌我矛盾和人民内部矛盾，人民内部要在政治上实行“团结——批评——团结”，在党与民主党派的关系上实行“长期共存、互相监督”，在科学文化工作中实行“百花齐放、百家争鸣”，在经济工作中实行对全国城乡各阶层统筹安排和兼顾国家、集体、个人三者利益等一系列正确方针。三是强调不要机械搬用外国的经验，而要从中国是一个大农业国这种情况出发，以农业为基础，正确处理重工业同农业、轻工业的关系，充分重视发展农业和轻工业，走出一条适合我国国情的中国工业化道路。四是强调在社会主义建设中要处理好经济建设和国防建设、大型企业和中小型企业、汉族和少数民族、沿海和内地、中央和地方、自力更生和学习外国等各种关系，处理好积累和消费的关系，注意综合平衡。五是强调工人是企业的主人，要实行干部参加劳动、工人参加管理、改革不合理的规章制度和技术人员、工人、干部“三结合”。六是提出调动一切积极因素，化消极因素为积极因素，以便团结全国各族人民建设社会主义强大国家。

革命军队建设和军事战略理论。其基本点包括：全心全意为人民服务是人民军队的唯一宗旨；党指挥枪而不是枪指挥党的原则；遵守三大纪律八项注意，实行政治、经济、军事三大民主，实行官兵一致、军民一致和瓦解敌军的原则，建设人民军队，进行人民战争，正确地实行军事战略的转变和一系列人民战争的战略战术，加强国防，建设现代化革命武装力量（包括海军、空军以及其他技术兵种）和发展现代化国防技术（包括用于自卫的核武器）等等。

政策和策略理论。毛泽东同志精辟地论证了革命斗争中政策和策略问题的极端重要性，指出政策和策略是党的生命，是革命政党一切实际行动的出发点和归宿，必须根据政治形势、阶级关系和实际情况及其变化制定党的政策，把原则性和灵活性结合起来。他在对敌斗争和统一战线等方面，提出了许多重要的政策和策略思想。他指出：弱小的革命力量在变化着的主客观条件下能够最终战胜强大的反动力量；战略上要藐视敌人，战术上要重视敌人；要掌握斗争的主要方向，不要四面出击；对敌人要区别对待、分化瓦解，实行利用矛盾、争取多数、反对少数、各个击破的策略；在反动统治地区，把合法斗争和非法斗争结合起来，在组织上采取隐蔽精干的方针；对被打倒的反动阶级成员和反动分子，只要他们不造反、不捣乱，都给以生活出路，让他们在劳动中改造成为自食其力的劳动者；无产阶级及其政党要实现自己对同盟者的领导，必须具备两个条件：一是率领被领导者向着共同的敌人做坚决斗争并取得胜利；二是对被领导者给以物质利益，至少不损害其利益，同时给以政治教育等。

思想政治工作和文化工作理论。毛泽东精辟论述了文化和政治、经济的辩证关系，指出一定的文化（当作观念形态的文化）是一定社会政治和经济的反映，又给予伟大影响和作用于一定社会的政治和经济；经济是基础，政治则是经济的集中表现。他提出，思想政治工作是经济工作和其他一切工作的生命线，要实行政治和经济的统一、政治和技术的统一、又红又专的方针；要发展民族的、科学的、大众的文化，实行百花齐放、推陈出新、古为今用、洋为中用的方针。他强调，知识分子在革命和建设中具有重要作用，知识分子要同工农相结合，通过学习马克思列宁主义、学习社会和工作实践树立无产阶级世界观的思想等。他指出，为什么人的问题，是一个根本的问题、原则的问题，强调要全心全意为人民服务，对革命工作要极端负责，要艰苦奋斗和不怕牺牲。

党的建设理论。毛泽东特别着重于从思想上建设党，提出党员不但要在组织上入党，而且要在思想上入党，经常注意以无产阶级思想改造和克服各种非无产阶级思想。他指出，理论和实践相结合的作风，和人民群众紧密地联系在一起的作风，自我批评的作风，是中国共产党区别于其他任何政党的显著标志。他针对历史上党内斗争中存在过的“残酷斗争、无情打击”的“左”倾错误，提出“惩前毖后、治病救人”的正确方针，强调在党内斗争中要达到既弄清思想又团结同志的目的。他创造了在全党通过批评与自我批评进行马克思列宁主义思想教育的整风形式。新中国成立前夕和新中国成立以后，毛泽东同志多次提出要继续保持谦虚谨慎、戒骄戒躁、艰苦奋斗的作风，警惕资产阶级思想的侵蚀，反对脱离群众的官僚主义。

毛泽东思想活的灵魂。毛泽东思想的活的灵魂，是贯穿于毛泽东思想各个组成部分的立场、观点和方法，它有三个基本方面，即实事求是、群众路线、独立自主。实事求是，就是从实际出发，理论联系实际，就是要把马克思列宁主义普遍原理同中国革命具体实践相结合。群众路线，就是一切为了群众，一切依靠群众，从群众中来，到群众中去。独立自主，自力更生，是从中国实际出发、依靠群众进行革命和建设的必然结论。

毛泽东思想活的灵魂，集中体现了马克思主义的根本思想原则，是毛泽东思想形成和发展的基础，是中国共产党人进行社会实践所遵循的根本原则和基本方法，是中国共产党人战胜各种艰难险阻，不断取得胜利的根本保证，是毛泽东思想科学性和生命力的核心。

（二）马克思主义中国化的第二次历史性飞跃与中国特色社会主义理论体系

1. 中国特色社会主义理论体系的形成历程及背景、原因

中国特色社会主义理论体系是在和平与发展成为时代主题的历史条件下、在我国改革开放和现代化建设的伟大实践中形成和发展起来的科学理论体系。它的形成过程，大致可以分为两个阶段。

第一个阶段，从十一届三中全会到 1992 年党的十四大，是中国特色社会主义理论全面展开、重点突破和初步形成阶段。在这一阶段，中国特色社会主义理论在社会主义经济制度方面取得一系列突破性成果，中国特色社会主义理论体系的中心主题在此时明确，中国特色社会主义理论的几乎所有内容在这一时期都开始提出，并形成体系。而这个时期中国特色社会主义的理论成果主要凝结在邓小平同志的一系列重要讲话、文章、谈话中。

第二个阶段，从党的十五大至今，中国特色社会主义理论在许多方面都获得突破性的成果，进入了理论体系的形成和发展阶段。"三个代表"重要思想的形成，丰富和发展了中国特色社会主义理论。2002 党的十六大以后，以胡锦涛同志为总书记的党中央集中全党智慧提出了科学发展观、不断提高党的执政能力和构建社会主义和谐社会等新的理论。这些新的理论，是对中国特色社会主义理论进一步丰富和发展。党的十八大以来，习近平总书记围绕全面坚持和发展中国特色社会主义，在内政、外交、国防、治党、治国、治军多方面提出一系列新理念、新思想、新战略，全面丰富发展了中国特色社会主义理论，形成了马克思主义中国化的最新成果。

中国特色社会主义理论体系的形成不是偶然的，是多种因素综合起作用的

结果。

第一,是我们党坚持以宽广的眼界观察世界、以时代发展的要求审视自己、以战略的思维谋划全局的结果。中国特色社会主义理论体系,产生于20世纪70年代末80年代初,在整个20世纪90年代和21世纪初得到了重大发展。这三十多年,是整个世界发生大变动大调整的时期,这种变动调整的剧烈和深刻程度远远超出了人们的预料。最显著的变化,就是和平与发展成为时代主题,西方资本主义出现种种新情况,社会主义发生严重挫折,经济全球化和世界多极化趋势加速发展,综合国力竞争日趋激烈。特别是新科技革命及其带来的重大科技发现发明和广泛应用,推动世界范围内生产力、生产方式、生活方式和经济社会发生了前所未有的深刻变化,也引起全球经济格局、利益格局和安全格局发生了前所未有的重大变化。与时代、实践和科学的发展紧密相连,从20世纪70年代后期开始,在世界范围内兴起了以增强综合国力为中心目标的改革调整浪潮,这个浪潮涉及国家之广泛、涉及领域之全面、改革调整程度之深刻、持续时间之长久,都是前所未有的。

面对如此深刻、巨大的变化,面对社会主义的中国与资本主义的西方经济、科技和生活差距仍然较大的现实压力,我们党要解决好时代提出的新课题,迎接时代提出的新挑战,开创党和人民事业发展的新局面,思想上没有新的解放不行,实践上没有新的创造不行,理论上没有新的发展也不行。如果因循守旧、停滞不前,党就有丧失先进性和领导资格的危险。中国特色社会主义理论体系,从邓小平理论到“三个代表”重要思想,再到科学发展观,特别是习近平总书记系列重要讲话精神,都是我们党为解决时代提出的新课题,解放思想、实事求是、与时俱进,在实践创新的基础上形成的理论创新成果,充分体现了我们党坚持以宽广的眼界观察世界、以时代发展的要求审视自己、以战略的思维谋划全局,科学认识和正确应对当今世界发展变化的理论思考。

第二,是科学总结、正确认识和总结改革开放前30年中国社会主义建设经验教训的结果。在我国改革开放前30年社会主义建设的历史进程中,中国共产党人对于如何在一穷二白的基础上建设社会主义进行了许多理论探索,在独立自主的实践中创造了社会主义发展的辉煌成就,积累了丰富经验,同时也经历了失误和挫折,特别是发生了“文化大革命”那样全局性的严重错误。以邓小平同志为主要代表的中国共产党人,科学总结改革开放前社会主义建设的经验教训,努力恢复毛泽东思想的本来面目，并在新的历史条件下继续坚持和发展毛泽东思想，从而成功引导着我国社会主义现代化事业不断前进。离开中国共产党人对改革开放前30年社会主义建设经验教训的科学总结和正确对待，中国特色社会主义理论体系的形成是不可设想的。事实也证明，改革开放前近30年的实践中，中国共产党人根据中国国情创建了人民民主专政的国体、人民代表大会的根本政治制度、中国共产党领导的多党合作与政治协商制度、民族区域自治制度，并确立马克思主义在意识形态领域的指导地位。我们党领导人民进行社会主义建设的全面实践，包括经济建设的伟大成就，包括在理论实践探索中取得的伟大成就，包括发生的失误错误、付出的代价等，都为开辟中国特色社会主义道路、形成中国特色社会主义理论体系，奠定了根本的政治前提、思想保证、制度基础和经验教训。

第三，是对改革开放以来我国社会主义现代化建设伟大实践及其新鲜经验进行科学总结的结果。十一届三中全会以来改革开放30多年，我们党科学确立了社会主义初级阶段的基本路线，团结带领人民坚持以经济建设为中心，坚持四项基本原则，大力推进改革开放这场新的伟大革命，极大地调动了亿万人民的积极性，使我国成功实现了从高度集中的计划经济体制到充满活力的社会主义市场经济体制、从封闭半封闭到全方位开放的伟大历史转折，使中国的社会生产力获得新的巨大解放，也使我们的民族精神得到高度弘扬。这场历史上从未有过的大改革大开放，是在中国共产党坚强领导下，在马克思主义及中国化成果指导下中国人民团结奋斗生气勃勃的伟大创造，也是科学理论发展的不竭源泉。我们党始终站在改革开放潮流的前面，准确把握改革的方向、目标，热情支持、鼓励、保护、引导人民群众的伟大创造，及时吸取总结实践中的经验和教训，不断探索把握社会主义现代化建设的规律，不断推进马克思主义中国化，先后形成了邓小平理论、“三个代表”重要思想以及科学发展观、习近平总书记治国理政新理念新思想新战略等重要成果。

第四，是在坚持对外开放，正确对待西方先进科技、经济管理经验和一切有益先进的文化成果的结果。二战后兴起两场交织的运动。一场是以原子能、电子信息特别是互联网技术、航天技术为代表的高科技革命。这场科技革命的规模、广度与深度和影响力远远超过前几次工业革命，极大地推动了社会生产力发展、全球化进程和世界经济发展。作为第一生产力的高新科技越来越快地转化为直接生产力，极大地提高了劳动生产率和整个全球经济的增长，并开拓出许多新兴产业，扩大了国际国内两个市场，深刻改变着全球经济秩序。当然，最受益于这场高新科技革命的是垄断着高新技术权的西欧、日本和美国等发达资本主义国家。另一场运动是获得政治独立后的广大第三世界国家大规模的工业化运动。这两场运动叠加一起直接促使着资本主义生产方式的全球性扩张和世界经济结构的重大变化。改革开放前30年，中国由于种种复杂的原因而被挡在第一场运动外，以十一届三中全会为标志，中国共产党在新时期，一是客观、科学地看到二战后西方发达国家在经济、科技上的发展成就和社会稳定、国家治理的经验，二是以马克思主义观点科学分析、认识资本主义国家的现状，坚决抵制批判盲目崇洋、全盘西化特别是对西方资本主义制度吹捧迷信的倾向，同时积极吸取西方文明成果中没有阶级性的，“资本主义可以用，社会主义也可以用”的，对中国特色社会主义有益的一切积极成果。三是在坚持独立自主的前提下，主动顺应全球化，积极融入西方主导的世界体系中，在市场经济大舞台上与狼共舞，大量引进外资和大力引进、吸收、改造西方先进技术并进行集成创新，“大胆吸收和借鉴世界各国包括资本主义发达国家的一切反映现代社会化生产和商品经济一般规律的先进经营方式和管理方法及其他有益于我的积极文明成果”。不断扩大和深化对外开放，使中国越来越深度融入全球化中，利用国际国内两个市场、两种资源的能力越来越强，进而越来越从世界经济政治舞台的边缘走向中心。

第五，是探索中国经济发展正确道路，充分发挥社会主义在发展生产力方面优越性的结果。改革开放以来，在探索中国经济发展正确道路的新实践中，中国共产党注意充分发挥社会主义制度中的优势，一方面对不适应生产力发展的体制机制进行了改革、发展与完善；另一方面，在引进市场经济规则的同时，坚持走中国特色社会主义市场经济之路，实现市场经济与社会主义制度的成功嫁接，以利于在保持社会主义国家强大的宏观调控能力下，发挥市场经济配置资源的长处，规范与驯化市场经济的短处，让市场经济为社会主义所用，不断地完善社会主义市场经济体制。

第六，是科学总结、正确对待世界上其他社会主义国家经验教训的结果。马克思主义诞生以来，社会主义在理论上、实践上都取得了历史性的伟大成就，但也发生了严重曲折，20世纪80年代末、90年代初发生的苏联解体、东欧剧变，使这个问题更加突出，也更加引人深思。苏联和一批原东欧社会主义国家党的领导地位丧失，国家制度变质，付出了惨痛代价。根本原因是这些国家的领导核心－共产党丧失了自己的理想信念，而对资产阶级价值观和资本主义制度盲目追捧，并在这样的思想基础上，制定了脱离社会主义方向的改革纲领、改革路线和目标。同时，他们对自己的历史文化没有科学历史全面的态度，简单否定一切，在这样的认识下，抛弃社会主义制度，抛弃了党的领导，导致社会主义制度的变质，这个悲剧及其结果给了中国共产党人极大的震撼，给中国共产党人在推进改革时把握正确方向提供了极大的警示。我们党认真汲取苏联和其他社会主义国家兴衰成败的历史经验教训，深入思考"什么是社会主义，怎样建设社会主义，建设一个什么样的党，怎样建设党，实现什么样的发展，怎样发展"这三个中国特色社会主义的基本问题，在继续推进马克思主义中国化的新进程中，探索在经济文化落后国家进行社会主义建设的规律，开创了中国特色社会主义的伟大事业，形成了中国特色社会主义理论体系。

2. 中国特色社会主义理论体系的主要内容

中国特色社会主义理论体系是对马克思列宁主义、毛泽东思想的坚持和发展，是包括邓小平理论、"三个代表"重要思想、科学发展观在内的科学理论体系。这个理论体系，在建设中国特色社会主义的思想路线、发展道路、发展阶段、发展战略、根本任务、发展动力、依靠力量、国际战略、领导力量和根本目的等问题上，形成了一系列独创性的重大理论观点，系统回答了在中国这样一个十几亿人口的发展中大国如何摆脱贫困、加快实现现代化、巩固和发展社会主义的一系列重大问题。这个理论体系，内容贯通哲学、政治经济学、科学社会主义等学科，涵盖社会主义经济建设、政治建设、文化建设、社会建设和党的建设以及国防和军队现代化建设、祖国统一、国际战略和外交工作等各个领域，涉及改革发展稳定、内政外交国防、治党治国治军等各个方面，是内涵丰富、思想深刻、系统科学的理论体系。

邓小平理论是中国特色社会主义理论体系的开创之作，是最基础的重要组成部分。邓小平理论是在和平与发展成为时代主题的历史条件下，在我国改革开放和现代化建设的实践中，在总结我国社会主义胜利和挫折的历史经验并借鉴其他社会主义国家兴衰成败历史经验的基础上，逐步形成和发展起来的。它第一次比较系统地初步回答了"什么是社会主义，怎样建设社会主义"这个首要的基本的问题，回答了中国社会主义的发展道路、发展阶段、根本任务、发展动力、外部条件、政治保证、战略步骤、党的领导和依靠力量以及祖国统一等一系列基本问题，指导我们党制定了在社会主义初级阶段的基本路线。它是贯通哲学、政治经济学、科学社会主义等领域,涵盖经济、政治、科技、教育、文化、民族、军事、外交、统一战线、党的建设等方面比较完备的科学体系,又是需要从各方面进一步丰富发展的科学体系。

"三个代表"重要思想是中国特色社会主义理论体系承上启下的极为重要的组成部分。"三个代表"重要思想创造性地回答了"建设什么样的党、怎样建设党"的问题。其基本内涵就是,中国共产党要始终代表中国先进生产力的发展要求。党的理论、路线、纲领、方针、政策和各项工作,必须努力符合生产力发展的规律,体现不断推动社会生产力的解放和发展的要求,尤其要体现推动先进生产力发展的要求,通过发展生产力不断提高人民群众的生活水平。中国共产党要始终代表中国先进文化的前进方向。党的理论、路线、纲领、方针、政策和各项工作,必须努力体现发展面向现代化、面向世界、面向未来的,民族的科学的大众的社会主义文化的要求,促进全民族思想道德素质和科学文化素质的不断提高,为我国经济发展和社会进步提供精神动力和智力支持。中国共产党要始终代表中国最广大人民的根本利益。党的理论、路线、纲领、方针、政策和各项工作,必须坚持把人民的根本利益作为出发点和归宿,充分发挥人民群众的积极性主动性创造性,在社会不断发展进步的基础上,使人民群众不断获得切实的经济、政治、文化利益。

科学发展观是中国特色社会主义理论体系的重要创新成果,是马克思主义同当代中国实际和时代特征相结合的产物,是马克思主义关于发展的世界观和方法论的集中体现,它对"什么是发展、靠谁发展和为谁发展、怎样发展"等基本问题,做出了科学的回答,把我们党对中国特色社会主义规律的认识提高到新的水平。科学发展观,发展是第一要义,以人为本是核心立场,全面协调可持续是基本要求,统筹兼顾是根本方法。

(三)马克思主义中国化最新成果:习近平总书记系列重要讲话和治国理政新理念新思想新战略

1. 习近平总书记系列重要讲话和治国理政新理念新思想新战略的形成

习近平总书记系列重要讲话和治国理政新理念新思想新战略,是中国特色社会主义理论体系最新成果,是马克思主义中国化最新成果,它们是党的十八大以来,习近平总书记把握时代大趋势,回答实践新要求,顺应人民新期待,在推进马克思主义中国化,坚持、发展中国特色社会主义和治国理政新的实践中逐渐形成的。

第一,是习近平总书记科学把握时代大趋势的结果。认清时代大趋势是马克思主义中国化的前提和基础,也是习近平总书记系列重要讲话和治国理政新思想新理念新战略形成的现实依据。

关于时代大趋势,习近平总书记提出要科学把握党的十八大以来世情、国情、党情的“变”和“不变”。

党的十八大以来,世情、国情、党情的“变”表现在哪里?

(1)从世情看,世界正在发生深刻复杂变化,处于大变动的历史进程中。世界多极化、经济全球化深入发展,文化多样化、社会信息化持续推进,全球治理体系深刻变革,科技革命孕育新突破。同时,世界仍然很不安宁。霸权主义、强权政治和新干涉主义和反全球化倾向有所上升,局部动荡频繁发生,局部地区地缘博弈更加激烈,传统安全威胁和非传统安全威胁交织,国际关系复杂程度前所未有。各种思想文化的交流、碰撞日趋频繁,意识形态领域的国际较量和斗争更加尖锐复杂;不同制度模式、发展道路和价值观的竞争也日益凸显。国际金融危机影响深远,全球贸易持续低迷,贸易保护主义强化,粮食安全、能源资源安全等全球性问题更加突出,世界经济增长不稳定不确定因素增多,我国发展面临的风险挑战加大。(2)从国情来看,主要是中国的改革进入攻坚期和深水区,改革发展稳定任务艰巨繁重。随着经济体制的深刻变革,社会结构的深刻变动,利益格局的深刻调整,思想观念的深刻变化,尤其是伴随经济发展形势面临增长速度换挡期、结构调整阵痛期、新旧动能转换期三期叠加,中国经济呈现出新常态,提质增效、转型升级的要求更加紧迫,中国社会发展日益面临诸多矛盾叠加、风险隐患增多的挑战。(3)从党情看,主要是党面临的执政考验、改革开放考验、市场经济考验、外部环境考验具有长期性和复杂性,党面临的精神懈怠危险、能力不足危险、脱离群众危险、消极腐败危险具有尖锐性和严峻性,党增强自我净化、自我完善、自我革新、自我提高的能力极其重要,日益紧迫。

党的十八大以来,世情、国情、党情的“不变”主要表现在哪里?

(1)从世情看,一方面,和平和发展仍然是时代主题。世界经济在深度调整中曲折复苏,全球治理体系深刻变革,国际力量对比趋向平衡,世界政治经济形势总体上有利于维护世界和平与发展大局。中国的发展仍然具有相对稳定的外部环境。在相对稳定的外部环境下,中国同世界的联系和互动空前紧密,从来没有像今天这样接近世界舞台的中央,从来没有像今天这样全面参与国际上的各种事务,也从来没有像今天这样承担着维护世界和平与发展的重要责任。另一方面,在相当长时期内,初级阶段的社会主义还必须同生产力更发达的资本主义长期合作和斗争,还必须认真学习借鉴资本主义创造的有益文明成果,甚至必须面对被人们用西方发达国家的长处来比较我国社会主义发展中的不足并加以指责的现实。(2)从国情看,主要表现为“三个没有变”,即“我国仍处于并将长期处于社会主义初级阶段的基本国情没有变,人民日益增长的物质文化需要同落后的社会生产之间的矛盾这一社会主要矛盾没有变,我国是世界最大发展中国家的国际地位没有变”。此外,十八大以来,我国经济长期向好的基本面也没有改变,在增长速度不可避免换挡的同时,经济发展方式加快转变,经济结构不断优化,发展动力持续转换,改革开放释放出新的发展活力,我们从来没有像今天这样如此接近实现民族复兴的目标。(3)从党情看,则主要表现在当前各级党组织和党员、干部贯彻执行党的群众路线情况是好的,党群干群关系也是好的,广大党员、干部在改革发展稳定各项工作中冲锋陷阵、忘我奉献,发挥了先锋模范作用,赢得了广大人民群众肯定和拥护。

第二,是习近平总书记科学回答实践新要求的结果。习近平总书记系列重要讲话和治国理政新理念新思想新战略,如适应、把握、引领经济发展新常态、协调推进“四个全面”、统筹推进“五位一体”总体布局,以新发展理念引领发展,推进国家治理体系和治理能力现代化,以及推动构建以合作共赢为核心的新型国际关系等,都不是凭空产生的,而是党的十八大以来,以习近平同志为核心的党中央总结我国经济社会发展和党的建设的实践,适应新的发展要求,时刻准备应对重大挑战、抵御重大风险、克服重大阻力、解决重大矛盾,坚持和发展中国特色社会主义新实践的重要成果。

第三,是习近平总书记顺应人民新期待的结果。习近平总书记治国理政的理念是“为人民服务,担当起该担当的责任”。习近平总书记系列重要讲话和治国理政新理念新思想新战略可以说是这一理念的最好诠释和逻辑展开。具体表现就是,它们坚持人民立场这一中国共产党的根本政治立场,顺应人民新期待,把人民对美好生活的向往作为治国理政的奋斗目标,它们尊重人民主体地位,保证人民当家做主,积极回应人民在经济、政治、文化、社会、生态等方面权益的新诉求新期盼,致力解决人民最关心、最直接、最现实的利益问题,它们坚持树立以人民为中心的发展思想和以民生为“指南针”的工作导向,把人民满意作为根本标尺,把发展为了人民、发展依靠人民、发展成果更多更公正惠及全体人民的发展理念落到实处。

第四，是习近平总书记对改革开放前30多年社会主义建设的经验教训科学总结的结果。习近平总书记系列重要讲话和治国理政新理念新思想新战略的主题是坚持和发展中国特色社会主义。在新的历史起点上坚持和发展中国特色社会主义，有一个如何对待改革开放前30多年社会主义建设的经验教训的问题。

习近平总书记对待改革开放前30多年社会主义建设的经验教训，主要有以下三个重要观点。一是，对改革开放前中国社会主义的实践探索，要坚持实事求是的思想路线，分清主流和支流，坚持真理，修正错误，发扬经验，吸取教训，在这个基础上把党和人民事业继续推向前进。二是，改革开放前的社会主义实践探索为改革开放后的社会主义实践探索积累了条件，改革开放后的社会主义实践探索是对前一个时期的坚持、改革、发展。中国特色社会主义是在改革开放历史新时期开创的，但也是在新中国已经建立起社会主义基本制度并进行了二十多年建设的基础上开创的。三是，对改革开放前的历史时期要正确评价，不能用改革开放后的历史时期否定改革开放前的历史时期，也不能用改革开放前的历史时期否定改革开放后的历史时期。虽然这两个历史时期在进行社会主义建设的思想指导、方针政策、实际工作上有很大差别，但两者绝不是彼此割裂的，更不是根本对立的。我们党在社会主义建设实践中提出了许多正确主张，当时没有真正落实，改革开放后得到了真正贯彻，将来也还是要坚持和发展的。

习近平总书记系列重要讲话和治国理政新理念新思想新战略反映了他科学总结改革开放前30多年社会主义建设经验教训的上述观点。

第五，是习近平总书记汲取东欧剧变惨痛教训的结果。基于我们国家无论在体制、制度上，还是在所走的道路和今天所面临的环境等方面，都与苏联有着相似或者相近乃至相同的地方，习近平总书记十分注意汲取东欧剧变惨痛教训，他说，"弄好了，能走出一片艳阳天；弄不好，苏联的昨天就是我们的明天"。习近平总书记系列重要讲话和治国理政新理念新思想新战略强调坚定道路、理论、制度和文化自信，坚定理想信念，坚持改革的正确方向，绝不在改革上犯颠覆性错误，培育社会主义核心价值观，反对历史虚无主义，全面从严治党，强调党对军队的绝对领导，等等，就饱含他对汲取东欧剧变惨痛教训的深深考量。

2. 习近平总书记系列重要讲话和治国理政新理念新思想新战略的重要内容

实现中华民族伟大复兴的中国梦。习近平总书记回顾近代以来中华民族发展历程，展望中国未来发展前景，追溯了中华民族的昨天，展示了中华民族的今天，宣示了中华民族的明天，在进一步阐述党的十八大确立“两个一百年”奋斗目标的基础上，论述了中国梦的重大意义、基本内涵、精神实质、实现路径和实践要求，鲜明提出了实现中华民族伟大复兴中国梦的历史重任。他指出，中国梦的本质是国家富强、民族振兴、人民幸福，实现中华民族伟大复兴。中国梦必须紧紧依靠中国人民来实现，中国梦必须造福全体中国人民，中国梦的深厚源泉在于人民，根本归宿也在于人民。实现中国梦，必须坚持中国道路，弘扬中国精神，凝聚中国力量，靠实干，靠全国人民辛勤劳动。中国梦不仅是中国人民的梦，对世界也具有吸引力，中国梦与世界梦紧密相连。中国梦的重要论断，将共产主义的远大理想和中国特色社会主义共同理想有机地统一起来，成功地转化成了人民听得懂的语言、摸得着的未来，从而得到13亿中国人民发自内心的一致拥护，成为海内外中华儿女的最大共识，成为激励全体人民团结奋进的精神旗帜。习近平总书记关于“两个一百年”和中国梦的重要论述，确立了当代中国共产党人的奋斗目标和历史任务，升华了党的执政理念，是中华民族实现民族独立、民族自强的伟大觉醒，是党和国家面向未来的政治誓言，为坚持和发展中国特色社会主义注入了新的内涵，体现了我们党在理论和实践上的伟大创造。

坚持和发展中国特色社会主义。习近平总书记把坚持和发展中国特色社会主义作为改革开放以来我们党全部理论和实践的鲜明主题。他强调，中国特色社会主义不是从天上掉下来的，是党和人民历尽千辛万苦，付出各种代价取得的根本成就。中国特色社会主义是社会主义，不是别的什么主义；科学社会主义基本原则不能丢，丢了这些，就不成其为社会主义。资本主义必然灭亡、社会主义必然胜利，马克思、恩格斯关于资本主义社会基本矛盾的分析没有过时。只有社会主义才能救中国，只有中国特色社会主义才能发展中国；不论怎么改革、怎么开放，都始终要坚持中国特色社会主义道路、理论体系和制度。中国特色社会主义特就特在其道路、理论体系、制度上，特就特在其实现途径、行动指南、根本保障的内在联系上，特就特在这三者统一于中国特色社会主义伟大实践上，本质上都是我们党领导人民进行社会主义建设的实践探索。中国特色社会主义是科学社会主义理论逻辑和中国社会发展历史逻辑的辩证统一，必须始终不渝地高举中国特色社会主义伟大旗帜，坚持中国特色社会主义制度，坚定不移地走中国特色社会主义道路。必须以发展的观点对待科学社会主义,不断有所发现、有所创造、有所前进,不断丰富中国特色社会主义的实践特色、理论特色、民族特色、时代特色。增强道路自信、理论自信、制度自信、文化自信,排除和纠正各种错误思想认识,毫不动摇地坚持、与时俱进地发展中国特色社会主义。坚持和发展中国特色社会主义是一篇大文章,继续把中国特色社会主义这篇大文章写下去……这些论述在错综复杂的国际国内环境下,告诉我们要坚定共产主义和中国特色社会主义的理想信念,在事关中国特色社会主义道路的大是大非面前绝不能含糊,在涉及根本方向、根本原则问题上立场要愈加坚定。

协调推进“四个全面”战略布局。习近平总书记从坚持和发展中国特色社会主义全局出发,立足中国发展实际,坚持问题导向,提出了全面建设小康社会、全面深化改革、全面依法治国、全面从严治党的战略布局。“四个全面”战略布局,确立了新的历史条件下党和国家各项工作的战略目标和战略举措,是我们党在新形势下治国理政的总方略,是事关党和国家长远发展的总战略,为实现“两个一百年”奋斗目标、实现中华民族伟大复兴的中国梦提供了重要保障。全面建成小康社会是重大战略目标,在“四个全面”战略布局中居于引领地位。全面深化改革、全面依法治国、全面从严治党是三大战略举措,为如期全面建成小康社会提供重要保障。在“四个全面”战略布局中,全面深化改革,着眼解决我们面临的深层次矛盾和体制机制弊端,是增强中国特色社会主义生机活力、推动事业发展的强大动力。全面依法治国,着眼促进国家生活和社会生活的法治化制度化规范化,是实现党和国家长治久安的重要保障。全面深化改革和全面依法治国,犹如鸟之两翼、车之双轮,为全面建成小康社会提供动力源泉和法治保障。全面从严治党,着眼保持党的先进性和纯洁性,锻造中国特色社会主义事业坚强领导核心,是我们党提高执政能力、完成执政使命的迫切要求,为全面建成小康社会、全面深化改革、全面依法治国提供根本保证。“四个全面”战略布局,既有战略目标又有战略举措,每一个“全面”都蕴含着重大战略意义,相互之间密切联系、有机统一,具有紧密的内在逻辑,是一个整体战略部署的有序展开,共同支撑起中国特色社会主义事业全局。推进“十三五”时期经济社会发展,一定要紧紧扭住全面建成小康社会这个战略目标不动摇,紧紧扭住全面深化改革、全面依法治国、全面从严治党三个战略举措不放松,努力做到“四个全面”相辅相成、相互促进、相得益彰。

以新发展理念引领发展。以习近平同志为核心的党中央,面对全面建成小康社会决胜阶段复杂的国内外形势,面对当前经济社会发展新趋势新机遇和新矛盾新挑战,在深刻总结国内外发展经验教训、分析国内外发展大势的基础上,坚持以人民为中心的发展思想,鲜明提出了创新、协调、绿色、开放、共享的发展理念。新发展理念指明了“十三五”乃至更长时期我国的发展思路、发展方向和发展着力点,是针对我国经济发展进入新常态、世界经济复苏低迷形势提出的治本之策。创新是引领发展的第一动力。协调是持续健康发展的内在要求。绿色是永续发展的必要条件和人民对美好生活追求的重要体现。开放是国家繁荣发展的必由之路。共享是中国特色社会主义的本质要求。新发展理念要落地生根、变成普遍实践,关键在各级领导干部的认识和行动。习近平总书记强调,党员干部特别是领导干部要提高贯彻新发展理念的能力和水平,成为领导经济社会发展的行家里手。

主动适应、把握、引领经济发展新常态。习近平总书记认为,我国发展仍处于重要战略机遇期,要增强信心,正确认识我国经济发展的阶段性特征,适应新常态,保持战略上的平常心态,共同推动经济持续健康发展。他集中阐述了我国经济发展新常态下的速度变化、结构优化、动力转化三大特点,阐述了新常态给中国带来四个新的发展机遇:中国经济增速虽然放缓,实际增量仍然可观;中国经济增长更趋平稳,增长动力更为多元;中国经济结构优化升级,发展前景更加稳定;中国政府大力简政放权,市场活力进一步释放。他从消费需求、投资需求、出口和国际收支、生产能力和产业组织方式、生产要素相对优势、市场竞争特点、资源环境约束、经济风险积累和化解、资源配置模式和宏观调控方式等方面,详尽分析了中国经济新常态的表现及原因。他指出,我国经济发展进入新常态是我国经济发展阶段性特征的必然反映,是不以人的意志为转移的。认识新常态、适应新常态、引领新常态,是当前和今后一个时期我国经济发展的大逻辑。

习近平总书记关于经济发展新常态的论断,是对中国经济发展新的阶段性特征的科学概括,是对我国经济转型的规律性认识,揭示了中国经济发展新阶段的客观规律、发展逻辑和未来走向,指明了中国经济转型的方向,论证了中国经济全面改革的必要性、艰巨性和多样性,规划了中国经济面向未来更高的发展目标,是当前及未来一段时期我国经济发展必须遵循的原则依据。

建设社会主义民主政治,走中国特色社会主义政治发展道路。习近平总书记系列重要讲话进一步阐明了中国特色社会主义政治发展道路的本质要求,提出了科学执政、民主执政、依法执政的理念和方略。他强调,人民民主是社会主义的本质要求,是我们党始终高扬的旗帜;没有民主就没有社会主义,就没有社会主义现代化;社会主义政治文明是我们党始终不渝的追求。他指出,改革开放以来,我们党团结带领人民成功开辟和坚持了中国特色社会主义政治发展道路,为实现最广泛的人民民主确立了正确方向。坚持中国特色社会主义政治发展道路,关键是要坚持党的领导、人民当家做主、依法治国有机统一。走中国特色社会主义道路,必须继续积极稳妥推进政治体制改革,坚持和完善人民代表大会制度、中国共产党领导的多党合作和政治协商制度、民族区域自治制度以及基层群众自治制度,巩固和发展最广泛的爱国统一战线,发展更加广泛、更加充分、更加健全的人民民主。行政体制改革是政治体制改革的重要内容,转变政府职能是深化行政体制改革的核心。制度问题更带有根本性、全局性、稳定性、长期性,保证权力正确行使,必须把权力关进制度的笼子里,形成科学有效的权力制约、监管和协调机制,坚持用制度管权管事管人。

培育和弘扬社会主义核心价值观,建设社会主义文化强国。习近平总书记从巩固全党全国各族人民团结奋斗的共同思想基础、巩固党的执政地位的战略高度,强调持续加强社会主义核心价值体系建设,把培育和弘扬社会主义核心价值观作为凝魂聚气、强基固本的基础工程,作为一项根本任务。他指出,培育和弘扬社会主义核心价值观,必须立足中华传统文化,利用好中华优秀传统文化,使其成为培养社会主义核心价值观的重要源泉。他还强调,意识形态工作是党的一项极端重要的工作,意识形态工作事关党的前途命运、事关国家长治久安、事关民族凝聚力和向心力,在集中精力进行经济建设的同时,一刻也不能放松和削弱意识形态工作。要把意识形态工作的领导权、管理权、话语权和主动权牢牢掌握在手中,任何时候都不能旁落,否则就要犯无可挽回的历史性错误。要始终不渝地坚持和巩固马克思主义在意识形态领域的指导地位,坚持正确的政治方向和学术导向,做到守土有责、守土负责、守土尽责,把思想统一到中央对意识形态工作的形势判断和工作措施上来,切实做好意识形态工作,不能片面地理解“不争论”,更不能以“不争论”为幌子躲避矛盾,当“好好先生”,当“绅士”,“过于爱护自己的羽毛”。要组织力量批判新自由主义、民主社会主义、历史虚无主义、普适价值观,资产阶级民主、自由、人权、平等、宪政观,以及质疑改革开放等错误思潮。他指出,互联网已经成为舆论斗争的主战场。一定要增强阵地意识,把网上舆论工作作为宣传思想工作的重中之重来抓,管好网络,开展积极的舆论斗争,尽快掌握这个舆论战场上的主动权。

保障和改善民生,加强社会管理创新和制度建设。习近平总书记把民生工作和社会治理工作作为社会建设的两大根本任务,高度重视,大力推进,让改革发展成果更多更公平地惠及全体人民。他指出,让老百姓过上好的生活是我们一切工作的出发点和落脚点,检验我们一切工作的成效,最终都要看人民是否得到了实惠,人民生活是否真正得到了改善。不断改善民生是推动发展的根本目的,让人民过上更好的生活是我们的奋斗目标,如果我们的发展不能实现好、维护好、发展好最广大人民的根本利益,这样的发展就失去意义,也不可能持续。增进民生福祉是坚持立党为公、执政为民的本质要求,我们党来自人民、植根人民、服务人民,是全心全意为人民服务的党,无论干革命,搞建设,抓改革,都是为了让人民过上幸福生活。要正确认识和处理经济发展和改善民生的关系,要通过发展经济,做大蛋糕,为改善民生奠定坚实的物质基础,又要通过持续改善民生,扩大消费需求,为经济发展提供强大内生动力。保障和改善民生没有终点站,只有连续不断的新起点,要按照守住底线、突出重点、完善制度、引导舆论的思路,做好保障和改善民生工作。要格外关注困难群众,对各类困难群众要格外关注、格外关爱、格外关心,千方百计帮助他们排忧解难;要办好人民满意的教育,抓好就业这个民生之本,加快住房保障和供应体系建设;要深化收入分配制度改革,使收入分配更合理、更有序;要深化医疗体制改革,提高人民健康水平;要建立更加公平可持续的社会保障制度,加强社会救助,提高社会福利水平。改善民生要立足社会主义初级阶段这个最大的国情,不能脱离这个最大的国情而提出过高目标,否则结果只会适得其反。加强社会管理创新和制度建设,改进社会治理方式,深入细致做好群众工作,正确处理社会矛盾,维护社会大局稳定,推进平安建设,保障人民安居乐业,打牢社会和谐的基础。

正确处理好经济发展同生态环境保护的关系,建设社会主义生态文明。习近平总书记强调,建设生态文明是关系人民福祉、关系民族未来的大计,是实现中华民族伟大复兴中国梦的重要内容。既要绿水青山,也要金山银山;宁要绿水青山,不要金山银山;绿水青山就是金山银山。生态文明是人类社会进步的重大成果,良好生态环境是最普惠的民生福祉。要以资源环境承载能力为基础,以自然规律为准则,以可持续发展、人与自然和谐为目标,建设生产发展、生活富裕、生态良好的文明社会。正确处理好经济发展同生态环境保护的关系，保护生态环境就是保护生产力，改善生态环境就是发展生产力。更加自觉地推动绿色发展、循环发展、低碳发展，决不以牺牲环境为代价去换取一时的经济增长，努力建设美丽中国。环境治理是一个系统的工程，要按照系统工程的思路抓生态建设，把生态文明建设融入经济、政治、文化、社会建设各方面和全过程。要牢固树立生态红线的观念，加大生态环境保护力度，在生态环境保护上，不能越雷池一步，实行最严格的生态环境保护制度。建设生态文明是一场涉及生产方式、生活方式、思维方式和价值观念的革命性变革，只有实行最严格的制度、最严格的法治，建立责任追究制，建立健全资源生态环境管理制度，才能为生态文明建设提供可靠保障。要加强生态文明宣传教育，增强全民节约意识、环保意识、生态意识，营造爱护生态环境的良好风气。

坚决维护国家核心利益，建立以合作共赢为核心的新型国际关系。习近平总书记统筹国内国际两个大局，准确把握我国外交工作面临的新形势新任务，谋大势、讲战略、重运筹，开展一系列重大外交行动，努力为我国发展争取良好的外部环境，提出许多重大外交战略策略思想。他指出，走和平发展道路，是我们党根据时代发展潮流和我国根本利益做出的战略选择，是中国特色社会主义的必然选择。中国坚持开放的发展、合作的发展、共赢的发展，通过争取和平国际环境发展自己，又以自身发展维护和促进世界和平；中国坚持走和平发展道路，是从历史、现实、未来的客观判断中得出的结论，是思想自信和实践自信的有机统一。大国是影响世界和平的决定性力量，要积极运筹大国关系，共同努力构建不冲突、不对抗、互相尊重、合作共赢的新型大国关系；广大发展中国家是我国走和平发展道路的同路人，要增进政治互信，加强务实合作，不断提升整体合作水平；周边国家对我国具有极为重要的战略意义，要秉持"亲、诚、惠、容"理念打造周边外交，坚持发展睦邻、安邻、富邻的友好合作关系。中国走和平发展道路是有底线的，这就是坚决维护国家核心利益；任何外国不要指望我们会拿自己的核心利益做交易，不要指望我们会吞下损害我国主权、安全、发展利益的苦果；要始终把坚决维护国家主权、安全、发展利益作为外交工作的出发点和落脚点，坚决反对"台独""藏独""疆独"等分裂势力，防止国际暴力恐怖活动向境内渗透。

牢牢把握党在新形势下的强军目标，加强国防和军队建设。习近平总书记鲜明回答了在世界形势发生深刻复杂变化、我国发展进入新起点新阶段的条件下，加强军队和国防建设的重大课题。他首先回答了为什么要强军、强军目标是什么、怎样走中国特色强军之路的重大问题，体现了对新形势下军队建设的新要求，形成了我们党在新条件下建军治军的总体方略。他明确指出，新形势下的强军目标就是建设一支听党指挥、能打胜仗、作风优良的人民军队，要准确把握这一强军目标，用以统领军队建设、改革和军事斗争准备，努力把国防和军队建设提高到一个新水平。他强调，听党指挥是灵魂，能打胜仗是核心，作风优良是保证，这三条关系到军队的性质、宗旨、本色，决定着军队的发展方向，决定着军队的生死存亡。建军治军抓住了这三条，就抓住了要害，抓住了根本。他指出，保证党对军队的绝对领导，关系我军的性质和宗旨，关系社会主义前途命运，必须坚持党对军队绝对领导的根本原则。要确保军队绝对忠诚、绝对纯洁、绝对可靠，一切行动听党中央和中央军委指挥。他强调，要牢记能打仗、打胜仗是强军之要，必须按照打仗这个标准搞建设、抓准备，确保军队能够做到招之即来，来之能战，战之必胜。要扣住能打胜仗这个强军之要，强化官兵当兵打仗、练兵打仗思想。牢固树立战斗力这个唯一的根本的标准，军队建设离开战斗力标准，就失去根本意义；要始终坚持用打得赢的标准搞建设，坚持把提高战斗力作为全军各项工作的出发点和落脚点，坚持用是否有利于提高战斗力来衡量和检验各项工作。他要求，要按照标准更高、走在前列的要求，不断把军队作风建设引向深入，努力实现作风建设的根本好转。要夯实依法治军、从严治军这个强军之基，保持人民军队长期形成的良好形象。习近平总书记关于军队建设的重要论述，为在新的历史起点上加强和推进国防和军队建设现代化提供了根本遵循。

三、马克思主义中国化的重要历史经验

马克思主义中国化的过程是中国共产党进行伟大的理论创造，推进马克思主义这个科学理论现代化，推进理论不断发展前进的过程，也是以科学理论为指导，不断解决中国革命、建设、改革实践中的问题，推进中国社会进步、发展的过程，在这个过程中积累了丰富经验。面对我国仍处于并将长期处于社会主义初级阶段这个基本国情，在坚持和发展中国特色社会主义、实现中华民族伟大复兴的新征程中，继续更好地推进马克思主义中国化，是马克思主义不断时代化，不断提高生命力的需要，更是中国人民、中国社会、中华民族对未来的需要，适应这个需要，不断用马克思主义中国化获得更多成功，必须坚持近百年来我们在马克思主义中国

化方面的基本经验:

(一)必须坚持马克思主义基本原理特别是贯穿其中的立场、观点、方法,这是推进马克思主义中国化的根本前提

国际共产主义运动的经验教训和我们党领导的社会主义建设改革开放的科学经验表明,在任何历史条件下,不管出现什么样的新变化,马克思主义基本原理特别是贯穿其中的立场、观点、方法始终是我们党正确认识、把握和运用共产党执政规律、社会主义建设规律、人类社会发展规律的锐利思想武器,是我们党认识世界和改造世界的巨大精神力量。

毛泽东思想、中国特色社会主义理论体系、十八大以来党的治国理政新理念新思想新战略,归根到底是以马克思主义基本理论为指导的,是把这些基本理论同中国具体实际相结合,运用其立场、观点、方法研究解决各种重大理论和实践问题的结果。马克思主义,就是我们党的"真经"! 不了解、不熟悉甚至不坚持马克思主义基本原理特别贯穿其中的立场、观点、方法,就不可能真正地很好地推进马克思主义中国化。运用马克思主义基本原理指导中国的事情,运用其立场、观点、方法研究解决中国的问题,是我们党的看家本领,是我们党推进马克思主义中国化的根本。推进马克思主义中国化,必须警惕和坚决反对种种打着发展马克思主义,打着"改革创新"旗帜,借口时代变化,马克思没有见过飞机、互联网,从而否定马克思主义基本原理,宣扬马克思主义"过时论"的言行,必须坚持在"坚持中创造",必须坚持以原理为指导进行创造,必须按照马克思主义立场观点方法进行创造和发展。

(二)必须坚持鲜明的问题意识和问题导向,从中国具体实际出发,在不断解决中国问题中实现马克思主义在中国的具体化,这是马克思主义中国化的基本原则

理论产生于实践、产生于对实践的思考与解决问题的过程中,在中国革命、建设和改革中,不同历史阶段有不同的历史任务,完成不同历史任务的过程就是一个认识和解决旧问题、旧矛盾和产生新问题、新矛盾的过程。中国共产党成功的一个重要经验是坚持问题意识和问题导向,根据革命、建设和改革不同时期的具体实际,准确认识和判断出社会主要矛盾和矛盾的主要方面,搞清楚干革命、搞建设、抓改革的主要问题和历史任务,直面矛盾与问题,在完成不同阶段的历史任务中不断推进和实现马克思主义中国化。比如,大革命时期,我们党根据当时的实

际情况,把马克思主义统一战线理论运用于中国革命实践,同国民党联合打倒军阀统治;大革命失败后,又根据变化了的形势,独立领导中国革命,把马克思主义武装斗争理论用于中国革命实践,探索了农村包围城市、武装夺取政权的革命道路;抗日战争期间,又把马克思主义矛盾分析的方法用于中国实际,科学把握了民族矛盾上升为中国社会主要矛盾的社会现实,及时改变政治路线和斗争策略,倡导建立抗日民族统一战线;抗战结束后,根据中国社会主要矛盾发生重大改变的实际,领导人民开展了艰苦卓绝的人民解放战争,实现了人民解放,成立了新中国。新中国成立后,我们党不失时机地进行了生产资料的社会主义改造,建立了社会主义基本制度;基本制度建立后,准确地判断出社会主要矛盾不是阶级矛盾,而是人民日益增长的物质文化需要同落后的社会生产的矛盾,并展开大规模的社会主义建设运动,探索中国社会主义建设道路。改革开放以来,准确判断我国社会主义发展的历史阶段,提出社会主义初级阶段理论,并根据新的时代特点,制定了党在初级阶段的基本路线,全面开创出中国特色社会主义的新局面,在实践和理论上取得了伟大成就。我们党取得历史性伟大成就的原因,在于不同时代都制定并贯彻成功的路线和政策,正确的政策则来源于问题导向的科学思维,在于以马克思主义为指导研究、分析革命,解决改革实践提出的问题,在分析、研究、解决的实践中,形成对革命、建设、改革的规律性认识,形成马克思主义中国化的新成果,这是我们继续推进马克思主义中国化必须坚持的经验。

(三)必须坚持解放思想、与时俱进的科学态度,反对教条主义,反对理论上的故步自封,不断在推进实践前进的同时,推进理论的创新和进步,形成中国化马克思主义的新成果,这是马克思主义中国化的重要经验

马克思主义是开放的、发展的科学理论;既能突破经典作家在当时条件下提出的、带有时代局限性和空间局限性的个别观点,根据新的时代特点和实践要求,提出新的思想观点、概念论断、理论体系、对策思路;又能及时地从实践中总结经验,把经验理论化、系统化,上升到马克思主义的高度。如此,我们党在坚持基本原理和结合转化的基础上推进着马克思主义理论的创新发展,实现了两次历史性飞跃。

我们党能够不断推进马克思主义中国化,这是党在实践中排除了党内、国际共运中对待马克思主义错误态度的结果。在整个国际共运史上,对待马克思主义这个科学理论,一直存在两种错误倾向、错误态度,一是离经叛道,背叛马克思主

义的态度。二是教条主义,照搬照抄,因循守旧的僵化态度。给中国革命造成了极大伤害的王明"左"倾机会主义,就是教条主义对待马克思主义的典型。我们党战胜了王明的教条主义,才取得马克思主义中国化第一个成果。改革开放以来,我们以马克思主义为指导,解放思想,与时俱进,打破了过去对社会主义某些具体制度的错误理解,僵化认识,排除以特定历史条件下形成的具体结论来裁剪现实的教条主义态度。以马克思主义中国化观点来探索中国特色社会主义建设初级阶段的规律,这样才形成了中国道路、中国制度、中国理论。

马克思主义中国化远未结束。今天,时代特点的变化和我国发展的广度与深度远远超出了马克思主义经典作家当时的背景。面对新的时代特点,新的国内外环境和发展的新要求,马克思主义面临着进一步中国化、时代化、大众化的问题。同时,中国特色社会主义还只经历了几十年的实践,还处在初级阶段,事业越发展,新情况新问题新矛盾就越多,也就越需要我们在实践上大胆探索,在理论上不断突破,在伟大实践中推进马克思主义中国化,推动21世纪中国马克思主义发展。

(四)必须坚持马克思主义的群众观点和群众路线,集中全党全国人民的集体智慧,必须总结归纳全党全国人民的实践创造,这是马克思主义中国化的活力源泉

理论来源实践,实践主体是党和群众。革命、建设和改革中的丰富的党和群众实践是形成马克思主义的素材,如何把这些丰富的素材上升为理论并进一步指导群众实践,以毛泽东为核心的第一代领导集体创造出了马克思主义的群众观点和群众路线。我们党坚持从群众中来,通过调查研究把实践中积累的丰富实践素材和创造性思想集中起来并经逻辑提升转化为科学理论;然后坚持到群众中去,把转化的理论再回到实践当中而成为革命、建设、改革的行动指南,以推动实践沿着正确的方向发展和创造更大的实践成果,为进一步开展马克思主义中国化创造条件。马克思主义中国化的两大理论成果都是这样形成的。正如当年邓小平针对家庭联产承包责任制这一政策创新所说的:农村改革的政策和理论是从基层农民群众的智慧中提升出来的,"农村搞家庭联产承包,这个发明权是农民的。农村改革中的好多东西,都是基层创造出来,我们把它拿来加工提高作为全国的指

导。”①随着实践发展，我们党从十六大开始，还创新了一种集中全党全国人民的集体智慧的有效方式，即政治局集体学习制度。通过集体学习把握理论发展的最新动态，研究实践和理论中的重大问题，把各级领导干部、思想理论界、广大群众的智慧有效集中起来，经过严密的理论分析和总结升华，形成理论创新成果。

（五）必须正确对待中国传统文化与西方文明，在传承和弘扬中国优秀传统文化中推动其创造性转化和创新性发展，并在辨别、批判的基础上积极借鉴和吸收西方文明的先进成果，这是马克思主义中国化的丰富滋养

近代以来，包括中国共产党人在内的仁人志士，在共同应对中国社会、中华民族的主题时，在回答如何救中国这个历史问题时，都有一个必须先解决的思想问题，那就是，如何对待中国几千年的传统文化，如何对待造就了欧美国家坚船利炮的西方文化。在解决中国第二个问题，即如何建设社会主义，如何正确进行改革开放时中国人同样必须首先回答这个问题。历史表明，对这个问题的态度，决定了解决中国的方案是否正确，决定了中国社会主义改革开放的命运，也决定了马克思主义理论的生命力。现在可以下结论的是，无论是中国共产党人，还是近代以来舍生忘死救中国的仁人志士，在这个问题上，两种简单化倾向都是错误的、不可取的。这就是要么认为中国传统文化的所有内容都是最好的，是解决中国问题的根本之道，从张之洞的中学为体到今天的儒化中国论都是如此；要么认为西方文明所包含的东西都是救世良药，全盘西化才是中国的唯一出路。中华民族有幸，中国共产党有幸，我们在认识、了解自己的革命建设和改革实践中战胜了、排除了这两种极端化的错误态度，从毛泽东同志开始，对中国传统和西方文明的形成，都排除错误倾向的干扰，采取取其精华，去其糟粕态度，无论中国文化还是西方文化，对解决关于中国发展有益的要吸取，有害的要抵制。这里的关键是必须以马克思主义立场进行审视、甄别、分析，这是近代以来中国成功的经验，也是马克思主义中国化的重要经验，在中国奔向现代化的征程中，对中国传统文化和西方文化简单化的错误态度还会存在，还会忽悠中国人，还会企图影响我们党，因此大力推进马克思主义中国化，必须坚持这个经验。

---

① 《邓小平文选(第3卷)》，人民出版社1993年版，第382页。

(六)必须坚持实事求是的根本思想路线,在马克思主义中国化过程中注意防止和克服"左"、右两种错误倾向

历史告诉我们,马克思主义中国化的过程也是不断同各种各样的"左"和右的错误思想做斗争,把马克思主义同中国的具体实践相结合的过程。"左"在中国革命和建设的历史上导致过惨痛教训。右在中国革命和改革的历史上同样导致过惨痛教训,如大革命时期陈独秀的右倾和延安时期王明的右倾,以及20世纪80年代中后期泛滥的资产阶级自由化。我们党始终坚持有"左"反"左"、有右反右的方针,有效地纠正了历史上出现的"左"右错误并止住了错误带来的对革命、建设和改革的巨大损失。比如,土地革命时期,以毛泽东为代表的中国共产党人,在坚决反对唯共产国际马首是瞻而脱离中国革命具体特点的教条主义中,创造性地开辟了农村包围城市的井冈山道路。又比如,抗日战争初期,毛泽东等通过与王明的右倾主张做斗争,并在正确分析中国的社会性质和矛盾特点的基础上,创造性地提出了新民主主义革命理论。还比如,我们党及时结束"文化大革命"而开启改革开放。再比如,改革开放时期,提出一定要坚持四项基本原则,反对资产阶级自由化,并成功平息了资产阶级自由化带来的"八九政治风波",使中国避免了苏联东欧党和国家、人民的灾难。今后,我们还应该继续坚持实事求是地判断问题,有"左"反"左",有右反右。

"左"和右两种倾向都是非马克思主义的,在中国革命建设的历程中,这两种错误倾向,都曾给革命和建设造成巨大危害,在国际共运中也留下了惨痛的教训。"四人帮"在"文革"中宣扬的极"左"路线那一套,给我国社会主义建设造成极大损失;戈尔巴乔夫所谓改革,导致了世界最大社会主义国家制度的垮台和国家解体,教训十分深刻。在政治上这样对待马克思主义,运用和发展马克思主义也是这样的。继续推进马克思主义中国化,必须坚持我们党实事求是的思想路线。防止"左"和右两种错误倾向,一方面,要反对把马克思主义静止化、僵化的倾向,采取排斥的态度。另一方面,要反对脱离马克思主义,否定马克思主义基本原理,以改革之名否定四项基本原则的倾向,真正坚持实事求是的思想路线,用马克思主义态度对待马克思主义,不断推进马克思主义中国化,才能既避免陷入邪路,又避免停滞不前。

结 语

为实现"两个一百年"奋斗目标和中华民族伟大复兴的中国梦,必须在党的领

导下,继续努力做好"马克思主义中国化"这篇文章。

如何更好地做好"马克思主义中国化"这篇文章,除了这六条历史经验外,习近平总书记还为进一步推进马克思主义中国化提出了"四个一定"的要求,即"一定要以科学态度对待马克思主义,正确处理坚持和发展、一脉相承和与时俱进的辩证统一关系;一定要胸怀共产主义远大理想,坚持以我们正在做的事情为中心,充分尊重人民群众的伟大实践和创造;一定要以宽广的眼光密切观察世界局势的发展变化,积极借鉴吸收人类文明一切优秀成果;一定要坚持不懈地用党的理论创新成果武装党员干部头脑,不断提高全党的思想理论水平。"

努力构建以马克思主义为指导的哲学社会科学话语体系

构建当代中国哲学社会科学话语体系，是推进我国哲学社会科学发展创新、增强我国学术国际影响力的迫切需要，是坚持马克思主义意识形态领导权、管理权和话语权，有效应对国际各种思想文化斗争的重要途径，更是为中国特色社会主义事业提供理论支撑，不断增强中国特色社会主义道路、理论和制度自信，实现中华民族伟大复兴的根本要求。“如何在学习借鉴人类文明成果的基础上，用中国的理论研究和话语体系解读中国实践、中国道路，不断概括出理论联系实际的、科学的、开放融通的新概念、新范畴、新表述，打造具有中国特色、中国风格、中国气派的哲学社会科学学术话语体系，是理论界和学术界面临的重大而紧迫的时代课题。”为此，我们必须在马克思主义的指导下，以高度的理论自觉和理论自信，打造融通中外的新概念、新范畴、新表述，切实增强和提升我国哲学社会科学在国际上的话语权和影响力。

一、我国哲学社会科学本身的意识形态属性，决定了它的话语体系建设必须以马克思主义为指导，鲜明地体现马克思主义的立场、观点和方法

哲学社会科学是人们认识世界、改造世界的重要工具，也是我们党和政府进行决策的有力支撑。它具有鲜明的政治和意识形态属性，始终存在着站在什么阶级立场、代表何人的利益、为谁服务这一政治方向性的问题。

在社会主义中国，马克思主义是党和国家的指导思想，是意识形态的旗帜和灵魂，也是繁荣发展哲学社会科学的理论基础，是哲学社会科学沿着正确方向前进的根本保证。构建我国哲学社会科学话语体系，必须坚持以马克思主义及其中

国化的最新成果为指导。

需要指出的是,这里所说的指导,是指哲学、法学、经济学、新闻学、宗教学等哲学社会科学学科的话语体系建设,都应坚持以马克思主义为指导,使马克思主义基本原理渗透到各学科的理论、概念、观点之中。而不是像现在有些学术观点主张的那样,仅仅把马克思主义视为和哲学、法学、经济学、新闻学、宗教学等并列的一门学科,当作"诸多学说中的一种"。认为只需要在马克思主义等具有鲜明政治性和强烈意识形态属性的学科方面坚持马克思主义的指导,而经济学、法学、史学、新闻学、宗教学等学科则要与所谓世界公认的、成熟的西方这些学科的话语体系相一致。

必须明确,我国的哲学社会科学属于中国特色社会主义经济基础的上层建筑,属于社会主义意识形态,应当以反映社会主义的思想理论和学术观点为神圣职责。无论本身就是研究和宣传马克思主义与社会主义意识形态的学科,还是意识形态特点比较突出、政治属性比较鲜明的学科,抑或是一些远离意识形态属性、政治属性不很突出的学科,都必须以马克思主义的立场、观点和方法为指导,把马克思主义在意识形态领域的指导作用自觉地贯穿到哲学社会科学研究的各个领域,不断增强哲学社会科学研究工作者的政治敏锐性和政治鉴别力,使哲学社会科学研究始终朝着正确的方向发展。否则,马克思主义在这些学科中的指导作用,中国自己的特色、风格的话语体系在这些学科就丧失了。其后果只能是马克思主义阵地的日益缩小,马克思主义的指导地位逐渐弱化,马克思主义话语体系很难体现到其他哲学社会科学学科之中并真正发挥指导作用。

另外,这里所说的指导,主要体现在思想方法上。因为哲学社会科学各学科都有其自身特定的研究对象、内在规律和基本特征,有其自身的话语范畴、思维逻辑和表达方式。坚持以马克思主义为指导,并不是要在哲学社会科学研究和话语体系建设中,片面教条地理解和机械地套用马克思主义经典作家的一些论述和观点。而是要用发展着的马克思主义指导哲学社会科学各学科的研究,坚持运用马克思主义的立场、观点和方法分析、解决问题,自觉辨别和抵制各种不良思想文化的影响。正如恩格斯明确强调的:"马克思的整个世界观不是教义,而是方法。它提供的不是现成的教条,而是进一步研究的出发点和供这种研究使用的方法。"

二、哲学社会科学话语体系建设一定要有中国特色、中国气派、中国风格，一定要和中国优秀传统文化相结合

由于历史传统、文化积淀、基本国情、社会制度等不同，每个国家和民族的发展道路必然有着自己的特色，相应地，其哲学社会科学话语体系也应当具有自己的风格。

在我国，繁荣发展哲学社会科学、构建哲学社会科学话语体系的根本目的，在于科学总结中国发展的历史经验，有效解决中国面临的现实问题，更好地服务于中国未来的发展。为此，我们必须从中国的实际出发，立足于中国的历史与现实，牢牢植根于中华民族优秀传统文化的沃土之中，敏锐捕捉中国人民的意愿、实践、思维和语言，用中国的学术研究和话语体系解读中国实践和中国道路，打造具有中国特色、中国风格、中国气派的哲学社会科学话语体系。

一方面，中国的哲学社会科学话语体系一定要符合中华民族的文化性格，打上中华民族优秀传统文化的烙印，体现对中华民族优秀传统文化的现代传承。众所周知，中华民族具有五千多年的悠久历史文化传统，其中积淀着中华民族厚重的精神追求和根本的精神基因，代表着中华民族独特的精神标识。“历史是从昨天走到今天再走向明天，历史的联系是不可能割断的，人们总是在继承前人的基础上向前发展的。”继承和发扬中华民族文化的优良传统，是提振民族自尊心、自信心和自豪感，实现民族文化创新发展的必要条件和基本前提。中国哲学社会科学必须注重传承那些历经岁月沧桑而积淀下来的中华民族优秀传统文化，认真汲取其中的合理元素，充分挖掘其中符合时代精神、具有普遍意义的思想精华，积极打造同自身历史文化和民族精神相承接、具有强大思想引领力和现实解释力的话语体系。

另一方面，中国的哲学社会科学话语体系一定要符合当代中国的现实，准确反映时代特征和时代要求，充分体现当代中国丰富而生动的实践。这是因为，理论话语只有扎根于现实土壤，才能真正具有解释力、说服力。中国特色社会主义道路的丰富实践要求我们必须坚持立足于基本国情，敏锐把握时代特征。特别是改革开放多年来，中国特色社会主义的伟大实践创造了举世瞩目的伟大成就，它不仅根本改变了中国的面貌和中国人民的命运，也深远地影响了整个世界的格局和发展进程。这个奇迹的背后蕴含着先进的思想精神和伟大的理论创造，这是当代中国对人类文明的独特贡献，也是人类文明发展崭新的创造。我们的哲学社会科学话语体系一定要体现这些创造,反映这些特色。

三、哲学社会科学话语体系建设一定要吸收人类文明的有益成果

构建我国哲学社会科学话语体系,必须注重与国际话语体系的对接,广泛借鉴包括西方学术话语体系在内的一切人类文明的有益成果,并在此基础上根据我国的实际加以创造性地转化和发展。尤其是在当今西方话语依然占据国际话语体系主导地位的背景下,我们必须站在人类文明的制高点上,以马克思主义为指导,批判地继承和吸收人类一切优秀文化思想。

西方的哲学社会科学话语体系体现的是在西方社会演变进化中渗透的人文精神。在长期的演进过程中,西方国家凭借其强大的经济优势和庞大的媒体优势,创造了包括自由人权、民主法治、市场经济等在内的一系列概念,并垄断对这些概念的解释权,在国际学术话语中占据绝对优势。与西方学术话语体系的发展相比,中国的学术话语相对滞后,尽管近年来中国越来越多的优秀学术成果和人才走向世界,在国际学术舞台上的话语权和影响力不断增强,但我国哲学社会科学的话语权仍在原创性、影响力方面与西方国家存在很大差距。要有效缩小差距,必须以开放包容、兼收并蓄的态度,对西方社会的思想观念以及西方学术的概念范畴,做出马克思主义的分析和判断。既要吸取西方话语体系中的有益成分,又要根据有利于中国特色社会主义事业的发展需要赋予其中国精神和新的内容。

这就提出了我们话语体系建设的一个重要任务:对西方一些已经流行开来、我们已接受的话语体系,要有一个全面、系统的中国界定,界定其本质、内容和特征,使其在与西方原本的吸收、借鉴关系的基础上,形成自己的特色和区别,有自己赋予的更先进、对中国更有益的内容。如民主、人权、法治、自由、平等、市场经济、公平正义、以人为本、依法治国等概念,都有这种界定的任务。如果没有,就会鱼目混珠。如果我们简单地套用,就会成为宣传其话语和思想观念的传声筒。事实上,改革开放以来,我国在繁荣哲学社会科学的同时,也引进了一些西方学术话语体系并用其解释中国问题,这种“削中国实践之足、适西方理论之履”的做法,严重阻碍了我国哲学社会科学话语体系的构建,并在一定程度上影响了中国哲学社会科学话语的价值选择,其中有些学科受西方话语的影响尤为明显。事实证明,如若一味照搬西方学术话语,定会造成“水土不服”,但如若完全脱离西方话语体系,亦会导致“盲目片面”。

因此,对于人类文明成果我们要择善而从,借鉴吸收人类文明优秀成果要同中国文化结合起来,同中国的现实需要结合起来,同中国人的接受习惯结合起来,结合新的时代要求还要创造全新的概念、范畴及方法,发展与西方社会科学话语系统相容的社会科学话语体系,使中国哲学社会科学话语能够在世界学术领域占有一席之地。

四、必须加强我国哲学社会科学话语体系的对外宣传

改革开放30多年来,我国经济的快速发展和综合国力的不断增强,引起国际社会对中国发展道路和发展模式的空前关注,关于"中国奇迹""中国模式"中国经验"的讨论持续升温。

当前在国际上,包括欧美国家左翼政党、研究机构、学校乃至一些资本主义国家机构、主流社会的重要团体与个人,对中国改革开放取得的成就相当认可,对中国道路也很有兴趣,有的在研究,有的在宣传,有的从不同角度关注。

随着我国社会主义现代化建设的发展和国际地位的提高,国际社会开始更多地关注中国人的声音。因此,在哲学社会科学领域,中国人也应该在世界范围内发出自己的声音,而不是人云亦云。这就把加强对外话语体系建设、推动中华文化走向世界、增强我国哲学社会科学的国际影响力和话语权提到了议事日程。

为此,我们必须精心建构、加快形成独具中国特色、能与国际对话的对外话语体系,积极拓展对外传播平台和载体,把当代中国的价值观念贯穿于国际交流和传播之中。用中国话语体系解读中国发展道路,讲好中国故事,传播好中国声音,阐释好中国特色。不断增强中国成就、中国理念、中国道路的说服力和认可度。

要创造更多机会,鼓励我国学者以多种方式与国际交流,走出去开讲坛,进行宣传。也可以支持和资助国外的学会、基金会研究中国的理论和实践问题,发挥外国学者在宣传中国特色社会主义方面的作用。在对外宣传上,应该明确,中国特色社会主义伟大实践及其理论成果、当代中国的形象、制度原因,不仅是重点,也是外部世界的兴趣所在。我们应当对中国成就、道路进行理论总结和概括,寻找制度原因和理论原因,形成科学准确反映党和人民这些年的奋斗、创造、经验的概念、理论、观点,向外传播,使中国道路、话语体系对西方、对全世界都具有影响力。我们必须在充斥着霸权与挑战的国际竞争中,积极建构并维护中国哲学社会科学的话语权,着力打造既符合中国国情、具有鲜明的中国特色,又与国外习惯的话语体系相对接,易于为国际社会所理解和接受的“融通中外”的新概念新范畴新表述,从而更好地将一个客观真实的中国介绍给世界,并对一些居心叵测的“关心”与质疑予以积极回应。要以事实为依据客观介绍中国的发展进步,介绍改革开放以来中国经济社会发展所取得的巨大成就,以及中国人民精神面貌发生的深刻变化,深入阐释中国发展进步的路径、轨迹和原因,说明中国政治制度、经济政策、民生安排的正当性与科学合理性。这样就能消除负面影响,让国际社会更加全面、客观、真实、理性地了解和看待中国。

五、哲学社会科学话语体系建设,必须加强对人民的正面教育

哲学社会科学话语体系要想真正发挥作用,必须走向社会、走向大众。不能停留在理论界、学术界的圈子里,搞孤芳自赏。这是马克思主义哲学社会科学话语大众化的时代课题。

正如马克思深刻指出的:“批判的武器当然不能代替武器的批判,物质力量只能用物质力量来摧毁;但是理论一经掌握群众,也会变成物质力量。理论只要说服人,就能掌握群众;而理论只要彻底,就能说服人。”要使理论能够充分彻底地被群众所掌握,变成改造社会、改造世界的物质力量,一个首要的前提条件就是要使理论本身能够为广大人民群众所感知、所认同、所接受。这就要求理论工作者运用深入浅出、形象生动、简单明了的表达方式,使用清新朴实、生动鲜活的语言,运用人民群众的思维习惯和语言习惯,把深邃的理论转化为通俗易懂的语言,把抽象的理论逻辑转化为形象的生活逻辑,从而使广大人民群众能够深入透彻地理解理论本身的具体内容,使哲学社会科学更好地宣传群众、动员群众、服务群众。

本来,对人民群众进行宣传、教育,是我党在革命和建设中有效领导的成功经验,也是党实现思想领导的基本方式。在执政条件下,采取这种方式更具备有利条件。但是,应当看到,这些年来,我们把这个方式忽略了、放松了。“武装全党、教育人民”在相当多的基层没有得到落实,在全社会,对于思想理论、正确价值观系统的正面教育和宣传较少,“灌输”成为贬义词,被有些人当成“左”的表现。相当多的群众长期没有受到马克思主义及其中国化成果的教育,因而,相当多的人对马克思主义哲学社会科学的概念和观点不了解、不理解。这不仅影响到马克思主义哲学社会科学话语在全社会的地位、影响力和积极作用的发挥,而且影响到全社会的思想观念、是非观念、道德建设。所以,构建中国哲学社会科学话语体

系，必须重视马克思主义哲学社会科学大众化的工作，不仅要在理论工作中树立大众化意识，尽快创造人民大众能听懂、能认同的理论及概念，而且要理直气壮地动用国家资源，利用组织优势，坚持对全体人民进行正面教育、正面引导，以此实现马克思主义及其中国化成果对全体人民的思想领导，这对于我国哲学社会科学话语体系的建设意义重大。

六、哲学社会科学话语体系创新，必须坚持积极的批评、鉴别和独立自主精神

面对西方学术话语霸权的干扰和影响，我们必须增强政治敏锐性和理论鉴别力，在建构我国哲学社会科学话语体系时，对西方学术话语绝不能趋之若鹜，而是既要秉持存疑和警醒态度，积极进行批评鉴别，又必须坚持独立思考与平等对话的态度，大力发扬独立自主精神。

第一，要有积极的批判态度。历史经验表明，意识形态的主阵地，如果马克思主义不去占领，各种非马克思主义甚至反马克思主义的东西就必然去占领；如果先进文化不去占领，各种落后的、低俗的甚至反动的文化就必然去占领。针对全球化背景下互联网空前发达，西方文化影响空前扩大的情况，理论界要用马克思主义的立场、观点、方法对网络、媒体及生活中流传的非马克思主义、反马克思主义的形形色色观点进行鉴别、开展批评，帮助人们辨别是非，在鉴别和批评中形成和完善马克思主义的话语体系。

第二，要有独立自主精神。有些概念、理论本身就是色彩鲜明的政治概念。我们一定要赋予其马克思主义的内容，使之成为体现我们意识形态的概念、理论。不能迁就、屈从西方文化强势下的宣传，不能按照他们的路子、概念、是非来裁剪我们的现实。有些我们可以认可、接受的概念，要有我们马克思主义的阐释，不能仅仅允许西方的“六经注我”，而且要有我们的“我注六经”。同时，对他们基于国际话语对我们的攻击，应该走“各说各话”“公说公有理，婆说婆有理”的传播路径，不要相信那种西方的概念都有普世性的鬼话，不要以为他们可以垄断表达人类公理的权力，而我们只能按照他们的思路走。尤其是对于那些不符合我国国情的概念、范畴和思想观念，我们必须立足于中国实际、坚持为我所用，善于运用马克思主义的立场观点方法予以科学辨析和有力批驳，进而推进中国自己的学术研究和宣传。正如刘云山同志指出的：“要坚持用中国的理论、中国的学术解读中国的奇迹，充分展示中国特色社会主义道路的独特创造、理论的独特贡献、制度的独

特优势，谱写反映当代中国发展进步的哲学社会科学新篇章。”我们要坚信，中国的事情办好了，中国不断发展强大了，中国特色社会主义道路成功了，我们的标准就成为国际认可的标准，我们的话语就至少是他们不能否认的话语了。在这方面，要坚持实践与理论的一致性。我们在实践上坚定走自己的道路，在理论、话语建设上也要坚定走自己的路，既然有道路自信，就应有自己的话语自信，道路不照搬，语言、概念也不能照搬。

构建我国哲学社会科学话语体系是一项重要而又紧迫、繁重而又艰巨的任务。尽管构建我国哲学社会科学话语体系依然面临重重困难和挑战，但马克思主义在当代中国的最新成果——中国特色社会主义理论体系的形成和发展，为构建中国哲学社会科学话语体系奠定了坚实的理论基础；在马克思主义指导下进行的中国特色社会主义伟大实践，为构建中国哲学社会科学话语体系提供了丰富的实践依据。只要我们坚定地以马克思主义为指导，既立足中国又放眼世界，既尊重历史又关注现实，既着眼当代又面向未来，就能打破西方学术话语霸权，构建具有中国特色、中国风格、中国气派的哲学社会科学话语体系。

原载《马克思主义研究》2014 年第 6 期

用马克思主义引领哲学社会科学话语体系建设

一、哲学社会科学本身的意识形态属性，决定了它的话语体系建设必须以马克思主义为指导，鲜明地体现出马克思主义的立场、观点和方法。需要指出，这里所说的指导，是指哲学、法学、经济学、新闻学、宗教学等哲学社会科学学科的话语体系建设，都应坚持以马克思主义为指导，使马克思主义基本原理渗透到各学科的理论、概念、观点之中。而不是像现在有些学术观点主张的那样，马克思主义只是作为和哲学、法学、经济学、新学、宗教学等并列的一门学科。在这个学科方面坚持马克思主义的指导，而经济学、法学、史学、新闻学、宗教学等学科则要与所谓世界公认的、成熟的西方这些学科的话语体系相一致，这样，马克思主义在这些学科中的指导作用，在这些学科方面中国自己的特色、风格的话语体系就没有了。这样做的后果只能是马克思主义阵地日益缩小，马克思主义的指导地位逐渐弱化，马克思主义话语体系很难体现到其他哲学社会科学学科之中并真正发挥指导作用。

二、哲学社会科学话语体系建设一定要有中国特色、中国气派、中国风格，一定要和中国优秀传统文化相结合。西方的哲学社会科学话语体系体现的是西方社会演变进化中渗透的人文精神，中国的哲学社会科学话语体系一定要符合中国的民族文化性格，体现中国精神。中国的哲学社会科学话语体系建设必须坚持中国化方向，植根于中国大地，反映中国人的实践、思维和语言，打上中国优秀传统文化的烙印。特别是，改革开放以来，中国特色社会主义伟大实践创造了举世瞩目的伟大成就，这奇迹背后蕴含着先进的思想精神和伟大的理论创造，这是当代中国对人类文明的独特贡献，也是人类文明发展崭新的创造。我们的哲学社会科学话语体系一定要体现这些创造，反映这些特色。

三、哲学社会科学话语体系建设一定要吸收人类文明的有益成果。中国的哲学社会科学话语体系建设要对西方的思想观念做出马克思主义的分析和判断。既要吸取西方话语体系中有益成分,又要根据有利于中国特色社会主义事业发展需要赋予中国精神和内容。这就提出了我们话语体系建设的一个重要任务是:对西方一些已经流行开来、我们已接受的话语体系,要有一个全面、系统的中国界定,界定其内容、特征,使其与西方原本的有吸收、借鉴关系,也有独自的特色和区别,有自己赋予的更先进、对中国更有益的内容。如民主、人权、自由、平等、市场经济、公平正义、以人为本、依法治国等概念,都有这种界定的任务。如果没有,就鱼目混珠,我们简单套用,实际上就成了宣传他们话语和思想观念的传声筒。对于人类文明成果我们要择善而从,借鉴吸收人类文明优秀成果要同中国文化结合起来,同中国的现实需要结合起来,同中国人的接受习惯结合起来。

四、哲学社会科学话语体系建设必须加强对外宣传。现在国外,包括欧美国家左翼政党、研究机构、学校乃至一些资本主义国家机构、主流社会的重要团体与个人,对中国改革开放取得的成就相当认可,对中国道路很有兴趣,有的在研究,有的在宣传,有的在打听。我们要利用这机会,鼓励我国学者以多种方式与之联系,走出去开讲坛,进行宣传。也可以支持和资助国外的学会、基金会研究中国的理论和实践问题,发挥外国学者在宣传中国特色社会主义方面的作用。在对外宣传上,应该明确,中国特色社会主义伟大实践及其理论成果、当代中国的形象、制度原因,这是重点,也是外部世界兴趣所在。我们应对中国成就、道路进行理论总结概括,寻找制度原因,形成科学地准确反映党和人民这些年奋斗、创造、经验的概念、理论、观点并向外传播,使中国道路、话语体系对西方、对全世界都有影响力,我们要有这个自信。

五、哲学社会科学话语体系建设,必须加强对人民的正面教育。哲学社会科学话语体系真正发挥作用,必须走向社会、走向大众,不能停留在理论界、学术界的圈子里,搞自我欣赏、自娱自乐、自说自话。这就有一个马克思主义哲学社会科学话语大众化的艰巨任务。本来,对人民群众进行宣传、教育,是我们党革命和建设中实现领导的成功经验,也是党实现思想领导的基本方式。今天执政条件下,采取这方式更有有利条件。但是,应该看到,这些年来,我们把这个方式忽略了、放松了。“武装全党、教育人民”在相当多的基层没有落实,在全社会,思想理论、正确价值观系统的正面教育、宣传较少,“灌输”成了贬义词,成了“左”的表现。

相当多的群众、农民工长期没有受到马克思主义及其中国化成果的教育，因而，相当多的人对马克思主义哲学社会科学概念、观念、观点不了解、不理解，这不仅影响到马克思主义哲学社会科学话语在全社会的地位、影响力和积极作用的发挥，而且影响到全社会思想观念、是非观念、道德建设。所以，构建中国哲学社会科学话语体系，必须重视马克思主义哲学社会科学大众化的工作，不仅要在理论工作中树立大众化意识，尽快创造人民大众能听懂、能认同的理论、概念，而且要理直气壮地动用国家资源，利用组织优势，坚持对全体人民进行正面教育、正面引导、正面灌输，以此实现马克思主义及其中国化成果对全体人民的思想领导，这对我们哲学社会科学话语体系建设意义重大。

六、哲学社会科学话语体系创新，必须坚持积极的批评、鉴别和独立自主精神。一是在经济全球化背景下，面对互联网空前发达，西方文化影响空前的严峻局面，理论界要用马克思主义立场、观点、方法对网上、媒体及生活中流传的非马克思主义、反马克思主义的形形色色观点进行鉴别、开展批评，帮助人们辨别是非，在鉴别和批评中形成和完善马克思主义的话语体系。二是要有独立自主精神。有些概念、观点、理论本身就是色彩鲜明的政治概念。我们一定要赋予马克思主义的内容，使之成为体现我们意识形态的概念、观点、理论。不能迁就、屈从西方文化强势下的宣传，不能按照他们的路子、概念、是非来裁剪我们的现实。对于可以认可、接受的概念，要有马克思主义的阐释，不能仅仅允许西方人的“六经注我”，而且要有我们的“我注六经”。同时，对他们基于国际话语对我们的攻击，应该走“各说各话”“公说公有理，婆说婆有理”的传播路径，不要相信那种西方人的概念都有普世性的鬼话，不要以为他们可以垄断表达人类公理的权力，而我们只能按照他们的思路走。我们要坚信，中国的事情办好了，中国不断发展强大了，中国特色社会主义道路成功了，我们的标准就成了国际认可的标准，我们的话语就至少是他们不能否认的话语了。在这方面，要坚持实践与理论的一致性。我们在实践上坚定走自己的道路，理论、话语建设上也要坚定走自己的路，既然有道路自信，就应有自己的话语自信，道路不照搬，语言、概念也不要照搬。

原载《思想理论教育导刊》2014 年第 4 期

当代中国哲学社会科学的理论特质

我国哲学社会科学各学科都应紧紧围绕中国特色社会主义实践，以马克思主义立场观点方法为指导，加强对党和人民关注的，关系改革、发展、稳定的重大理论和现实问题的研究，通过深入研究重大理论和现实问题来推进理论的创新发展。

2016 年 5 月 17 日，习近平总书记在哲学社会科学工作座谈会上的重要讲话中指出："坚持以马克思主义为指导，是当代中国哲学社会科学区别于其他哲学社会科学的根本标志，必须旗帜鲜明加以坚持。""在我国，不坚持以马克思主义为指导，哲学社会科学就会失去灵魂、迷失方向，最终也不能发挥应有作用。"2017 年 5 月 17 日，习近平总书记在致中国社会科学院建院 40 周年的贺信中进一步强调，希望中国社会科学院的同志们和广大哲学社会科学工作者，紧紧围绕坚持和发展中国特色社会主义，坚持马克思主义指导地位，努力为发展 21 世纪马克思主义、当代中国马克思主义，构建中国特色哲学社会科学学科体系、学术体系、话语体系做出新的更大的贡献。实践证明，马克思主义是当代中国哲学社会科学的灵魂，是中国特色哲学社会科学沿着正确方向发展的保证。如何进一步贯彻和落实习近平总书记的讲话精神，加强马克思主义对哲学社会科学的指导，促进我国哲学社会科学的进一步繁荣发展，我们当前特别需要从以下几方面努力。

第一，坚持马克思主义指导地位，首先要解决哲学社会科学研究者真懂真信的问题。

马克思主义关于世界的物质性及其发展规律、人类社会及其发展规律、认识的本质及其发展规律等原理，为哲学社会科学各个学科各个领域提供了基本的世界观、方法论。过去一段时间，哲学社会科学界一些人对马克思主义指导存在模糊甚至错误的认识:有的认为马克思主义是100多年前产生的学说,现在已经过时;有的认为马克思主义只是一种意识形态说教,没有学术上的学理性和系统性,不符合现代哲学社会科学的学术规范;有的对马克思主义的学习和研究,采取浅尝辄止、蜻蜓点水的态度,导致在一些领域中马克思主义被边缘化、空泛化、标签化。对这些模糊甚至错误的认识我们怎么看,怎么办?我们要做出科学的分析。

在我们看来,要解决上述问题,必须认真学习马克思主义及中国化成果,真正弄懂弄通、切实掌握马克思主义基本原理,特别是贯穿其中的立场、观点、方法。一是要扎扎实实学习马克思主义经典著作,学习马克思主义中国化全部成果,包括毛泽东思想、中国特色社会主义理论体系,特别是习近平总书记系列重要讲话精神和党中央治国理政新理念新思想新战略,真正弄通、弄懂基本理论、重要原理和观点,把对马克思主义的信仰建立在认真学习、真正掌握马克思主义基本理论的基础上。二是要以马克思主义基本原理,特别是习近平总书记系列重要讲话精神和党中央治国理政新理念新思想新战略为指导,认识、分析当代世界、当代中国基本问题,认识、分析哲学社会科学各学科基本问题,并把这种认识与以别的学说为指导进行比较对照,从这些分析比较对照中感受马克思主义基本原理、习近平总书记系列重要讲话精神和党中央治国理政新理念新思想新战略的科学性、真理性,树立起对于科学理论的坚定信念。三是要对哲学社会科学各学科的各个流派,对社会上存在的形形色色各种各样的思潮、观点有一个正确的认识,树立起马克思主义态度。要防止被眼花缭乱的观点、思想、思潮所迷惑,被其中"时尚""前卫""新颖"的假象所迷惑,要保持清醒头脑,对它们有科学的分析与认识,在这样的基础上,坚定、巩固对马克思主义理论的信仰。作为哲学社会科学工作者,要自觉坚持以马克思主义为指导,把马克思主义理论、中国特色社会主义理论体系、习近平总书记系列重要讲话精神和党中央治国理政新理念新思想新战略的学习研究贯穿在全部学术活动中,在研究和教学全过程、在科研实践中不断高对马克思主义科学性的认识,并将其转化为清醒的理论自觉、坚定的政治信念和科学的思维方法。

第二,坚持马克思主义指导地位,核心是要解决哲学社会科学研究"为什么人"的问题。

"为什么人"的问题是哲学社会科学研究的根本性、原则性问题。实际上,哲学社会科学在任何社会、任何国家都有一个为谁服务、代表谁的利益的问题。早在革命战争时期，毛泽东就敏锐地指出："为什么人的问题，是一个根本的问题，原则的问题。"在我国，哲学社会科学是为人民服务，为社会主义现代化建设服务，为中华民族伟大复兴的伟业服务的。

坚持马克思主义为指导，就要始终站在人民群众的立场，代表绝大多数人民群众的根本利益，坚持以人民为中心的研究导向。只有这样，哲学社会科学才能够贴近中国人民的生活实际，回答关系中国人民利益前途的问题，从而对人民、对实践具有吸引力、感染力、影响力和生命力。正如习近平总书记所指出的："我们的党是全心全意为人民服务的党，我们的国家是人民当家做主的国家，党和国家一切工作的出发点和落脚点是实现好、维护好、发展好最广大人民根本利益。我们哲学社会科学要有所作为，就必须坚持以人民为中心的研究导向。"

因此，哲学社会科学工作者应当树立人民是历史创造者的观点，坚持为人民做学问的理念，坚持以人民为中心的学术导向，把个人学术追求同国家和民族发展紧紧联系在一起，增强哲学社会科学对人民群众的吸引力、感染力、影响力、生命力。唯有如此，才能最终拿得出经得起实践、人民、历史检验的研究成果。例如，中国社会科学院的学者正是因为始终坚持正确的政治方向和学术导向，许多成果都是为党建言、为人民代言、为时代留言的精品之作。

第三，坚持以马克思主义为指导，必须坚持正确的立场和方法。

马克思主义的立场就是人民的立场、无产阶级的立场，马克思主义的根本方法就是辩证唯物主义和历史唯物主义。用马克思主义指导我国哲学社会科学研究，必须坚持在各学科的学术活动、科研工作中贯彻马克思主义的立场、观点和方法。

坚持马克思主义立场、观点、方法，还有一个重要要求，就是要以马克思主义的态度对待马克思主义。

马克思主义的创始人和后继者都坚决反对任何以教条主义的态度对待马克思主义的做法。马克思指出："新思潮的优点就恰恰在于我们不想教条式地预料未来，而只是希望在批判旧世界中发现新世界。""所以我不主张我们树起任何教条主义的旗帜。"恩格斯也反复强调："我们的理论是发展着的理论，而不是必须背得烂熟并机械地加以重复的教条。"

以马克思主义为指导，对马克思主义也不能采取实用主义的态度。作为人类社会、自然界、人的思维发展的规律的科学，马克思主义经典作家在这些方面提出了一系列原理,代表了人类对这些问题最高的认识水平,是真理。但马克思主义经典作家们的论述并没有穷尽真理,它只是提供了我们不断认识真理的科学方法,开辟了认识真理的新道路。以马克思主义指导哲学社会科学研究,必须坚决反对把马克思主义经典作家的个别结论教条化、僵化的态度,反对用经典作家的个别论述裁剪鲜活的实践,要坚持运用马克思主义原理,以马克思主义立场、观点、方法为指导,研究新情况,回答解释新问题,在这些对新问题的回答中推进理论创新发展,不断推进马克思主义的中国化、时代化。要通过我们的研究成果,使广大群众增强对中国特色社会主义的道路、理论、制度和文化自信,使中国梦成为中华民族高扬的旗帜,进而为推动世界社会主义运动前进发展、为引领人类发展方向贡献中国智慧。

第四,坚持马克思主义指导地位,要努力发展 21 世纪马克思主义、当代中国的马克思主义。

与时俱进是马克思主义的内在品质。马克思主义是时代的产物、实践的产物,所以它必然要随着时代的变化而发展,随着实践的发展而发展。马克思指出:"人们的观念、观点和概念,一句话,人们的意识,随着人们的生活条件、人们的社会关系、人们的社会存在的改变而改变。"恩格斯也曾讲过:"每一个时代的理论思维,包括我们这个时代的理论思维,都是一种历史的产物,它在不同的时代具有完全不同的形式,同时具有完全不同的内容。"列宁也明确指出:"我们决不把马克思的理论看作某种一成不变和神圣不可侵犯的东西;恰恰相反,我们深信:它只是给一种科学奠定了基础,社会党人如果不愿落后于实际生活,就应当在各个方面把这门科学推向前进。"

坚持马克思主义的指导地位,就要与时俱进地发展马克思主义、创新马克思主义,使马克思主义永葆生机和活力。党的十八大以来,习近平总书记系列重要讲话精神和党中央治国理政新理念新思想新战略都是马克思主义中国化的最新成果,极大地推动了马克思主义,特别是中国特色社会主义理论体系的发展、进步、丰富与完善。我国哲学社会科学各学科都应紧紧围绕中国特色社会主义实践,以马克思主义立场观点方法为指导,加强对党和人民关注的,关系改革、发展、稳定的重大理论和现实问题的研究,通过深入研究重大理论和现实问题来推进理论的创新发展。

第五,坚持马克思主义指导地位,必须抵制、清理西方意识形态和价值观对我国哲学社会科学各学科的影响。

任何一个国家、一个民族都是在承前启后、继往开来、包容互鉴的过程中发展的。我国哲学社会科学的繁荣发展也离不开与其他国家的交流。我们强调坚持马克思主义为指导,并非要故步自封,排斥对别国优秀文化成果的借鉴和吸收,相反我们应该认真学习和吸收别国的先进经验和一切反映人类共同规律、对我们有益的优秀文明成果。但是,需要强调的是,我们在学习吸收别国文化的过程中,要注重以我为主,坚持主体性和民族性,从本国国情和发展实际出发,不能盲目崇拜别国的理论和经验,再好的理论和实践经验也要适合中国国情、符合中国实际。必须以马克思主义立场对之进行分析、研判,应该分清其意识形态属性与自然属性,对于某些学科中体现资产阶级价值观、意识形态的东西必须抵制,并加以清理。正如习近平总书记指出的:"对国外的理论、概念、话语、方法,要有分析、有鉴别,适用的就拿来用,不适用的就不要生搬硬套。哲学社会科学要有批判精神,这是马克思主义最可贵的精神品质。"

应该看到,在过去一段时间,我国学术界存在一种现象,即一些学科、一些学人言必称西方,谈理论必是西方原创、引文献必是西方著作,西方话语在国内学术界"刷屏""霸屏",有的科研单位、大学在职称评定中,丝毫不考虑一些学科的属性,一刀切地将是否具有国外留学经历作为评定职称的一条硬性标准。这些问题不解决,会影响中国哲学社会科学的发展和创造能力,使中国哲学社会科学患上"软骨病",成为西方话语体系的"附庸",失去主体性和原创性,最终丧失创造力;不能发挥任何作用,甚至还会对我国国家意识形态安全造成威胁;对于哲学社会科学提供给人民的理念、价值观发生误导,从而对全社会正确价值观的培养造成有害后果。

哲学社会科学各学科绝大部分都具有意识形态属性,有些学科还具有很强的意识形态属性,对西方话语的盲目崇拜导致马克思主义在一些学科中"失语"、教材中"失踪"、论坛上"失声",马克思主义的指导地位被严重削弱。这个问题必须解决,为此,哲学社会科学界贯彻习近平总书记在哲学社会科学工作座谈会上的重要讲话精神,就有一个在各学科中清理、抵制西方意识形态和价值观影响的任务。这对于哲学社会科学界提升中国特色社会主义的理论自觉和理论自信,坚持走自己的理论创新之路,做到用中国理论阐释中国实践,立足中国实践升华中国理论,用马克思主义中国化的话语体系和理论体系解释和指导中国实践,是一个前提性的工作。只有这样，才能使我国哲学社会科学界摆脱具有意识形态属性的西方话语的影响，从根本上扭转马克思主义边缘化问题，巩固马克思主义的指导地位。

第六，坚持马克思主义指导地位，要努力构建中国特色哲学社会科学学科体系、学术体系、话语体系。

哲学社会科学体现着一个民族的理论思维高度，体现着一个国家的文化软实力。构建中国特色哲学社会科学体系和学术话语体系，越来越成为思想理论建设的重大课题，成为掌握意识形态领域领导权和主动权的关键所在。

习近平总书记在哲学社会科学工作座谈会上的重要讲话中提出，构建中国特色哲学社会科学，必须坚持以马克思主义为指导，形成有中国特色、中国风格、中国气派的各领域的学科体系、学术体系、话语体系。习近平总书记提出的这个要求，是我国哲学社会科学的当务之急，也是中国哲学社会科学真正形成中国特色、中国风格、中国气派，真正具有自己独特价值的关键所在。实现这个任务，就是要使中国哲学社会科学各学科的基本理论、基本观念、概念话语实现三个方面的要求。一是以马克思主义为指导，体现马克思主义的立场、观点和方法；二是贯穿中华优秀传统文化的基因，反映当代中国实践理论创造的新成果；三是吸纳、体现全人类各个民族国家同类学科中非意识形态属性的普遍遵循的学术公理、规律及先进成果。它不是马克思主义关于所有学科理论观点的论述汇编，不是西方同类学科所有理论、观点的翻版，而是当代中国学术界在马克思主义原理指导下，结合中国历史与现实、理论与实践进行的新创造。

原载《中国社会科学报》2017 年 7 月 27 日

第三部分 03

坚持和发展中国特色社会主义

中国特色社会主义制度的四大优越性

习近平总书记在“7·26”重要讲话中指出，中国特色社会主义是改革开放以来党的全部理论和实践的主题，全党必须高举中国特色社会主义伟大旗帜，牢固树立中国特色社会主义道路自信、理论自信、制度自信、文化自信，确保党和国家事业始终沿着正确方向胜利前进。

优越性之一：它是以科学理论为指导的

改革开放特别是党的十八大以来，在马克思主义、毛泽东思想、邓小平理论、“三个代表”重要思想、科学发展观以及习近平总书记系列重要讲话精神和治国理政新理念新思想新战略的指导下，我们牢牢把握社会主义初级阶段这个最大国情，牢牢立足社会主义初级阶段这个最大实际，准确把握我国社会主义初级阶段不断变化的特点，科学谋划中国特色社会主义发展战略，不断解决各种问题、困难和挑战，努力实现各项事业全面发展，努力推动人的全面发展和社会的全面进步，使中国特色社会主义道路越走越宽广。

优越性之二：它是最能实现中国最广大人民根本利益的好道路、好制度

社会主义是人民的事业，是由人民进行创造和发展的事业。坚持和发展中国特色社会主义，必须使我们的制度、道路能够确保最广大人民的根本利益。改革开放特别是党的十八大以来，我们党科学把握当今世界和当代中国的发展大势，始终同人民想在一起、干在一起，推出一系列重大战略举措，出台一系列重大方针政策，推进一系列重大工作，解决了许多长期想解决而没有解决的难题，办成了许多过去想办而没有办成的大事，在各个领域都取得突破性进展，中国特色社会主义进入新的历史发展阶段。

优越性之三:它是实现共同富裕的伟大道路

坚持走共同富裕的道路,是社会主义的本质要求和根本原则。新中国成立特别是改革开放以来,我们在实现共同富裕上取得了重要进展。党的十八大以来,以习近平同志为核心的党中央坚持走共同富裕道路,把脱贫攻坚摆到治国理政突出位置,精准扶贫成效卓著。按照每人每年 2300 元(2010 年不变价)的农村贫困标准计算,2016 年农村贫困人口 4335 万人,比 2012 年减少 5564 万人;贫困发生率降至 4.5%,比 2012 年下降 5.7%。

优越性之四:它是"集中力量办大事"的成功实践

在社会主义改造和建设时期,我们发挥"集中力量办大事"的优势,在较短的时间内取得了一系列重大成就。改革开放以来,我们在经济建设、政治建设、文化建设、社会建设和生态文明建设等方面做出的一系列重大决策、取得的一系列伟大成就,充分体现了"集中力量办大事"的独特优势。2013 年至 2016 年,我国国内生产总值年均增长率,远高于同期世界和发展中经济体的平均增长水平。更可喜的是,我国主要创新指标进入世界前列,重大科技创新成果不断涌现,已成为全球第二大研发投入大国和第二大知识产出大国。

原载《兵团日报》2017 年 8 月 25 日

把握中国特色社会主义这个“主题”

社会主义是人民的事业，是由人民进行创造和发展的事业。改革开放特别是党的十八大以来，我们党科学把握当今世界和当代中国的发展大势，始终同人民想在一起、干在一起，推出一系列重大战略举措，出台一系列重大方针政策，推进一系列重大工作，解决了许多长期想解决而没有解决的难题，办成了许多过去想办而没有办成的大事，在各个领域都取得突破性进展，中国特色社会主义进入新的历史发展阶段。

习近平总书记在“7·26”重要讲话中指出，中国特色社会主义是改革开放以来党的全部理论和实践的主题，全党必须高举中国特色社会主义伟大旗帜，牢固树立中国特色社会主义道路自信、理论自信、制度自信、文化自信，确保党和国家事业始终沿着正确方向胜利前进。如何理解这个“主题”？它具有怎样的意义？

近现代历史发展的结果

中国特色社会主义不是从天上掉下来的，而是中国历史特别是近现代历史发展的必然结果。中国特色社会主义是中国共产党领导中国人民坚持不懈、努力奋斗探索、不断开创历史新篇章的伟大历史结论。

新中国成立后，以毛泽东同志为主要代表的中国共产党人把马克思主义普遍原理与中国实际结合起来，顺利完成社会主义改造，确立社会主义基本制度。社会主义基本制度确立后，我们党面对如何在中国建设社会主义的崭新课题，开始对适合中国情况的独立自主的社会主义建设道路进行探索。在这一过程中，我们取得巨大成就，也走过弯路，吃了不少苦头。总的来看，这几十年的艰苦奋斗为中国发展富强、人民生活富裕奠定了坚实基础，实现了中华民族由衰落到根本扭转命运、持续走向繁荣富强的伟大飞跃。

中国特色社会主义是适应中国国情、符合中国特点、顺应时代发展要求的理论和实践。39 年前,以党的十一届三中全会为新的历史起点,在邓小平同志领导下,我们党顺应时代潮流和人民愿望,倡导解放思想,重新确立了马克思主义的思想路线、政治路线、组织路线,做出了把党和国家工作重点转移到以经济建设为中心的社会主义现代化建设上来、坚持四项基本原则、实行改革开放的历史性决策,打开了一条一心一意搞建设的新路,为中国特色社会主义事业发展、中华民族伟大复兴找到了一个正确的方向。

中国特色社会主义既是必须不断推进的伟大事业,也是开辟未来的根本保证。展望未来,我们要在以习近平同志为核心的党中央坚强领导下,牢牢把握我国发展的阶段性特征,牢牢把握人民对美好生活的向往,提出新理论、新思路、新战略、新举措,继续统筹推进"五位一体"总体布局、协调推进"四个全面"战略布局,决胜全面建成小康社会,为实现中华民族伟大复兴的中国梦不懈奋斗。

植根中国的科学社会主义

中国特色社会主义,是科学社会主义理论逻辑和中国社会发展历史逻辑的辩证统一,是根植于中国大地、反映中国人民意愿、适应中国和时代发展进步要求的科学社会主义。

坚持中国特色社会主义这个主题,必须坚持科学社会主义基本原则。科学社会主义的基本原则包括:人类社会必将过渡到社会主义、共产主义;无产阶级革命斗争必须要有成熟政党的正确领导;无产阶级要夺取国家政权,建立无产阶级专政,实现人民当家做主;消灭私有制,建立公有制,实现共同富裕;等等。科学社会主义理论,为无产阶级的解放和人类社会的未来发展指明了方向。科学社会主义基本原则不能丢,丢了就不是社会主义。

坚持中国特色社会主义这个主题,必须推进中国特色社会主义理论体系的自身发展,同时也要推进中国特色社会主义道路、理论、制度、文化的实践探索。改革开放特别是党的十八大以来,以习近平同志为核心的党中央围绕坚持和发展中国特色社会主义,进行了一系列实践探索与理论创新,深刻回答了"什么是中国特色社会主义""怎样坚持和发展中国特色社会主义"等一系列重大理论和实践问题,体现了中国共产党人在新的历史条件下对共产党执政规律、社会主义建设规律、人类社会发展规律的认识,特别是对中国特色社会主义规律有着科学认识和深入把握。

坚持中国特色社会主义这个主题,必须坚持马克思主义指导,坚持正确方向,既不走封闭僵化的老路,也不走改旗易帜的邪路。世界社会主义的历史充分证明,背离或放弃马克思主义基本原理,社会主义国家的执政党和人民就会失去灵魂、迷失方向,最终导致亡党亡国。苏联解体就是一个沉痛的历史教训。戈尔巴乔夫上台后,把西方的所谓政治多元化引进苏联党和国家政治体制,推行所谓“民主的人道的社会主义”,实际上就放弃了马克思主义的理论指导,抛弃了科学社会主义基本原则,丢掉了共产主义信仰。

具有四大独特制度优势

中国特色社会主义制度的优越性,体现在它是以科学理论为指导的。改革开放特别是党的十八大以来,在马克思主义、毛泽东思想、邓小平理论、“三个代表”重要思想、科学发展观以及习近平总书记系列重要讲话精神和治国理政新理念新思想新战略的指导下,我们牢牢把握社会主义初级阶段这个最大国情,牢牢立足社会主义初级阶段这个最大实际,准确把握我国社会主义初级阶段不断变化的特点,科学谋划中国特色社会主义发展战略,不断解决各种问题、困难和挑战,努力实现各项事业全面发展,努力推动人的全面发展和社会的全面进步,使中国特色社会主义道路越走越宽广。

中国特色社会主义制度的优越性,体现在它是最能实现中国最广大人民根本利益的好道路、好制度。社会主义是人民的事业,是由人民进行创造和发展的事业。坚持和发展中国特色社会主义,必须使我们的制度、道路能够确保最广大人民的根本利益。改革开放特别是党的十八大以来,我们党科学把握当今世界和当代中国的发展大势,始终同人民想在一起、干在一起,推出一系列重大战略举措,出台一系列重大方针政策,推进一系列重大工作,解决了许多长期想解决而没有解决的难题,办成了许多过去想办而没有办成的大事,在各个领域都取得突破性进展,中国特色社会主义进入新的历史发展阶段。

中国特色社会主义制度的优越性,体现在它是“集中力量办大事”的成功实践。在社会主义改造和建设时期,我们发挥“集中力量办大事”的优势,在较短的时间内取得了一系列重大成就。改革开放以来,我们在经济建设、政治建设、文化建设、社会建设和生态文明建设等方面做出的一系列重大决策、取得的一系列伟大成就,充分体现了"集中力量办大事"的独特优势。2013 年至 2016 年,我国国内生产总值年均增长率,远高于同期世界和发展中经济体的平均增长水平。更可喜的是,我国主要创新指标进入世界前列,重大科技创新成果不断涌现,已成为全球第二大研发投入大国和第二大知识产出大国。

中国特色社会主义制度的优越性,体现在它是实现共同富裕的伟大道路。坚持走共同富裕的道路,是社会主义的本质要求和根本原则。新中国成立特别是改革开放以来,我们在实现共同富裕上取得了重要进展。党的十八大以来,以习近平同志为核心的党中央坚持走共同富裕道路,把脱贫攻坚摆到治国理政突出位置,精准扶贫成效卓著。按照每人每年 2300 元(2010 年不变价)的农村贫困标准计算,2016 年农村贫困人口 4335 万人,比 2012 年减少 5564 万人;贫困发生率降至 4.5%,比 2012 年下降 5.7%。

为"四个自信"奠定基础

习近平总书记指出,当今世界,要说哪个政党、哪个国家、哪个民族能够自信的话,那中国共产党、中华人民共和国、中华民族是最有理由自信的。有了"自信人生二百年,会当水击三千里"的勇气,我们就能毫无畏惧面对一切困难和挑战,就能坚定不移开辟新天地、创造新奇迹。

坚持中国特色社会主义这个主题,要坚信中国特色社会主义道路是实现社会主义现代化的必由之路,是创造人民美好生活的必由之路。坚持中国特色社会主义道路关乎党的命脉,关乎国家前途、民族命运和人民幸福,关乎世界社会主义的兴衰成败。中国特色社会主义道路的巨大优越性,是确保我们实现未来发展宏伟目标的根本保证。

坚持中国特色社会主义这个主题,要坚信中国特色社会主义理论体系是指导实现中华民族伟大复兴的正确理论,是立于时代前沿、与时俱进的科学理论。全面、系统、深刻地把握中国特色社会主义理论体系,须站在新的历史起点上,在坚持马克思主义基本原理的基础上,以更宽广的视野、更长远的眼光来思考和把握国家未来发展面临的一系列重大战略问题,在理论上不断拓展新视野、做出新概括。

坚持中国特色社会主义这个主题,要坚信中国特色社会主义制度是当代中国发展进步的根本制度保障,是具有强大自我完善能力的先进制度。党的十八大以来,以习近平同志为核心的党中央坚持系统思维、法治思维、历史思维、底线思维等科学思维方式,加强改革顶层设计,积极推进深化各个领域的体制改革,推进全面从严治党,着力破除各方面体制机制弊端,旨在为中国特色社会主义事业发展、国家长治久安提供一整套更完备、更稳定、更管用的制度体系,为树立“四个自信”奠定了坚实基础。

坚持中国特色社会主义这个主题,要坚信中国特色社会主义文化是面向现代化、面向世界、面向未来的,民族的科学的大众的先进文化。文化自信是更基础、更广泛、更深厚的自信。在5000多年文明发展中孕育的中华优秀传统文化,在党和人民伟大斗争中孕育的革命文化和社会主义先进文化,积淀着中华民族最深层的精神追求,代表着中华民族独特的精神标识。我们要弘扬社会主义核心价值观,弘扬以爱国主义为核心的民族精神和以改革创新为核心的时代精神,不断增强全党全国各族人民的精神力量。

坚持中国特色社会主义这个主题,要坚信改革开放近40年来探索积累起来的基本经验。新形势下,我们既要坚定不移推进改革发展,又要防止偏离社会主义方向,胜利实现中华民族伟大复兴的中国梦,确保社会主义的历史航船最终抵达共产主义的理想彼岸。

原载《解放日报》2017年8月22日

中国特色社会主义的鲜明特质和世界意义

科学社会主义是马克思主义的重要组成部分。新中国成立后特别是改革开放以来,我们党紧紧依靠人民,把科学社会主义基本原则同我国实际和时代特征有机结合起来,开创和发展了中国特色社会主义。党的十八大以来,以习近平同志为核心的党中央坚持和发展中国特色社会主义,进一步彰显了中国特色社会主义道路自信、理论自信、制度自信。在不断探索实践的过程中,中国特色社会主义日益体现出鲜明特质和世界意义。

中国特色社会主义道路的成功探索,丰富了发展中国家实现现代化的方式和路径

中国特色社会主义道路的成功探索,深刻改变了中国人民的面貌、社会主义中国的面貌、中国共产党的面貌,不仅使我国大踏步赶上时代进步潮流,而且丰富了发展中国家实现现代化的方式和路径。

道路关乎党的命脉,关乎国家前途、民族命运、人民幸福。党的十一届三中全会以来,我们党坚持科学社会主义基本原则,坚持解放思想、实事求是、与时俱进、求真务实,既不走封闭僵化的老路,也不走改旗易帜的邪路,而是走出一条具有中国特色的社会主义发展道路。这条道路,就是在中国共产党领导下,立足基本国情,以经济建设为中心,坚持四项基本原则,坚持改革开放,解放和发展社会生产力,建设社会主义市场经济、社会主义民主政治、社会主义先进文化、社会主义和谐社会、社会主义生态文明,促进人的全面发展,逐步实现全体人民共同富裕,建设富强民主文明和谐的社会主义现代化国家。

中国特色社会主义道路是中国共产党和中国人民依靠自身智慧和力量走出

来的,独立自主是其鲜明特征。正如邓小平同志指出的:“把马克思主义的普遍真理同我国的具体实际结合起来,走自己的道路,建设有中国特色的社会主义,这就是我们总结长期历史经验得出的基本结论。”我国用短短30多年时间走过了西方发达国家两三百年走过的现代化进程。取得如此巨大的发展成就,不能简单归因于集中爆发的“自然推动力”,也不能简单归因于复制他国模式或搭西方发达国家的“便车”,关键在于顺应时代潮流、坚持独立自主,走符合我国国情、具有中国特色的发展道路。近代以来,西方资本主义生产方式成为先进与发达的“化身”。西方的成功为人类文明发展做出贡献,同时使其自身表现出根深蒂固的文明优越感。少数发达资本主义国家总爱对一些发展中国家指手画脚,总觉得自己所走的道路才是唯一正确的道路。同时,历史的阴影和现实的困惑也一直在消磨着一些发展中国家的民族自尊心和民族自信心,使其存在对西方发展模式的“路径依赖”。近些年来,一些发展中国家盲目照抄照搬西方经验和模式,其结果不是“水土不服”,就是引发国内动荡,使自己陷入混乱局面。中国特色社会主义道路的成功探索,对这些因简单复制西方发展道路、发展模式而陷入“现代化困境”的发展中国家来说,无疑具有启示借鉴意义。

中国特色社会主义理论体系的坚持和发展,彰显了马克思主义在当代的强大生命力

中国特色社会主义理论体系是坚持和发展中国特色社会主义的科学指南。它是我们党运用马克思主义立场观点方法、在解决我国现实问题中形成和丰富发展起来的,彰显了马克思主义在当代的强大生命力。

改革开放以来,我们党面临的历史课题主要是建设什么样的社会主义、怎样建设社会主义,建设什么样的党、怎样建设党,实现什么样的发展、怎样发展等。我们党在坚持把马克思主义基本原理同我国实际和时代特征相结合过程中,形成并丰富发展了中国特色社会主义理论体系。这一理论体系,是包括邓小平理论、“三个代表”重要思想、科学发展观在内的科学理论体系。党的十八大以来,以习近平同志为核心的党中央坚持和发展中国特色社会主义,对实现中华民族伟大复兴的中国梦、全面深化改革开放、推动科学发展、推进社会主义民主政治建设和依法治国、宣传思想工作以及国际关系和我国外交战略、党的建设等提出了一系列新思想、新观点、新论断,进一步丰富和发展了中国特色社会主义理论体系。

中国特色社会主义理论体系具有开放包容、与时俱进的鲜明特征。开放包容是马克思主义的科学特质,与时俱进是马克思主义的理论品格。马克思主义的形成和发展吸收借鉴了人类众多理论成果和实践经验,尤其是德国古典哲学、英国古典政治经济学和法国空想社会主义的合理成分。同时,马克思主义也随着时代变迁和实践探索而不断创新发展。邓小平理论、"三个代表"重要思想、科学发展观和习近平总书记的一系列新思想、新观点、新论断是在改革开放不同时期、不同阶段实践中产生的,它们在理论主题、思想基础、政治理想、根本立场上一脉相承,同时又根据新的实践,借鉴各国治国理政有益经验,科学回答了我国面临的新课题,做出了各自独特的理论贡献,体现了开放包容、与时俱进的鲜明特征,彰显了马克思主义在当代的强大生命力。中国特色社会主义理论体系的形成和丰富发展,为当今世界各国克服意识形态的傲慢与偏见,吸收借鉴人类社会创造的一切文明成果,促进自身发展与交流、合作、共赢,提供了样板。

中国特色社会主义制度的比较优势,引发了西方的制度反思和改革呼吁

中国特色社会主义制度的形成、完善和发展,是在中国特色社会主义理论体系指导下进行的。在实践过程中,中国特色社会主义制度体现了社会主义优越性,同时引发西方的制度反思和改革呼吁。

新中国成立后,我们党团结带领人民建立起社会主义制度,为当代中国一切发展进步奠定了根本政治前提和制度基础。改革开放以来,我们党积极稳妥地推进社会主义制度的自我完善和发展,促进了中国特色社会主义制度的成熟和定型。中国特色社会主义制度,包括人民代表大会制度的根本政治制度,中国共产党领导的多党合作和政治协商制度、民族区域自治制度以及基层群众自治制度等基本政治制度,中国特色社会主义法律体系,公有制为主体、多种所有制经济共同发展的基本经济制度,以及建立在这些制度基础上的经济体制、政治体制、文化体制、社会体制等各项具体制度。中国特色社会主义制度既将马克思主义对社会主义制度的基本设想变为现实,又根据我国国情进行了实事求是的探索创新,体现了自身的智慧和比较优势。

中国特色社会主义制度的鲜明特征,主要表现在保证人民当家做主、协调国家机关高效运转、凝聚各族人民力量。人民当家做主,就是坚持人民民主,只有发扬充分的人民民主,才能保证决策的科学性,体现最大多数人的利益和需要,从而凝聚起最大多数人的力量;协调国家机关高效运转,就是坚持中国共产党领导的多党合作和政治协商,与最广大人民形成共识,达成最大公约数,保证国家政令畅通;凝聚各族人民力量,就是具有强大动员力量,能够全国一盘棋,集中力量办大事,充分调动广大人民群众的积极性,为大多数人谋利益。中国特色社会主义制度所呈现的民主和集中有机统一、高效运转、集中力量办大事等优势,引发了西方有识之士的制度反思和改革呼吁。美国《福布斯》杂志网站《领会来自中国的启示》一文写道,"或许我们可从中国人那里学习集体努力的力量:不同的个人和组织携手为一个共同目标努力,齐心协力致力于经济发展"。《纽约时报》专栏作家弗里德曼在文章中指出:"当现实有需要的时候,中国领导人可以修订法律法规、制定新的标准,改进基础设施,促进国家的长期战略发展。这些议题在西方国家的讨论和执行,需要花几年甚至几十年的时间。"弗里德曼因此提出了"做一天中国"的呼吁。

林无静树,川无停流。实践发展没有终点,理论创新不会停顿。可以肯定,中国特色社会主义必将适应时代、实践和科学的发展,博采众长,不断向前,在造福中国的同时为世界做出更大贡献。

原载《人民日报》2014 年 12 月 21 日

完善和发展中国特色社会主义制度

党的十八届三中全会强调，全面深化改革的总目标是完善和发展中国特色社会主义制度，推进国家治理体系和治理能力现代化。中国特色社会主义制度是新中国成立以来特别是改革开放以来我们党和国家在实践中逐步形成的，集中体现了社会主义的特点和优势。全面深化改革，努力开拓中国特色社会主义更加广阔的前景，必须始终坚持并不断完善和发展中国特色社会主义制度。

努力使中国特色社会主义各项制度更加成熟更加定型

党的十八届三中全会《决定》从中国特色社会主义经济、政治、文化、社会、生态文明建设和党的建设等方面，具体部署了全面深化改革的主要任务，对各个领域体制改革和各项具体制度的完善提出了明确要求。

在完善社会主义市场经济制度方面，强调坚持公有制为主体、多种所有制经济共同发展的基本经济制度，在市场在资源配置中起决定性作用的基础上，加快完善现代市场体系、宏观调控体系、金融市场体系、开放型经济体系，实行统一的市场准入制度，健全社会主义市场经济体制；完善产权保护制度，明确公有制经济财产权不可侵犯、非公有制经济财产权同样不可侵犯；推动国有企业完善现代企业制度，完善国有资产管理体制，改革国有资本授权经营体制，完善国有资本经营预算制度；健全城乡发展一体化体制机制，构建新型农业经营体系；加快转变经济发展方式，建设国家创新体系等。

在完善社会主义民主政治制度方面，提出改进财政预算管理制度；积极稳妥实施大部门制，建立各类事业单位统一登记管理制度；构建程序合理、环节完整的协商民主体系，加强中国特色新型智库建设，建立健全决策咨询制度；完善中国特色社会主义法律体系，普遍建立法律顾问制度；建立科学的法治建设指标体系和考核标准；探索建立与行政区划适当分离的司法管辖制度，改革审判委员会制度；完善人权司法保障制度，废止劳动教养制度，健全社区矫正制度，健全国家司法救助制度，完善法律援助制度；强化权力运行制约和监督体系，推动党的纪律检查工作双重领导体制；完善选人用人专项检查和责任追究制度，探索实行官邸制等。

在完善社会主义先进文化制度方面，强调完善文化管理体制，健全坚持正确舆论导向的体制机制，健全网络突发事件处置机制；建立健全现代文化市场体系，完善文化市场准入和退出机制；构建现代公共文化服务体系，建立公共文化服务体系建设协调机制，健全文化产品评价体系，改革评奖制度，加强国际传播能力和对外话语体系建设等。

在完善社会主义和谐社会制度方面，强调创新高校人才培养机制，加快建设现代职业教育体系；健全政府促进就业责任制度，完善就业失业监测统计制度；健全工资决定和正常增长机制，完善最低工资和工资支付保障制度，完善企业工资集体协商制度；健全社会保障财政投入制度，完善社会保障预算制度；创新有效预防和化解社会矛盾体制，健全重大决策社会稳定风险评估机制；改革行政复议体制，改革信访工作制度；健全公共安全体系，创新立体化社会治安防控体系，设立国家安全委员会等。

在完善社会主义生态文明制度方面，提出建立系统完整的生态文明制度体系，实行最严格的源头保护制度、损害赔偿制度、责任追究制度，完善环境治理和生态修复制度；健全自然资源资产产权制度和用途管制制度，健全国家自然资源资产管理体制；实行资源有偿使用制度和生态补偿制度，改革生态环境保护管理体制等。

在党的建设方面，强调完善科学民主决策机制，完善干部教育培训和实践锻炼制度；改革和完善干部考核评价制度，改进优秀年轻干部培养选拔机制；完善和落实领导干部问责制，完善从严管理干部队伍制度体系；推行公务员职务与职级并行、职级与待遇挂钩制度，完善基层公务员录用制度；完善人才评价机制，建立社会参与机制，充分发挥人民群众积极性、主动性、创造性；成立全面深化改革领导小组等。

以制度建设推进国家治理体系和治理能力现代化

完善和发展中国特色社会主义制度，同推进国家治理体系和治理能力现代化是相辅相成的。完善和发展中国特色社会主义制度既是建设中国特色社会主义的根本保障,也是推进国家治理体系和治理能力现代化的重要前提。

国家治理体系和治理能力现代化作为一个新的提法写进党的中央全会《决定》,并成为全面深化改革的目标归宿,是这次全会的一个亮点。事实上,我们党执政以来,先后提出了治国理政、民族区域自治等同治理相关的概念。党的十六大报告提出党领导人民治理国家的理念。党的十七大报告则提出,坚持党总揽全局、协调各方的领导核心作用,提高党科学执政、民主执政、依法执政水平,保证党领导人民有效治理国家。党的十八大报告则从"国家治理"层面提出,坚持依法治国这个党领导人民治理国家的基本方略,要更加注重改进党的领导方式和执政方式,保证党领导人民有效治理国家。党的十八届三中全会进一步强调了"治理"这一概念,提出有效的政府治理是发挥社会主义市场经济体制优势的内在要求,要加快形成科学有效的社会治理体制,改进社会治理方式,加强社会治安综合治理,等等。"国家治理"理念的提出,实现了治国理念由政府"管理"向国家、社会、个人协同"治理"的转变,运行方式由"自上而下"向"自上而下、自下而上及横向流动相结合"的转变,标志着我们党治国理政理念的进一步深化。

推进国家治理体系和治理能力现代化,需要系统完备、科学规范、运行有效的制度体系。国家治理体系是党领导人民对国家和社会事务进行有效治理的体系,包括经济、政治、文化、社会、生态和党建等各方面的体制机制和法律法规。实现国家治理体系现代化,需要三个重要支撑:一是制度,二是组织,三是能力。其中,制度和组织是国家治理体系的基本组成部分。只有以制度建设为基础、以组织优化为重点、以能力提升为导向,才能有效推进国家治理体系和治理能力现代化。

党的十八大报告明确提出:"中国特色社会主义制度,就是人民代表大会制度的根本政治制度,中国共产党领导的多党合作和政治协商制度、民族区域自治制度以及基层群众自治制度等基本政治制度,中国特色社会主义法律体系,公有制为主体、多种所有制经济共同发展的基本经济制度,以及建立在这些制度基础上的经济体制、政治体制、文化体制、社会体制等各项具体制度。"在十八大报告确立的中国特色社会主义根本制度和基本制度等的基础上,党的十八届三中全会着眼于现代国家治理体系的建构,进一步提出了完善和发展各项具体制度体系的任务,如加快建立和完善现代市场体系、宏观调控体系、权力运行制约和监督体系、文化管理体制、社会治理体制、生态文明制度、现代军事力量体系、干部队伍制度体系等。这些具体制度体系,构成了国家治理体系的重要组成部分。

不断增强完善和发展中国特色社会主义制度的自信和自觉

制度是发展进步的根本保障。在新的历史起点上,不断推进中国特色社会主义伟大事业,需要不断完善和发展中国特色社会主义制度,不断增强中国特色社会主义的制度自信,妥善处理好几个关系。

改革与发展的关系。改革开放是决定当代中国命运的关键一招,也是实现"两个一百年"奋斗目标、实现中华民族伟大复兴的关键一招。面对新形势新任务,必须通过全面深化改革,着力解决我国发展面临的一系列突出矛盾和问题,不断推进中国特色社会主义制度自我完善和发展。必须看到,改革开放不是要改掉社会主义的性质和根本制度,而是社会主义的自我完善和发展。无论改革深化到什么程度,中国特色社会主义道路必须牢牢坚持,中国特色社会主义理论体系必须牢牢坚持,中国特色社会主义制度必须牢牢坚持。

谋划和落实的关系。全面深化改革、完善和发展中国特色社会主义制度是关系党和国家事业发展全局的重大战略部署,不是某个领域、某个方面的单项改革。这就要求从大局出发考虑问题,要看各项改革举措是否符合全局需要,是否有利于党和国家事业长远发展;加强顶层设计和整体谋划,加强各项改革的关联性、系统性、可行性研究;抓住重点,突出重要领域和关键环节,使中国特色社会主义制度的特点和优势得到更好发挥。同时应注意,高举改革开放的旗帜,光有立场和态度还不行,必须有实实在在的举措。党的十八届三中全会全面系统地规划了完善和发展中国特色社会主义制度的各项举措,并且规定了落实的时间,要求到2020年在重要领域和关键环节改革上取得决定性成果。这就要求各地各部门尽快拟定改革举措的具体实施方案,认真检查改革举措的落实情况,努力使体制改革和制度完善逐一落地、见到成效。

原载《人民日报》2013年12月28日

探索中国特色社会主义基本问题的坚实足迹

——读《中国道路与马克思主义中国化》有感

“凡是具有重大社会影响的理论成果,都离不开中国特色社会主义的基本问题,这些基本问题正是当代中国马克思主义研究始终如一的主题。中国哲学社会科学的最高成就,就是对社会主义中国的发展模式、发展经验和发展道路的理论总结与学术建构。”这一重要论述是中国社会科学院院长王伟光教授2010年5月在广东汕头召开的“社会形态理论与历史价值观”高级研讨会上郑重提出来的。正是秉持这一基本理念,王伟光教授多年来坚持不懈地探索中国道路与马克思主义中国化这个理论主题。《中国道路与马克思主义中国化》一书,收录了他从2008年初到2011年底,关于中国特色社会主义发展道路、关于马克思主义中国化的16篇论文、讲稿和讲话稿。细细读来,深切感受到作者高度的使命感和深邃的思想世界,以及蕴含其中丰富的学术价值和重大的实践意义。

中国道路的理论根据

中国道路,是中国共产党人带领中国人民开创的一条把中华民族引向伟大复兴的光明之路。收入该书的《经济文化落后国家如何建设社会主义》《深入研究中国发展道路和发展经验丰富和发展马克思主义社会形态理论》等论文,着重思考和探讨了中国特色社会主义道路历史必然性的问题。

在作者看来,这个问题关系到如何认识马克思主义关于非资本主义道路理论的问题。马克思、恩格斯虽然指出资本主义的充分发展是社会主义社会的历史前提,但此后通过对东方国家和民族发展道路的研究后补充认为,在一定条件下,经济文化比较落后的国家可以不经过资本主义的充分发展阶段,跨越资本主义制度的“卡夫丁峡谷”，而进行社会主义革命，走上社会主义道路，实现社会形态的跨越式发展。

马克思主义创始人这一重要思想观点，构成中国特色社会主义道路最深层的理论根据。作者一方面阐明，马克思、恩格斯关于非资本主义道路理论，不是对人类社会历史发展进程一般规律理论的否定，而是对该理论的深化和丰富，从而科学回答了经济文化比较落后国家“能否建设社会主义”的问题；另一方面也明确提出“什么是社会主义，怎样建设社会主义”的问题，既是一个理论问题，更是一个实践问题。由此，经济文化比较落后国家一定要从本国具体国情出发，选择适合本国特色的社会主义模式，走具有本国特色的社会主义发展道路，就构成了 20 世纪以来社会主义探索的理论主题和实践主题。

改革开放与中国道路

关于改革开放与中国特色社会主义道路的关系，包含一系列需要深入探讨的问题。关于这些问题的理论思考，集中体现在收入该书的《中国特色社会主义道路的艰辛探索和成功开创——纪念中华人民共和国成立 60 周年》《中国改革开放和中国发展道路》《改革开放是发展中国特色社会主义的强大动力》《我国对国际金融危机的有效抵御和中国特色社会主义的历史命运》等论文之中。

新中国两个“30 年”关系的问题，是最近几年来理论界一直争论不休的热点问题。作者认为，毛泽东在对中国社会主义建设道路的理论与实践探索的过程中，所积累的关于中国社会主义建设探索的历史经验，是中国特色社会主义道路的实践前提，所提出的关于中国社会主义建设规律的理论成果，是中国特色社会主义理论体系的理论准备。基于上述结论，作者明确指出，不能把前 29 年与后 31 年割裂开来、对立起来，把毛泽东关于社会主义建设道路的探索与中国特色社会主义事业的开创割裂开来、对立起来，把毛泽东思想与中国特色社会主义理论体系割裂开来、对立起来。

中国特色社会主义道路开创和发展于改革开放的伟大实践之中。在作者看来，改革开放之所以是一场新的伟大革命，之所以发挥了中国特色社会主义强大动力的作用，之所以取得成功，最重要的就在于走出了正确的道路，形成了正确的理论指南。这是改革开放根本价值和意义所在。作者在该书中系统回顾了改革开放的历史进程，深入分析了改革开放的历史经验，深刻论证了中国特色社会主义道路的正确性。其中蕴含的高度的理论自信和蓬勃向上的精神力量，对于全党同志坚持和发展中国特色社会主义必然会产生强大的推动和提升作用。

中国道路与马克思主义中国化

在中国发展道路的伟大实践探索中，中国共产党人集中全党、全国人民智慧，创造性地坚持和发展了马克思主义，继承和丰富了毛泽东思想，形成了马克思主义中国化的一系列创新成果，这是中国人民伟大事业不断走向胜利的弥足珍贵的精神财富和思想指南。实践创新带动理论创新，理论创新指导实践创新。作者之所以将该书命名为《中国道路与马克思主义中国化》，正是基于对理论与实践辩证关系的深刻认知。

发展中国特色社会主义，必须不断推进马克思主义中国化的理论创新，《结合今天新的实际坚持和发展马克思主义》《以不断创新推进马克思主义中国化进程》《努力推进马克思主义哲学的中国化》《坚持理论创新努力推进马克思主义中国化时代化大众化》《马克思主义中国化的"创新轨迹"》等论文，是阐发这一论点的鲜明体现。作者认为，所谓马克思主义中国化，就是运用马克思主义的"一般"，即马克思主义的世界观和方法论，而不是马克思主义的具体结论，去说明和解决中国的"特殊"问题，形成与中国实际相结合的马克思主义，即中国化的马克思主义。在作者看来，纵观马克思主义中国化的伟大历史进程，最根本的一条经验是理论联系实际。中国具体实际的特殊性，主要体现在三个方面，即中国国情的特殊性、中国所处世情的特殊性和中国人民群众的特殊性，这就提出了马克思主义民族化、时代化和大众化的问题。由此，马克思主义中国化的过程，就呈现为马克思主义民族化、时代化和大众化的过程。

可以认为，王伟光教授关于中国特色社会主义基本问题的一系列新思想、新观点和新论断，不仅深化和丰富了我们对中国特色社会主义的理论认知，而且对于推进中国特色社会主义事业也有重要的指导意义。在改革再出发之际，理论创新的任务再次赋予广大马克思主义理论工作者，我们期待作者更多新的理论著述问世，奉献给这个伟大的时代和伟大的事业。

原载《中国社会科学报》2014 年 5 月 26 日

科学建构中国特色强国理论

新的历史条件下，引领和支撑中国由大到强的科学理论是中国化马克思主义。发展21世纪中国马克思主义，应着眼于如期实现“两个一百年”奋斗目标和中华民族伟大复兴的中国梦，紧紧围绕中国特色社会主义事业“五位一体”的总布局，不断推进实践基础上的理论创新，科学建构社会主义现代化强国理论。

当今中国正处于由大到强的关键历史阶段

新中国成立以来，在中国共产党的带领下，经过全国各族人民60多年的艰苦努力，我国克服一穷二白的物质束缚，冲破围追堵截的外部封锁，开辟了符合世情国情党情的科学发展之路，各项事业取得了举世瞩目的辉煌成就，综合国力大幅提升。当今中国，已到了由大到强的关键节点。

民族复兴前景空前光明。据国际货币基金组织统计数据显示，2014年我国经济总量达10.38万亿美元(不含港澳台)，占世界经济的比重升至13.4%，是日本的2倍，接近美国的2/3；对全球经济增长的贡献率为27.8%，远高于美国的15.3%。我国已成为名副其实的世界第二大经济体、全球经济增长重要引擎。与此同时，我国文化软实力有了质的突破：社会主义核心价值观的培育与践行，提升了中华民族的凝聚力和向心力；中华文化、中国道路和中国精神在全球的广泛传播，提高了中国的国际影响力和话语权。可见，当今中国由大到强的总体趋势已经明朗，民族复兴前景空前光明。

建构强国理论任重道远。在为我国经济社会发展成就而欢欣鼓舞的同时，我们也应清醒地认识到：目前我国所处的国内外环境错综复杂，面对的新情况新问题前所未有。随着经济全球化、社会信息化深入发展，我国的国际交流、合作、交融、交锋不断扩大,西方敌对势力借机深挖“分化陷阱”,向我国渗透所谓“普世价值”,不遗余力地虚无化我们党和国家的历史,不断制造网络意识形态事件,妄图和平演变中国。与此同时,我国社会矛盾呈多发态势,经济增长速度、结构、动力需要进一步优化人民生活水平需要进一步提高,生态环境需要进一步改善。特别是在经济下行压力加大的情况下,如果不能顺利实现经济结构转型升级,就有可能陷入“中等收入陷阱”。此外,我们党面临“四种考验”“四大风险”,对保持党的先进性与纯洁性、提高党的执政能力与领导能力提出了更高要求。所有这一切均表明,我们的强国之路绝非坦途,建构强国理论任重道远。

围绕“五位一体”总布局建构强国理论

经济建设、政治建设、文化建设、社会建设、生态文明建设“五位一体”的总布局,体现了中国共产党对社会主义现代化强国建设内涵的深刻认识、规律的深度把握。发展21世纪中国马克思主义,应紧紧围绕这一总布局,在不断推进“五大建设”的基础上,科学建构社会主义现代化强国理论。

围绕适应和引领经济新常态,发展社会主义市场经济理论。经济发展新常态,是中央深入分析国内外经济形势,对我国经济发展阶段性特征做出的战略性研判。这为我们发展社会主义市场经济理论提供了新视角。经济发展新常态下,我国经济基本面发生了一些新变化,经济增速由高速转向中高速。在这一背景下,经济发展虽然面临转型的阵痛,但仍处于重要战略机遇期。适应和引领经济发展新常态,对我们提出了一系列现实课题,如:怎样运用好政府和市场“两只手”,不断激发市场主体的活力与创造力;怎样主动作为、大胆改革创新,推动经济结构转型升级;怎样全面深化国有企业改革,充分发挥其“国之重器”作用;怎样创造条件,促进非公有制经济发展迈上新台阶;等等。因此,在经济新常态下发展社会主义市场经济理论,需要积极探索如何发挥市场配置资源的决定性作用和更好发挥政府作用;探索推动经济结构优化升级的规律,使经济增长由要素驱动、投资驱动转变为创新驱动;探索如何积极稳妥推进国有企业改革,使其进一步明确市场主体地位,完善治理结构,增强创新能力,创新发展新型国有企业理论;探索如何进一步打破行业垄断、消除隐性壁垒,为非公有制经济发展提供广阔空间;等等。

围绕扩大人民有序参与,发展社会主义民主政治理论。人民民主是社会主义的生命。扩大人民有序政治参与,是保证和发展人民民主、增强人民民主广泛性与真实性的根本途径。我国民主形式多样,既有通过选举人民代表,代表人民开展治国理政活动的选举民主;又有通过广泛讨论和共同商量,找寻全社会意愿和要求最大公约数的协商民主。选举民主是人民民主的基本形式,是人民代表大会制度所采用的主要民主形式;协商民主是我国将马克思主义民主政治理论与我国革命、建设和改革实践相结合的产物,是我国社会主义民主政治中独特、独有和独到的民主形式。在发展中国特色社会主义民主政治过程中,我们一方面要进一步健全发展选举民主,另一方面要充分发挥协商民主搜集民情、集中民智、凝聚民力的强大功能,引导人民通过选举民主和协商民主为国家大政方针制定、国家治理现代化、依法治国实践建言献策,广泛、深度、有序参与民主政治实践,在此基础上不断发展和完善社会主义民主政治理论。

围绕文化大发展大繁荣,建构社会主义文化强国理论。古今中外,大国兴衰的历史充分证明:国家的繁荣和强盛,离不开先进文化的支撑;国家的衰落和消亡,首先表现为文化的衰微。我国要在21世纪成为社会主义现代化强国,不仅要实现物质富裕、科技先进、国防强大,而且要实现文化繁荣。推动社会主义文化大发展大繁荣,关键在于推动马克思主义、中华优秀传统文化与民族精神、时代精神有机融合。马克思主义在中国这块土地上能够取得两大理论成果并指导中华民族取得前所未有的历史进步,引导实现国家独立、人民解放、民族振兴,很重要的一条就是中国共产党人将马克思主义这个科学理论融入中国社会,使之与中国深厚的优秀传统文化相结合、与中华民族精神和时代精神相结合。建设社会主义文化强国,必须坚持以中国化马克思主义文化理论为指导,积极探索文化事业、文化产业繁荣发展规律,建构社会主义文化强国理论,不断提高我国文化软实力。

围绕协同共治,建构现代社会治理理论。全面深化改革的总目标是,完善和发展中国特色社会主义制度,推进国家治理体系和治理能力现代化。社会治理是国家治理的重要内容。国家和社会治理现代化的核心是法治,即坚持法治国家、法治社会、法治政府一体建设,科学立法、严格执法、公正司法、全民守法统筹推进,促进全体公民尊法学法守法用法,将社会生活纳入依法治理的轨道。推进国家和社会治理现代化,应坚持以政府为主导,政府、社会组织和公民共同参与、协同共治。应特别指出的是,中国共产党在国家和社会治理现代化中始终处于领导核心地位;推进依法治国离不开中国共产党的坚强领导,协同共治更需要发挥党总揽全局、协调各方的核心作用。因此，建构现代社会治理理论，应进一步探索中国共产党科学执政、民主执政、依法执政的新理念、新思路、新举措；探索政府、社会组织和公民在社会治理中的职能、作用及其有效实现形式。

围绕“五化协同”，建构生态文明理论。作为与新型工业化、新型城镇化、信息化、农业现代化协同推进的“第五化”，绿色化被我们党作为政治任务提出来，有鲜明的时代背景、紧迫的现实需要。改革开放以来，我国经济发展取得了长足进步，但付出的资源环境代价较大。一些地区生态系统遭到破坏，资源环境承载能力不堪重负。倡导绿色化，目的在于用科学的生态理念和发展方式破解经济社会发展中遇到的生态环境难题，建设与社会主义现代化强国相适应的生态文明。从一定意义上说，21 世纪是绿色世纪、生态世纪，走绿色发展之路、建设生态文明，关系中华民族永续发展。建构符合我国现实国情和未来发展要求的生态文明，应以绿色化为核心理念，既加强方向引领，引导人民群众树立科学的生态价值观，坚信“绿水青山就是金山银山”；又加强理论研究，建构科学的生态文明理论，指导相关制度和体制机制建设，推进生态文明建设的具体实践。

围绕推进党的建设新的伟大工程，建构新时期执政党建设理论。解决中国的问题，关键在党。发展 21 世纪中国马克思主义、建设社会主义现代化强国的伟大事业，与推进党的建设新的伟大工程息息相关、相辅相成。应坚持伟大事业与伟大工程有机统一，积极探索协同推进的科学规律。围绕协调推进“四个全面”战略布局，建构新时期执政党建设的科学理论，不断提高我们党执政兴国的本领，不断增强我们党应对各种风险考验的能力，使我们党始终成为中国特色社会主义事业的坚强领导核心。

原载《人民日报》2015 年 10 月 20 日

毫不动摇走中国特色社会主义道路

中国特色社会主义道路是中国实现社会主义现代化和民族复兴的必由之路。胡锦涛同志在省部级主要领导干部专题研讨班开班式上发表重要讲话强调:“我们必须毫不动摇走党和人民在长期实践中开辟出来的正确道路,不为任何风险所惧、不为任何干扰所惑。”学习贯彻胡锦涛同志重要讲话精神,必须全面总结我们党领导人民探索社会主义道路的伟大成就和宝贵经验,及时澄清各种对改革开放和现代化建设的模糊认识和错误观点,不断增强走中国特色社会主义道路的自觉性和坚定性。

党领导人民进行的伟大历史性创造

翻开世界近现代史不难发现,西方大国的发展大多是通过对内剥削、对外掠夺乃至发动侵略战争实现的;一些发展中国家虽然在某个时期实现了经济快速增长,但出现了贫富差距拉大、社会矛盾加剧、生态环境恶化等严重问题。对于中国这样的社会主义国家来说,这两条道路都是不能仿效的。要改变旧中国积贫积弱、四分五裂、内忧外患的悲惨命运,实现国家富强、人民富裕和民族复兴,只能另辟新路。中国特色社会主义道路正是在波澜壮阔的革命、建设和改革的历史进程中,经过反复比较、艰辛探索才开辟出来的国家富强之路、人民幸福之路、民族复兴之路。

中国特色社会主义道路不仅是近代以来中国和世界历史发展的必然产物,而且是中国共产党领导全国人民顽强拼搏、艰苦奋斗所创造的伟大成果。以毛泽东同志为核心的党的第一代中央领导集体,带领全党全国人民完成了新民主主义革命和社会主义改造,确立了社会主义基本制度,开始探寻适合中国国情的社会主义建设道路。党的十一届三中全会以后,以邓小平同志为核心的党的第二代中央领导集体带领全党全国人民实现了指导思想的拨乱反正和工作中心的转移,开启了改革开放新的征程,吹响了建设中国特色社会主义的时代号角,开辟了中国特色社会主义新道路。党的十三届四中全会以后,以江泽民同志为核心的党的第三代中央领导集体,在国内外政治风波、经济风险等考验面前,紧紧依靠党和人民,坚持改革开放、与时俱进,把中国特色社会主义伟大事业成功推向21世纪。党的十六大以来,以胡锦涛同志为总书记的党中央带领全党全国人民,顺应国内外形势发展变化,抓住重要战略机遇期,着力推动科学发展、促进社会和谐,在全面建设小康社会实践中把中国特色社会主义事业推进到新的发展阶段。

中国特色社会主义道路来之不易、内涵丰富,凝结着几代中国共产党人带领人民不懈探索创新的智慧和心血。这条道路就是,在中国共产党领导下,立足基本国情,以经济建设为中心,坚持四项基本原则,坚持改革开放,解放和发展社会生产力,巩固和完善社会主义制度,建设社会主义市场经济、社会主义民主政治、社会主义先进文化、社会主义和谐社会,建设富强民主文明和谐的社会主义现代化国家。这条道路包含"一个中心、两个基本点"的基本路线,坚持和发展社会主义的根本任务,"四位一体"的总体布局。这三个方面相互联系,集中体现了新中国成立特别是改革开放以来我们党领导人民探索社会主义道路的重要成果,深刻揭示了中国特色社会主义的本质和规律。在当代中国,只有中国特色社会主义道路而没有别的什么道路能够解决中国发展进步的问题。

正确道路铸就举世瞩目的伟大成就

实践是检验思想理论是否科学的最终标准,也是衡量社会道路是否正确的根本尺度。中国共产党90多年艰苦卓绝的奋斗,新中国60多年翻天覆地的变化,改革开放30多年举世瞩目的成就,都验证了中国特色社会主义道路的强大生命力和巨大优越性。

从经济建设看,我们建立和完善社会主义市场经济体制,形成公有制为主体、多种所有制经济共同发展的基本经度,形成按劳分配为主体、多种分配方式并存的分配制度,形成在国家宏观调控下市场对资源配置发挥基础性作用的经济管理体制。我们依靠自己的力量解决了十几亿人口的吃饭问题,建立了独立完整的国民经济体系,主要工农业产品的产量居世界第一,具有世界先进水平的重大科技成果不断涌现,生态文明建设不断推进,城乡面貌焕然一新。改革开放以来,我国经济保持了年均近10%的增长速度,目前国内生产总值居世界第二,人均国内生产总值超过5000美元,从低收入国家进入中等偏上收入国家行列,国家经济实力和综合国力大幅度提高。

从政治建设看,我们大力发展社会主义民主政治,人民当家做主权利得到保障。我们坚持党的领导、人民当家做主、依法治国有机统一,人民依法享有广泛的自由、民主、人权,

依法实行民主选举、民主决策、民主管理、民主监督。人民代表大会制度、中国共产党领导的多党合作和政治协商制度、民族区域自治制度以及基层群众自治制度不断完善,中国特色社会主义法律体系基本形成。爱国统一战线发展壮大,政党关系、民族关系、宗教关系、阶层关系、海内外同胞关系更加和谐。旧中国黑暗腐朽的政治面貌已经彻底改变,人民翻身做了国家的主人。

从文化建设看,我们大力发展社会主义先进文化,人民日益增长的精神文化需求不断得到满足。社会主义核心价值体系建设取得重大进展,群众性精神文明创建活动蓬勃开展,文化事业蒸蒸日上,文化产业空前繁荣,国家文化软实力不断增强。北京奥运会和上海世博会的成功举办,实现了中国人民的百年梦想,展现了中华民族昂扬向上的精神风貌。

从社会建设看,我们大力发展社会事业,创新社会管理体制,社会和谐稳定得到巩固。就业规模持续扩大,全社会创业活力显著增强。城乡免费九年义务教育全面实现,高等教育规模、大中小学在校生数量居世界第一。城市人均住宅建筑面积和农村人均住房面积成倍增加。覆盖城乡居民的社会保障体系初步形成,公共卫生服务体系和基本医疗服务体系不断健全。人民生活实现了由温饱到总体小康的历史性跨越,学有所教、劳有所得、病有所医、老有所养、住有所居的理想正在变成现实。

从对外关系看,我们高举和平、发展、合作旗帜,奉行独立自主的和平外交政策,坚持走和平发展道路,坚持互利共赢的开放战略,推动建立公正合理的国际新秩序,在国际事务中发挥着重要作用,国际地位和国际影响显著提高。这与东欧剧变使一些国家陷入衰退、金融危机使资本主义世界经济低迷形成了鲜明的对比。

中国特色社会主义事业所取得的发展与进步前所未有,所面临的矛盾和问题

也世所罕见。我们必须清醒地认识到,建设和发展中国特色社会主义不会一帆风顺,必然会遇到各种各样的困难和风险。我国仍处于并将长期处于社会主义初级阶段,我国生产力水平总体上还不高,自主创新能力还不强,长期形成的结构性矛盾和粗放型增长方式尚未根本改变,城乡贫困人口和低收入人口还有相当数量,农村发展滞后的局面尚未改变,社会建设和管理面临诸多新课题,党和国家工作中还存在缺点和不足,人民群众还有不少不满意的地方。我们应从总体上看待中国特色社会主义所取得的成就和面临的问题,认识到成就是第一位的,是中国社会发展的主流;问题是第二位的,是在改革发展过程中出现的,也必须靠改革发展才能解决。实践证明,中国特色社会主义是当代中国发展进步的旗帜,是全党全国各族人民团结奋斗的旗帜。我们决不能走封闭僵化、固守以往高度集中的计划经济体制的老路,也不能走改旗易帜、背离社会主义基本原则的邪路,只能走改革开放、促进社会主义自我完善和发展的新路。

艰辛探索凝结弥足珍贵的历史经验

当前,国际形势风云变幻,国内改革发展任务繁重。我们必须倍加珍惜、始终坚持、不断发展中国特色社会主义道路的根本成就和基本经验,不断丰富中国特色社会主义的实践特色、理论特色、民族特色、时代特色,努力使中国特色社会主义道路越走越宽广。

必须坚持科学社会主义基本原则同当代中国具体实际相结合。党的十七大报告指出,“中国特色社会主义道路之所以完全正确、之所以能够引领中国发展进步,关键在于我们既坚持了科学社会主义的基本原则,又根据我国实际和时代特征赋予其鲜明的中国特色”。这精辟阐述了中国特色社会主义道路的本质特征及成功奥秘。这条道路坚持共产主义的最高理想和价值追求,坚持以工人阶级政党为领导核心,坚持以解放和发展社会生产力为根本任务,坚持共同富裕的目标,坚持以公有制和按劳分配为社会主义经济制度的基础,坚持以人民当家做主为社会主义民主政治的本质特征,坚持马克思主义在意识形态领域的指导地位,等等,体现了科学社会主义的精髓要义。同时,这条道路从当代中国的具体实际出发,坚持解放思想、实事求是、与时俱进,制定和实施社会主义初级阶段的基本路线、基本纲领和方针政策,赋予社会主义勃勃生机。中国特色社会主义道路是科学社会主义基本原则在当代中国的具体体现和创造性发展,是扎根于中国大地、适应时代潮流的科学社会主义。在当代中国,坚持中国特色社会主义道路,就是真正坚持社会主义。

必须坚持社会主义基本制度同改革开放相结合。我们党领导人民干的是社会主义事业,必须坚持社会主义基本制度,同时要不断对不适应生产力发展的生产关系和上层建筑的某些方面和环节进行改革,完善社会主义体制机制。改革开放的一个重要目的,就是要推动我国社会主义制度自我完善和发展,赋予社会主义新的生机活力,建设和发展中国特色社会主义。我们党领导的改革开放之所以实现了目的和效果的高度统一,推动我国成功实现了从高度集中的计划经济体制到充满活力的社会主义市场经济体制、从封闭半封闭到全方位开放的伟大历史转折,就在于我们既坚定不移地坚持社会主义基本制度,抵制抛弃社会主义基本制度的错误倾向,又坚定不移地进行改革开放,探索建立调动全社会发展积极性的新体制新机制,为我国经济繁荣发展、社会和谐稳定提供了制度保障和强大动力。

必须坚持人民主体地位与党的领导相结合。人民群众是社会主义事业的主体力量和胜利之本,共产党是社会主义事业的领导核心。建设中国特色社会主义是人民群众的要求和党的主张的内在统一,是亿万人民群众自己的事业。我们必须始终坚持人民创造历史这一马克思主义科学原理,坚持党的群众观点和群众路线,把党的正确主张变成群众的自觉行动,坚持尊重社会发展规律与尊重人民主体地位的一致性,坚持为崇高理想奋斗与为最广大人民谋利益的一致性,坚持完成党的各项工作与实现人民利益的一致性,最广泛地调动人民群众的积极性、主动性、创造性,在充分发挥人民主体作用中体现党的领导核心作用,为改革开放和社会主义现代化建设凝聚强大力量、提供根本政治保证。

原载《人民日报》2012 年 10 月 29 日

中国梦、美国梦与世界梦

——访中国社会科学院马克思主义研究院院长邓纯东研究员

陈志刚:邓纯东院长,您作为研究中国特色社会主义的专家,您是如何认识中国梦的?中国梦的内涵是什么?实现中国梦的过程给我们什么启示?

邓纯东:习近平总书记提出中国梦是对近代以来中国人民积续奋斗的夙愿的总概括,体现了以习近平同志为核心的党中央继往开来、高瞻远瞩的战略眼光,以及对中国特色社会主义的坚定自信和对国家、民族、人民的责任担当。

在1840年的鸦片战争中,西方列强凭借着船坚炮利的工业文明优势长驱直入,轰开了中国的大门,使晚清皇朝的"天朝之梦"破碎,陷入了半殖民地半封建的境地。自此,中国人民遭遇了极大的苦难和痛苦,但中华民族从未放弃对美好梦想的向往和追求。为了挽救中国,避免外族的欺凌,有志之士竭力渴望着民族的复兴,并纷纷提出了各种救国方案,做了各种各样的"中国梦",有"洋务梦""改良梦""宪政梦""共和梦"。但地主阶级、资产阶级提出的种种梦想最终都是黄粱一梦,没能实现民族的复兴。

第一个提出明确提出"民族复兴"口号的是孙中山。1894年11月,孙中山在檀香山华侨中发起成立了第一个反清革命团体——兴中会。他在兴中会的章程中明确提出:"是会之设,专为振兴中华、维持国体起见"。在"振兴中华"这一激动人心的口号的感召下,孙中山发动了辛亥革命,推翻了帝制,虽然最终"共和梦"失败,却打开了中国进步的闸门。

在以马克思主义为指导的中国共产党人领导下,中国梦的实现走上了"人间正道"。作为中国共产党的创始人之一的李大钊明确提出了与我们今天讲的"中华民族复兴"并无太大差别的"中华民族之复活"这一概念。而以毛泽东为代表的中国共产党人，创造性运用了马克思主义，实现了马克思主义中国化的第一次飞跃，找到了一条有中国特色的革命道路，取得了中国革命的伟大胜利，解决了中华民族独立的重大历史任务。经过“三大改造”，中国奠定了社会主义制度，从此开启了实现中华民族伟大复兴的中国梦的新征程。

在毛泽东领导下，中国的社会主义建设尽管经历了种种艰难曲折，却依然取得了巨大的成就，由农业国转变成了工业国，顶住了霸权主义的威胁，保障了民族的独立自主，为改革开放和民族的复兴奠定了坚实的基础。美国学者莫里斯·迈斯纳根据翔实的数据高度称赞了毛泽东时代的成就，认为“毛泽东时代是中国现代工业革命的时代”，“是为中国的现代工业奠定了基础的时代”，“与德国、日本和苏联早期工业化的进程相比，中国的经济建设的发展速度更快”①。

改革开放以来，以邓小平为主要代表的中国共产党人，进一步把马克思主义普遍原理和新的实际以及时代特征结合起来，在总结国内国际正反两方面经验的基础上，围绕着在中国这样一个经济文化比较落后的国家如何建设、巩固和发展社会主义的一系列基本问题进行了探索，实现了马克思主义中国化的第二次飞跃，成功地开辟了中国特色社会主义道路，把中国梦推进了正确的轨道。此后，以江泽民、胡锦涛为总书记的党中央，进一步回答了“什么是马克思主义、如何发展马克思主义”“什么是社会主义、如何发展什么主义”“建设什么样的党、怎样建设党”“什么是发展、怎样发展”等重大理论和实际问题，丰富发展了中国特色社会主义理论体系，并领导中国取得了举世瞩目的成就。中国成功地走出了全球经济危机的阴影，经济总量跃居世界第二。相比于因为新自由主义导致经济危机并持续低迷的西方，“中国经验”“中国道路”“中国崛起”“中国梦”备受世界关注。

回顾历史可以清楚地看到，实现中华民族的伟大复兴一直是近代以来整个历史的主题，是无数仁人志士追求的目标。170 年以来，经过痛苦的梦碎，不断的寻梦，顽强的追梦，一个积贫积弱的中国已经一去不复返了，一个崭新的、强大的中国又毅然屹立于世界的东方，民族复兴之梦就要圆了。

正是在这样的背景中，中国共产党中央委员会总书记习近平在新当选后不久，在 2012 年 11 月 29 日参观《复兴之路》展览时，代表中央对人们热烈讨论的

---

① ［美］莫里斯·迈斯纳：《毛泽东的中国及后毛泽东的中国》，四川人民出版社 1990 年版，第 540、543 页。

“中国梦”做出了正式回应。他说:“现在,大家都在讨论‘中国梦’,我以为,实现中华民族伟大复兴,就是中华民族近代以来最伟大的梦想。这个梦想,凝聚了几代中国人的夙愿,体现了中华民族和中国人民的整体利益,是每一个中华儿女的共同期盼。”①中国梦的提出,承接了中华民族一百七十多年来的不懈追求,契合了当今中国发展的大势,昭示了党和国家走向未来的宏伟图景,顺应了全体人民过上美好生活的热切期盼,反映了全体中华儿女的共同心愿,也展示了中国为人类文明做出更大贡献的良好愿望。

2013 年 3 月 23 日,在莫斯科国际关系学院的演讲中,习近平总书记进一步明确地把“中国梦”的基本内涵概括为“实现国家富强、民族振兴、人民幸福”②。中国梦是历史的、现实的,也是未来的。中国梦凝结着无数仁人志士的不懈努力,承载着全体中华儿女的共同向往,昭示着国家富强、民族振兴、人民幸福的美好前景。

回顾这段历史,必须强调,正是马克思主义这盏明灯为中国梦的实现指明了方向。马克思主义中国化的第一次飞跃,为中华民族独立以及社会主义制度的发展奠定指明了方向,而马克思主义中国化的第二次飞跃则为中华民族的富强、民主、文明、和谐指明了方向。因此,实现中国梦,必须坚持理论自信、道路自信、制度自信。实践充分证明,中国特色社会主义道路,是实现我国社会主义现代化的必由之路,是创造人民美好生活的必由之路。要实现中华民族的伟大复兴,既不能走封闭僵化的老路,也不能走改旗易帜的邪路,而必须坚定不移地走中国特色社会主义道路。

陈志刚:现在,我们比历史上任何时期都更接近实现中华民族伟大复兴的目标,比历史上任何时期都更有信心、更有能力实现这个目标。但任何梦想的实现都不是轻而易举的,伟大的梦想更需要艰苦的努力,您认为当前实现中国梦要面临哪些矛盾和挑战?

邓纯东:中国梦,并不仅仅是一个经济强国之梦,而是一个包括富强中国、民主中国、文明中国、和谐中国、美丽中国相统一的多彩梦想。要实现中国梦,必须坚持经济、政治、文化、社会、生态文明全面发展,因此这需要中国付出长期艰苦的

---

① 《十八大以来重要文献选编(上)》,中央文献出版社 2014 年版,第 84 页。
② 《十八大以来重要文献选编(上)》,中央文献出版社 2014 年版,第 261 页。

努力,会充满着困难、艰辛和挑战。

如何继续保持经济持续健康发展?当前,中国一方面仍然处于发展的黄金时期,另一方面又要面对"矛盾凸显期"。要实现中国梦,就经济社会发展而言,中国至少面临着三大主要矛盾和挑战。

第一,保持经济的持续健康发展。改革开放以来,中国经济一直保持近10%的高速增长,1979—2012年,我国国内生产总值在长达30多年的时间里年均增长9.8%。这种高速增长无疑是不可持续的。事实上,2012年和2013年连续两年的GDP年增速都低于8%,达到7.7%。2014年又继续下降到7.4%。党的十八大提出了国内生产总值到2020年翻一番的目标,这是全面建成小康社会的经济指标,这要求今后几年国内生产总值必须继续保持7%左右的增长速度才能实现。全面建成小康社会是实现中国梦的基础、准备。因此,这要求我国经济增长依然需要保持一个合理的速度,必须防止经济的惯性下滑。然而,我国经济目前存在需求动力减弱、经济结构不合理、自主创新能力不强、社会矛盾凸显等实际问题,全球经济的持续低迷也使中国长期以来的出口导向型发展方式难以为继。另外,当前人口红利拐点出现,劳动力资源数量下降,劳动力密集型产业面临着结构转移。当前,国际国内条件的变化使中国经济发展正处于一个新的历史阶段,即经济增长速度换挡期、结构调整阵痛期、前期刺激政策消化期"三期叠加"新阶段,这是中国经济发展面临的新常态。在新常态下,旧有的模式已经难以为继,要保持7%这样一个比较快速增长的速度,实现产业结构的转移,实现经济发展从要素驱动、投资驱动转向创新驱动,以新的发展思路推动经济持续健康发展,这是一个重大的挑战。

第二,稳步有序地发展民主。改革开放以来,中国的民主政治建设取得了很大的成就。但随着广大人民群众民主意识、维权意识和政治参与热情的提高,必须继续推进社会主义民主政治建设的进程。怎样在坚持中国共产党的领导核心的前提下,实现全面依法治国,探索一条既适合中国国情、中国文化,又符合广大人民群众根本利益的民主政治道路,是非常大的挑战。

第三,提高中国的文化软实力。文化是一个国家的灵魂,文化软实力是综合国力的重要组成部分。实现中华民族的伟大复兴,自然应包括中华文化的复兴。但文化复兴不是文化复古,而是在顺应时代发展的要求和社会主义文化发展的方向的基础上,实现创造性的转换,并提升其国际影响力。只有把优秀的文化遗产激活成为文化创新的原动力,并使之通过跨国界传播,成为其他国家和国际社会的基本价值观或主流文化,那么发源这种文化的社会才能获得巨大的软实力。中国是一个文化资源大国,却是一个文化软实力小国,这和中国的经济大国地位不相称。要想在文化上唱响中国好声音,让世界理解我们、认同我们,还要付出很多努力。

第四,维护社会的和谐稳定。社会和谐稳定是中国特色社会主义的本质属性。和谐稳定,是社会发展的重要保障,更是实现中国梦的前提。然而,毋庸讳言,改革开放很长一段时间以来,贫富差距、区域差距、行业差距在不断扩大。当前中国处于改革的攻坚期,也处于矛盾的凸显期,社会矛盾处于多发、高发阶段,有时候还比较尖锐,甚至体现为群体性事件。如何实现确保社会稳定、促进社会和谐是未来长时间要面对的大问题。

第五,解决资源能源困境和严峻的环境问题。依靠本地区的经济资源优势实现经济增长,这是世界大多数国家经济起飞阶段的共同特征。但任何国家的劳动力、土地、能源和各类矿藏资源都不是无限供给的,到了一定阶段必然受到制约。我国虽然地大物博,但人口众多,各类资源的人均保有量均低于世界平均水平。中国面临的最大资源短缺就是饮用水。如果从国际对比的视角来看,中国的各种物理资源和自然资源,除了煤炭外,在人均占有量上基本上都属于匮乏的。而在过去30几年里,我国经济增长方式基本上是粗放型的,经济增长是以大量资源的消耗为前提,以环境的污染为代价,生态文明建设问题在改革开放中很长一段时间基本上是被忽略了。多年来,我们走的是一条高投入、高消耗、高污染、低产出的经济发展路子。我国资源的产出率大大低于世界先进水平。目前,中国单位国内生产总值能耗约为日本的4.5倍、美国的2.9倍,世界平均水平的2.5倍。中国能源对外依存度也不断提高,其中,石油对外依存度已经达到54.9%,2020年可能超过70%。能源和资源的紧缺已经成为困扰中国崛起,甚至威胁国家安全的重大难题。中国面临着能源需求压力巨大、能源供给制约较多、能源生产和消费对生态环境损害严重、能源技术水平总体落后等挑战。此外,环境问题也不仅直接制约了中国经济的发展,需要我们支付巨大的治理成本,甚至很可能抵消我们取得的经济成果,而且直接危及我们的健康,带来了严重的社会问题。要实现中国梦,打造美丽中国、绿色中国,就必须解决严峻的生态环境问题。

第六,切实解决消极腐败问题。党的十八大以来,新一届党中央把反腐倡廉建设放在更加重要的位置上，切实推行“八项规定”，反对“四风”，并以“零容忍论”的态度保持惩治腐败的高压态势，在国内“打虎拍蝇”，并在全球范围发起了声势浩大的海外追赃追逃行动。反腐败的力度前所未有，反腐败的成效也前所未有。但是，我们也要清醒地看到，当前一些领域消极腐败现象仍然易发多发，一些腐败分子在十八大后仍一意孤行，没有收手，甚至变本加厉，我们面临的反腐斗争腐败形势依然复杂严峻。必须加大惩治腐败的力度，更加科学有效地防治腐败。

第七，促进国家的和平统一。完成祖国统一大业是中华民族的根本利益所在。解决台湾问题，实现祖国统一，是中国梦的重要内容。没有国家的完全统一，就没有真正意义上的中华民族复兴，“中国梦”的实现离不开台湾。实现中国梦，台湾不能缺位。习近平总书记也明确指出，“中国梦是两岸共同的梦，需要大家一起来圆梦。两岸同胞要相互扶持，不分党派，不分阶层，不分宗教，不分地域，都参与到民族复兴的进程中来，让我们共同的中国梦早日成真。”①2008 年以来，两岸共同选择了两岸关系和平发展道路，两岸关系逐步跨入大交流、大合作、大发展的新阶段。但海峡两岸的真正统一，在可以预见的时间内还是相当困难。

第八，营造和平的国际环境。随着中国的国力强盛，西方世界关于中国的威胁论此起彼伏，中国模式、中国经验备受关注，西方的优越感在 2007 年以来的世界经济危机以后备受打击。然而，虽然中国领导人提出了“和谐世界”的大战略，反复申明“中国梦是和平、发展、合作、共赢的梦”，但要真正营造一个有利于和平发展的空间并不容易。中国的世界梦还有待世界认同和检验。

千里之行，始于足下。任何梦想都不可能一夜成真。面对着前所未有的困难和挑战，我们需要加倍努力。

陈志刚：您认为应该如何加速实现中国梦？新一届党中央面对这诸多困难和挑战有何新的战略布局？

邓纯东：党的十八大以来，新一届党中央围绕着加快实现中国梦，提出了一系列思想，概括起来说，就是要实现“四个全面”的战略布局，即全面建成小康社会、全面深化改革、全面推进依法治国、全面从严治党。

实现中国梦，全面建成小康社会是基础，是阶段性目标。如果 2020 年全面建成小康社会的任务不能如期完成、目标不能如期实现，那么，中国梦的实现就会被

① 《十八大以来重要文献选编（上）》，中央文献出版社 2014 年版，第 777 页。

延迟。因此,全面建成小康社会是实现中国梦的前提和基础。

实现中国梦,全面深化改革是动力。全面深化改革,是党的十八届三中全会提出的重大战略任务。习近平总书记深刻指出:“实现党的十八大描绘的全面建成小康社会、加快推进社会主义现代化、实现中华民族伟大复兴的宏伟蓝图,要求全面深化改革。坚持和发展中国特色社会主义,不断推进中国特色社会主义制度自我完善和发展,进一步解放和发展社会生产力、继续充分释放全社会创造活力,要求全面深化改革。解决我国发展面临的一系列突出矛盾和问题,实现经济社会持续健康发展,不断改善人民生活,要求全面深化改革。”①改革开放是当代中国发展进步的活力之源,是党和人民事业大踏步赶上时代的重要法宝,是发展中国特色社会主义的必由之路。改革开放是决定当代中国命运的关键一招,也是决定实现“两个一百年”奋斗目标、实现中华民族伟大复兴中国梦的关键一招。改革是由问题倒逼而产生,又在不断解决问题中而深化。面对未来,要破解发展面临的各种难题,化解来自各方面的风险和挑战,更好发挥中国特色社会主义制度优势,推动经济社会持续健康发展,除了深化改革开放,别无他途。当前,中国改革已经进入改革的深水区,我们需要敢于啃硬骨头,敢于涉险滩,不但要勇于冲破思想观念的障碍,而且要勇于突破利益的樊篱,敢于向积存多年的顽疾开刀。中国共产党不断推进的改革,是为了推动党和人民事业更好发展,不是为了迎合某些人的“掌声”,不能把西方的理论、观点生搬硬套到自己身上。我们的改革开放是有方向、有立场、有原则的,不是脚踩西瓜皮,滑到哪里算哪里。十八届三中全会明确指出:“全面深化改革的总目标是完善和发展中国特色社会主义制度,推进国家治理体系和治理能力现代化。”②我们的改革是在中国特色社会主义道路上不断前进的改革,既不走封闭僵化的老路,也不走改旗易帜的邪路。中国所主张的全面深化改革必须以促进社会公平正义、增进人民福祉为出发点和落脚点,使改革发展成果更多更公平惠及全体人民。如果不能给老百姓带来实实在在的利益,如果不能创造更加公平的社会环境,甚至导致更多不公平,改革就失去意义,也不可能持续。另外,切实推进全面深化改革,至关重要的环节是正确处理政府与市场关系,实现资源配置由市场起基础性作用向起决定性作用转换。

---

① 习近平在中共中央召开的党外人士座谈会上的讲话(2013 年 9 月 17 日),《人民日报》2013 年 11 月 14 日。

② 《十八大以来重要文献选编》(上),中央文献出版社 2014 年版,第 512 页。

实现中国梦,全面依法治国是支撑。全面推进依法治国是党的十八届四中全会做出的重大战略部署。习近平总书记明确指出:“我们要实现党的十八大和十八届三中全会做出的一系列战略部署,全面建成小康社会、实现中华民族伟大复兴的中国梦,全面深化改革、完善和发展中国特色社会主义制度,就必须在全面推进依法治国上做出总体部署、采取切实措施、迈出坚实步伐。”①全面建成小康社会进入决定性阶段,改革进入攻坚期和深水区。我们党面对的改革发展稳定任务之重前所未有、矛盾风险挑战之多前所未有,依法治国在党和国家工作全局中的地位更加突出、作用更加重大。全面依法治国是坚持和发展中国特色社会主义的本质要求和重要保障,是实现国家治理体系和治理能力现代化的必然要求。无论从重大现实意义看还是从深远历史意义看,它都是实现中国梦的支撑。从重大现实意义看,全面依法治国是全面深化改革的法治保障。

实现中国梦,从严治党是关键。全面从严治党,是习近平总书记在党的群众路线教育实践活动总结大会上着力强调的。在新的历史条件下,我们党面临“四大危险”和“四大考验”,全面从严治党的要求更加紧迫。2014 年 10 月 8 日,在党的群众路线教育实践活动总结大会,习近平总书记从八个方面对今后党的建设提出了严格的要求,即:落实从严治党责任,坚持思想建党和制度治党紧密结合,严肃党内政治生活,坚持从严管理干部,持续深入改进作风,严明党的纪律,发挥人民监督作用,深入把握从严治党规律。治国必先治党,治党务必从严。只有治党全面,而且从严,我们党才能坚强有力,人民群众才会团结聚集在党的周围,党才能始终成为坚强领导核心,带领全国各族人民实现“两个一百年”奋斗目标,实现中华民族伟大复兴的中国梦。因此,全面从严治党,不仅对全面建成小康社会、全面深化改革、全面依法治国起着政治保证、组织保证作用,而且是实现中国梦的关键所在。

总的来说,“四个全面”是以习近平同志为核心的党中央对新形势下治国理政新的战略思考、新的战略要求、新的战略部署,不仅使当前和今后一个时期党和国家工作的关键环节、重点领域、主攻方向更加清晰、内在逻辑更加严密,而且丰富和发展了中国特色社会主义理论体系,成为推进中国特色社会主义伟大事业和党

---

① 习近平:《关于〈中共中央关于全面推进依法治国若干重大问题的决定〉的说明》,《人民日报》2014 年 10 月 29 日。

的建设新的伟大工程的总方略、实现中华民族伟大复兴中国梦的战略指引。

陈志刚：无独有偶，在中国共产党总书记习近平提出中国梦的同一个月的上旬，美国总统奥巴马也重新提出了美国梦。美国梦的官方表述和人民的期待是什么？它和中国梦有什么相通和区别的地方？

邓纯东：2012 年 11 月 6 日，奥巴马被再次确认当选为总统，他在芝加哥竞选总部发表了热情洋溢的胜选演讲，演讲标题就是"为了永远的美国梦"。他在演讲中指出，"每个人都有着追求个人幸福权利的这一信念，也就是所谓的'美国梦'"。他还强调，正是美国梦"把所有的美国人团结在了一起，大家风雨同舟，兴衰相依，荣辱与共"。"每个人都有着追求个人幸福权利"，可以说是"美国梦"的官方表达。奥巴马在这个历史时刻重提"美国梦"，一方面是用他的亲身经历向人们诠释"美国梦"，另一方面更是为了给深陷伊拉克战争泥沼、遭受金融危机重创的美国打上一剂强心针，要美国人民重新振兴开国精神、共同面对国内国际的难关。

美国梦可以在两个层次上探讨，一个是狭义的、生活版的美国梦，也就是美国社会长期以来构建出来的一种信仰，即一个人只要遵守规则，努力工作，不论其出生背景怎样，最终都能获得成功。另一个则是广义的、政治版的美国梦，强调美国的政治制度安排，即美国人所主张的自由、民主、人权等是实现个人幸福的最好制度。1931 年詹姆斯·特拉斯洛·亚当斯在《美国的史诗》一书中首次提出"美国梦"一词，自此变得家喻户晓。他一方面在书中写道，"让我们所有阶层的公民过上更好、更富裕和更幸福的生活的美国梦，这是我们迄今为止为世界的思想和福利做出的最伟大的贡献"。"美国梦远远超过物质范畴，美国梦就是让个人才能得到充分发展，实现自我。"另一方面他也说，这是"一个关于社会秩序的梦"。生活版的美国梦吸引了世界各地的男男女女来到美国实现自己的梦想。而政治版的美国梦就是美国到处鼓吹和兜售的普世价值。

就中国梦与美国梦的关系来说，既有相通的地方，也有区别。

中国梦与美国梦是相通的。2013 年 6 月 7 日，中国国家主席习近平在美国加州农庄与奥巴马总统会谈后，在随后会见记者时明确指出："中国梦要实现国家富强、民族复兴、人民幸福，是和平、发展、合作、共赢的梦，与包括美国梦在内的世界各国人民的美好梦想相通。”①一方面，就个人的生活层面来说，大多数中国人也相信通过自己的诚实劳动，自己的生活会变得更加美好。改革开放30年来，有数以亿计的中国人通过自己的劳动实现了自己美好的梦想。习近平总书记也反复指出，“人民对美好生活的向往，就是我们的奋斗目标”②；“中国梦是民族的梦，也是每个中国人的梦。……生活在我们伟大祖国和伟大时代的中国人民，共同享有人生出彩的机会，共同享有梦想成真的机会，共同享有同祖国和时代一起成长与进步的机会。”③另一方面，就国家层面来说，中国梦与美国梦也有相通之处。奥巴马总统在与习近平主席会见时，也明确指出：“中国继续和平发展非常符合美国利益。如果中国成功，将促进世界经济发展，并使中国成为美国的平等伙伴，双方可以共同应对许多全球性挑战。美中合作而不对抗，就更有可能实现各自安全和繁荣的目标。”中国人和美国人，都是伟大的、不可替代的族群；都有强烈、自豪的民族情结；其心灵深处，都有着说不完道不尽的家国情怀；都愿意去“开创不可能的奇迹”，铸造一个伟大的国度。

中国梦与美国梦又有诸多区别。第一，内涵不同。与美国梦突出强调个人奋斗和成功不同，中国梦强调国家富强、民族振兴和人民幸福的统一，强调个人命运和国家紧密相连。第二，价值观念不同。美国梦强调个人价值的实现，崇尚“个人为本、自由为先”。而中国梦则强调集体主义，强调社会主义和谐价值观，崇尚“家庭为本、责任为先”。第三，实现途径不同。美国梦的世界梦是靠对外扩张和霸权主义来实现。美国的历史充满着对外扩张、掠夺甚至侵略。而中国梦的实现靠的和平崛起，靠的是全党全国人民的齐心协力。习近平总书记明确指出：“实现中国梦，必须坚持和平发展。我们将始终不渝走和平发展道路，始终不渝奉行互利共赢的开放战略，不仅致力于中国自身发展，也强调对世界的责任和贡献；不仅造福中国人民，而且造福世界人民。实现中国梦给世界带来的是和平，不是动荡；是机遇，不是威胁。”④

第四，前景不同。中国梦为探索人类文明的多样化发展开辟了美好光明的前景。而美国梦现在却遇到了麻烦和挑战。2012年6月26日，2001年的诺贝尔经

---

① 《十八大以来重要文献选编》(上)，中央文献出版社2014年版，第305页。

② 《十八大以来重要文献选编》(上)，中央文献出版社2014年版，第70页。

③ 《十八大以来重要文献选编》(上)，中央文献出版社2014年版，第235页。

④ 《在接受拉美三国媒体联合采访时的答问》(2013年5月)，《人民日报》2013年6月1日。

济学奖得主约瑟夫·施蒂格利茨在英国《金融时报》网站撰文指出:美国的贫富不均处在近一个世纪以来的最高点。那些处在顶层的人们正享受着国家蛋糕的较大份额。处于贫困线以下的人数在上升。中位数收入人群与顶层人群之间的差距也在不断扩大。今天美国人的中位数收入低于15年前的水平,全职男性劳动者的中位数收入甚至低于40多年前的水平。我们的政治制度制订了牺牲其他人群的利益而让富人受益的规则。金融管理条例使掠夺性的借贷和肆意妄为的信用卡业务畅通无阻,这些做法使金钱从底层流向顶层。美国曾经不辞辛苦地创造美国的机遇之梦。然而今天,这个梦成了一个神话。① 美国所推行的新自由主义并没有带来福音,它强化了资本的掠夺。“新自由主义是一个掠夺性的制度。上层统治阶级力量的加强在不同范围内和程度上处处给增长带来损害,不论在他们自己的国家还是在边缘地带。”②美国资本力量一家独大的标志性事件就是2010年美国联邦最高法院的裁决:对公司和团体支持竞选的捐款不设上限。许多美国的有识之士都惊呼:这个裁决似乎证实了中国人对美国民主的批评,即美国民主是富人的游戏。美国所鼓吹的民主制度,现在也被各种充分组织和动员起来的利益集团所绑架,其引以为豪的“三权分立”今天几乎成了政府“无能”甚至政治“瘫痪”的代名词。奥巴马所推行“医改”举步维艰,甚至白宫也屡被关门。就今天来说,美国梦,对人民的感觉不一样,并未实现。美国梦实质上是金融寡头之梦,并不是真正的人民之梦。美国的世界梦,是对世界和平进行挑战,它表面上打着维护自由、民主、人权的旗号,实质上竭力追求的确是经济、政治、军事的霸权。

陈志刚:您认为当前哪些全球性问题妨碍实现世界梦?

邓纯东:中国梦是和平、发展、合作、共赢的梦。中国的世界梦就是要实现世界的持久和平、共同繁荣。中国是社会主义国家,已经多次向国际社会庄严承诺,中国将坚定不移走和平发展道路,永远不称霸,永远不搞扩张。中国人自古就主张和而不同。我们希望,国与国之间、不同文明之间能够平等交流、相互借鉴、共同进步,各国人民都能够共享世界经济科技发展的成果,各国人民的意愿都能够得到尊重,各国能够齐心协力推动建设持久和平、共同繁荣的和谐世界。

---

① 《诺贝尔奖得主文章:美国不再是机遇之地》,新华网,http://news.xinhuanet.com/world/2012-06/29/c_123345917.htm。

② [英]阿尔弗雷多·萨德-费洛、黛博拉·约翰斯顿编:《新自由主义:批判读本》,陈刚等译,江苏人民出版社2006年版,第22页。

当今世界正处在大变革大调整的历史时期,全球性问题很多。不公正不合理的国际政治经济旧秩序没有根本改变。影响和平与发展的不确定因素在增加。传统安全威胁和非传统安全威胁的因素相互交织,恐怖主义危害上升。霸权主义和强权政治有新的表现。民族、宗教矛盾和边界、领土争端导致的局部冲突时起时伏。南北差距进一步扩大。世界还很不安宁,人类面临着许多严峻挑战。要推动建设持久和平、共同繁荣的和谐世界,最重要的是要反对宗教激进主义、普世价值论和霸权主义。

第一,要坚持文明多样性和发展道路的多样性。世界上没有放之四海而皆准的发展模式,为了实现持久和平、共同繁荣的世界梦,世界各方应该尊重世界文明多样性和发展模式多样化。要反对宗教激进主义、普世价值论的唯我独尊,否定所谓的"文明冲突论",积极维护文明多样性,推动不同文明对话交流,相互借鉴而不是相互排斥,让世界更加丰富多彩。

第二,要反对冷战思维、霸权主义,构建国际政治经济新秩序。在任何时候,霸权主义都是维护世界和平的重要威胁。全球化的迅速发展使世界各国之间的联系日益密切,整个世界已经成为共谋发展的地球村,国际社会应该共同推动建立以合作共赢为核心的新型国际关系。国际社会应该倡导综合安全、共同安全、合作安全的理念,坚持和平发展合作共赢道路,主张各国和各国人民应该共享尊严。要坚持国家不分大小、强弱、贫富一律平等,秉持公道、伸张正义,反对以大欺小、以强凌弱、以富压贫,尊重各国人民自主选择发展道路的权利,反对干涉别国内政,维护国际公平正义,推动以主权平等为基本前提的国际关系民主化,积极构建更加公正合理的国际政治经济新秩序。各国和各国人民应该共同享受发展成果。每个国家在谋求自身发展的同时,要积极促进其他各国共同发展。世界长期发展不可能建立在一批国家越来越富裕而另一批国家却长期贫穷落后的基础之上。只有各国共同发展了,世界才能更好发展。那种以邻为壑、转嫁危机、损人利己的做法既不道德,也难以持久。

总之,世界要和平,国家要发展,社会要进步,经济要繁荣,生活要提高,是各国人民的普遍要求。推动建设持久和平、共同繁荣的和谐世界也是世界各国人民的普遍要求。

原载《国际思想评论》2015 年第 3 期

对科学发展观关于“发展”的理解

这次党的十八大最重要的成果之一是把科学发展观明确为党的指导思想，这极大地丰富了中国特色社会主义理论体系，对于我们高举中国特色社会主义伟大旗帜，把建设中国特色社会主义事业顺利、正确地推向前进，具有重大的实践意义。

科学发展观继续围绕什么是社会主义、怎样建设社会主义基本问题回答了新形势下，我们要实现什么样的发展，怎样实现发展的基本问题。科学发展的第一要义是发展，核心是以人为本，根本要求是全面协调可持续，根本方法是统筹兼顾。

科学发展观的这些内涵体现了马克思主义基本原理与当代中国发展现实的有机结合，是用科学社会主义基本理论分析中国特色社会主义实践，特别是改革开放以来中国发展的实践，总结其经验，探索解决前进中的问题，在已有发展基础上得出的如何更好、更正确、更科学发展的基本理论。这个理论对于今后中国特色社会主义实践的顺利前进，对于我们实现全面建成小康社会目标和基本实现社会主义现代化，具有重大的意义。

首先，科学发展观对于确保我国经济的健康、更好更快地发展具有决定性的意义。在当今中国，发展是党执政兴国的第一要务，经济建设是中心任务，努力提高经济总量和经济发展的水平，做大蛋糕，提高人民收入水平，这已是毫无疑问的共识。这样的发展共识与热情，使我们这些年的发展取得了辉煌的成就。但在实践中，一些地方出现了急于求成乃至“饥不择食”的现象，有的导致环境污染、资源浪费。我国一些地方的青山绿水不再，耕地被占较多。同时，我们一些产业的自主创新能力较弱，在发展上拼能源、拼消耗、拼人力成本等问题都存在。正是针对这些问题,以胡锦涛为总书记的党中央逐步提出、形成了科学发展观。其中,就经济如何更好地发展提出了一系列新的指导方针和工作要求,这包括:要加快转变经济增长方式,实现由粗放式到集约、精细化的转变。要实施创新驱动战略,大力提高自主创新能力。要实施可持续发展战略,保持环境、节约资源,以较小的资源能源消耗获取较大的经济发展成果。要发展循环经济,开展废物利用,大力开发使用可再生资源,如此等等。这些重要论断,作为新形势下发展的战略与方略,第一,指明了我国经济发展的正确路径,告诉全党,我们的经济发展,无论是产业内容还是具体项目,无论总的布局还是具体措施,都应是有选择的,不能"饥不择食",不能搞成大呼隆、粗放式,只要是项目,只要是 GDP 就干。第二,我们的经济发展,是要算投入、产出、成本的,一个产业,一个项目,在一个地方,耗费土地、淡水资源、地下资源,造成的环境影响,空气质量等的影响都有评估,都要在不同地方进行比较,而不要遍地开花、舍近求远,不能搞环境与资源上的高投入高消耗。第三,我们的经济发展、GDP 的提高,不能再依靠低人力成本优势,不能只靠简单的来料加工,收取极低的加工费用,不能只搞模仿、贴牌的制造,而要实施创新驱动的战略,努力自主创新。第四,我们的经济发展,要实施质量战略,更加重视质量与效益,努力做到精细化,这包括企业管理的精细、产品制造与服务的精细,以精细保证质量,以高质量提高中国制造的竞争力。第五,我们的经济发展要实施可持续战略,产业布局、项目建设,都要有战略眼光,着眼于长远、可持续,不能再搞短期行为,不能再寅吃卯粮。

其次,科学发展观对发展的含义有了科学、全面的规范。新时期以后,我们纠正了以阶级斗争为纲的错误,把全党工作重点转移到经济建设这个中心,这是十分英明正确的决策,是我国这些年巨大进步的重要因素。但实践中,一些地方、基层对此做了片面化的理解,认为经济建设中心就是只抓经济工作,有意无意忽视、轻视社会主义现代化建设必需的其他重要内容。对此,邓小平同志早就指出,要两手抓、两手都要硬。后来我们党又提出了"三位一体""四位一体"的总任务。这次十八大报告提出社会主义现代化建设的总体布局是"五位一体",这就明确地告诉全党,在推进中国特色社会主义事业进程中,我们党承担的"发展"任务,不只是经济建设这一个方面,同时还包括政治建设、文化建设、社会建设、生态文明建设。实现好这样的"发展"任务,要求我们:一是要明确我们讲的"'发展'是第一要务"是一个全面的概念,而不仅仅是指经济上的发展。二是在实际工作中,要努力改变过去一些地方和单位存在的“一手硬”“一手软”的状况，在努力抓好经济发展的同时，确实下大气同时抓好政治、文化、社会和生态文明建设，不要顾此失彼、厚此薄彼。三是为了促进全方位的发展，在谋划发展时要整体设计、统筹兼顾，使各方面的发展任务同步协调、相辅相成，不要因为“领导”原因而造成某些方面的“短板”。

再次，科学发展观明确了发展的目的这个根本。人类社会的一切发展都是由人进行、实现的。在发展过程中，人与“发展”的关系问题是区别不同“发展”，体现不同“发展”理念与结果的关键问题。人在发展中是手段还是目的，是工具还是主体，这是一个关系发展性质的关键问题。我们党是工人阶级的先锋队，我们领导人民进行的发展绝不能把人民群众当成只是发展的工具、只是发展中必须使用的手段。如果把人只当作手段和工具来使用，那样的发展一定是剥削阶级没有人格的发展。科学发展观明确指出，人是目的，不是手段，是主体，不是工具。胡锦涛同志在多次讲话中明确了以下要点：一是我们建设中国特色社会主义，搞好中国的发展，全面建设小康社会和现实社会主义现代化，目的都是为了人，为了全体中国人民的幸福和美好未来，而不是为了任何别的目的。二是指明了人民群众在“发展”中的地位和作用，这就是人民的主体地位。发展是为了人民，也必须紧紧依靠人民，使人民群众在全部发展事业中处于主体地位，充分发挥其主动性、积极性和创造性。三是明确了作为主体地位的全体人民必须共享发展的成果。“发展”起来了，经济生活、文化生活、政治生活等水平都提高了，应该是惠及全体人民，而不能只是少数人的提高，不是少数人享用发展的成果，这就一定要坚持走共同富裕的道路，一定要发展社会主义基层民主，使人民共同享有更多的民主权利。一定要完善公共文化服务体系，使人民同等享受基本公共文化服务。一定要加强社会建设和生态文明建设，使广大人民群众的居住、生活环境更好、质量更高，并享有更公平的社会服务。

最后，科学发展观明确了“发展”标准、效果的评价理念与标准。30 年来，“发展”概念在中国深入人心，全国各地、各级党委政府对“发展”更是非常努力，中国的发展取得了令人瞩目的辉煌成就。但实践中，也有些地方的“发展”带来了一些这样那样的问题。这就与这些地方在实践中对“发展”的标准效果评价的认识有关。由于缺乏正确的发展理念，导致实践中为了“既要金山银山，又要绿山青山”，“既要抓好经济发展，又同时抓好文化、政治、社会的全面发展”。在这方面，在多次讲话中,胡锦涛同志提出了一系列关于发展的标准问题的正确理念和原则。这包括:一是发展应是可持续的发展,判断发展的成就、效果不能仅看眼前的 GDP 数字,还要看是否可持续。二是"发展"起来后,要同时实现社会公平正义,不能使发展只让少数人享用,不能让发展导致两极分化与社会不公正。三是发展的结果应是人民幸福、人民生活水平的整体提高和幸福感的全面增强,不能造成钱多了,心理更不平衡了,更急躁更烦躁了,幸福感下降了。四是发展起来后,整个社会更加和谐有序,人民在更好的物质条件和安全、有秩序的社会环境下生活,而不能是有了钱,矛盾更多,秩序更乱。

以上这些论述,实际上是关于"发展"成效、标准评价的正确理念与原则。只有坚持以这些理念与原则为指导,才会有好的"发展",这是科学发展非常重要的内容,坚持这样的理念与原则,对于我们实行正确的发展具有重要意义。

总之,我们遵循十八大精神,努力推进中国的发展,必须坚持科学发展观明确的上述这些正确的指导方针。

原载中国社会科学院马克思主义研究学部编:《30 位著名学者纵论党的十八大》,中国社会科学出版社 2013 年版

第四部分 04

坚持和加强党的领导

全面加强党的领导是夺取伟大胜利的根本保证

习近平总书记在“7·26”重要讲话中系统总结了党的十八大以来中国特色社会主义取得的重大成就，其中一个重要方面就是“我们全面加强党的领导，大大增强了党的凝聚力、战斗力和领导力、号召力”。全面加强党的领导，既是中国特色社会主义取得重大成就的具体体现，也是中国特色社会主义取得重大成就的根本原因。从凝聚力、战斗力和领导力、号召力两个维度全面加强党的领导，是不断夺取中国特色社会主义伟大胜利的根本保证。

大力加强党的自身建设，增强党的凝聚力、战斗力

“打铁还需自身硬”。全面加强党的领导，首先必须大力加强党的自身建设，不断增强党的凝聚力、战斗力。没有凝聚力、战斗力，党就不可能有领导力、号召力。党的十八大以来，着眼于增强党的凝聚力、战斗力，我们党采取了一系列有力举措，取得了一系列重大成就。

不断推进理论创新，形成马克思主义中国化最新成果。习近平总书记强调，我们党是高度重视理论建设和理论指导的党。与时俱进推进实践基础上的理论创新，用当代中国马克思主义统一全党思想，关系党的凝聚力和战斗力。党的十八大以来，我国发展站到了新的历史起点上，中国特色社会主义进入了新的发展阶段，这对党治国理政提出了许多新课题。5年来，以习近平同志为核心的党中央以高度的理论自觉和理论自信，创造性地思考和回答中国特色社会主义发展面临的新课题，提出了一系列极富创见的新观点新论断新要求，并从理论上进行了新概括，形成了习近平总书记系列重要讲话精神。习近平总书记系列重要讲话精神已形成一个完整的理论体系，把我们党对共产党执政规律、社会主义建设规律、人类社会发展规律的认识提高到一个新水平，开辟了当代中国马克思主义发展的新境界，并对21世纪马克思主义发展做出了新贡献。党的十八大以来，我们党坚持用习近平同志系列重要讲话精神武装全党，使全党思想更加统一、步调更加一致，凝聚力、战斗力大大增强。在中国特色社会主义新的发展阶段，我们必须以更宽广的视野、更长远的眼光来思考和把握国家发展面临的一系列重大战略问题，在理论上不断拓展新视野、做出新概括。

加强思想政治建设，全党牢固树立“四个意识”。党的十八大以来，我们党治国理政面临的考验之大前所未有：国际形势复杂多变，国内改革发展稳定任务艰巨繁重，我们在各方面都面临许多问题和矛盾、风险和挑战。赢得新的伟大斗争的胜利，实现党的十八大确定的各项奋斗目标，最为关键的就是坚持党中央集中统一领导，保证党的团结统一，增强党的凝聚力、战斗力。为此，全党必须牢固树立政治意识、大局意识、核心意识、看齐意识。党的十八大以来，通过不断加强思想政治建设，广大党员、干部的信仰之基筑得越来越牢、精神之钙补得越来越足、思想之舵把得越来越稳。各级党组织和广大党员、干部坚决维护习近平同志的核心地位，坚决维护以习近平同志为核心的党中央的权威，自觉把党中央的各项决策部署落到实处，努力做到党中央提倡的坚决响应、党中央决定的坚决执行、党中央禁止的坚决不做。在中国特色社会主义新的发展阶段，全党必须牢固树立“四个意识”，不断增强党的凝聚力、战斗力。

严肃党内政治生活，净化党内政治生态。中国共产党是中国特色社会主义事业的坚强领导核心，党的领导是做好党和国家各项工作的根本保证。面对“四大考验”“四种危险”，我们党要夺取具有许多新的历史特点的伟大斗争的胜利，就必须加强和规范党内政治生活，这是全面从严治党的基础。只有严肃党内政治生活，才能使我们党通过自我净化、自我完善、自我革新、自我提高不断增强凝聚力、战斗力。党的十八大以来，通过严肃党内政治生活、开展积极健康的批评和自我批评、坚持和完善民主集中制，党内政治生态得到净化，从政环境不断优化，又有集中又有民主、又有纪律又有自由、又有统一意志又有个人心情舒畅生动活泼的政治局面日益形成，进一步增强了党的凝聚力、战斗力。在中国特色社会主义新的发展阶段，要把我们党建设得更加坚强有力，必须进一步增强党内政治生活的政治性、时代性、原则性、战斗性，营造风清气正的政治生态。

正风肃纪、反腐倡廉，大力锻造“四铁”干部队伍。推进中国特色社会主义事业，关键在党、关键在人。关键在人，就要建设一支宏大的高素质干部队伍。一支具有铁一般信仰、铁一般信念、铁一般纪律、铁一般担当的干部队伍，直接关系党的凝聚力、战斗力。党的十八大以来，我们党广开进贤之路，把大量政治坚定、有真才实学、实绩突出、群众公认的干部及时发现出来、合理使用起来。同时，为了加强干部队伍建设，党中央重拳反腐，"老虎""苍蝇"一起打；制定出台八项规定，集中整顿"四风"，从严管理干部；开展党的群众路线教育实践活动、"三严三实"专题教育和"两学一做"学习教育；等等。通过这些举措，党的作风建设取得显著成效，反腐败斗争形成压倒性态势，党风政风明显好转，党组织更加纯洁，干部队伍更加忠诚干净有担当，党群干群关系日益融洽。在中国特色社会主义新的发展阶段，我们要始终坚持从严治吏，为党和国家各项事业发展提供有力人才保障。

充分发挥党的领导核心作用，增强党的领导力、号召力

大力加强党的自身建设，增强党的凝聚力、战斗力，最终要落脚到增强党的领导力、号召力，确保我们党始终成为中国特色社会主义事业的坚强领导核心。党的十八大以来，我们党之所以解决了许多长期想解决而没有解决的难题、办成了许多过去想办而没有办成的大事，关键就是在增强党的凝聚力、战斗力的基础上不断增强党的领导力、号召力。

强调中国特色社会主义最本质的特征是中国共产党领导，充分发挥党总揽全局、协调各方的领导核心作用。党政军民学，东西南北中，党是领导一切的。党的十八大以来，习近平总书记一再强调中国特色社会主义最本质的特征是中国共产党领导，中国特色社会主义制度的最大优势是中国共产党领导。增强党的领导力、号召力，关键是充分发挥党总揽全局、协调各方的领导核心作用，形成推进中国特色社会主义事业的强大合力。坚持党的领导，最根本的一条就是坚持党中央集中统一领导。党中央对全国人大、国务院、全国政协、最高人民法院、最高人民检察院、中央和国家机关各部门、人民军队、各人民团体、各企事业单位、各社会组织的统一领导，很重要的一个制度就是在这些机构和组织中成立党的组织。党的组织是党中央对这些机构和组织实施领导的重要制度保证。2015 年 6 月，中共中央印发《中国共产党党组工作条例（试行）》，进一步规范党组工作，加强和改善党的领导。在中国特色社会主义新的发展阶段，我们要始终坚持党的领导核心地位，更好发挥党总揽全局、协调各方的领导核心作用，保证党中央重大决策部署的贯彻落实。

加强对地方、国有企业、高校和农村等的领导,提高国家治理能力。为了加强对地方的领导,中央采取了不少有力措施,制定了不少有效制度,如改进地方党政领导班子和领导干部政绩考核工作、加强和改进巡视工作等。通过这些举措,一些地方存在的地方主义、分散主义、自由主义等现象得到有效遏制。坚持党的领导、加强党的建设,是我国国有企业的光荣传统,是国有企业的“根”和“魂”,是我国国有企业的独特优势。针对一段时间里一些国有企业党的领导和党的建设弱化、淡化、虚化、边缘化问题,习近平总书记提出了新形势下国有企业坚持党的领导、加强党的建设的总要求,强调党对国有企业的领导是政治领导、思想领导、组织领导的有机统一。中共中央办公厅印发《关于在深化国有企业改革中坚持党的领导加强党的建设的若干意见》,对在深化国有企业改革中坚持党的领导、加强党的建设提出要求、做出部署。通过加强和改进高校党的建设加强党对高校的领导,是办好中国特色社会主义大学的根本保证。党的十八大以来,我们党进一步加强对高校的领导,保证高校培养中国特色社会主义合格建设者和可靠接班人。通过加强基层服务型党组织建设加强党对基层农村的领导,是夯实党的执政基础的必然要求。党的十八大以来,各级党委自觉加强党的基层组织建设,对基层党组织给予更多重视、关心和支持,基层党组织的战斗堡垒作用、动员教育能力、凝心聚力功能得到极大提升。在中国特色社会主义新的发展阶段,我们要高度重视党对各地方各领域各行业的领导,不断提高国家治理能力。

加强对意识形态工作的领导,实现全党全社会思想上的团结统一。意识形态工作是党的一项极端重要的工作,不仅事关全党思想上的团结统一,也事关全社会思想上的团结统一,是党的领导力、号召力的重要体现。党的十八大以来,在意识形态领域斗争复杂尖锐的新形势下,我们党在意识形态工作上牢牢掌握领导权、管理权、话语权,积极培育和弘扬社会主义核心价值观,加强网上意识形态工作;引导人们坚定理想信念,铸牢精神支柱;积极应对各种挑战,批判各种错误思潮,在大是大非面前敢于亮剑、敢于发声。通过这些举措,马克思主义在意识形态领域的指导地位不断巩固,全党全国人民团结奋斗的共同思想基础不断巩固。在中国特色社会主义新的发展阶段,我们要把实现全党全社会思想上的团结统一作为增强党的领导力、号召力的重要内容,不断彰显中国精神、凝聚中国力量。

原载《人民日报》2017 年 9 月 15 日

正确把握党内监督的内涵与成效

党内监督是保持党的先进性和纯洁性的法宝。党的十八大以来,以习近平同志为核心的党中央坚持全面从严治党,党的各级组织管党治党的主体责任明显增强,党的纪律建设全面加强,腐败蔓延势头得到有效遏制,反腐败斗争压倒性态势已经形成,党内政治生活呈现新气象。党的十八届六中全会制定《关于新形势下党内政治生活的若干准则》(以下简称《准则》)、修订《中国共产党党内监督条例》(以下简称《条例》),为新形势下全面从严治党提供了基本遵循。但是,目前仍有少数人对党内监督不理解、不支持,一些似是而非的观点在社会上仍有市场。因此,澄清模糊观点,引导广大干部群众正确认识党内监督的内涵及近年来党内监督取得的积极成效,具有重要的理论和现实意义。

党内监督绝不是"左手监督右手"

有人把纪检监察部门和其他职能部门比喻成左右手,认为党内监督是"左手监督右手",归根结底是自己监督自己,没有威慑力,不彻底。他们认为,"自己的刀修不了自己的把",党内监督行不通,必须走"异体监督"的路子,靠外力来监督执政党。这种观点经不起推敲。马克思主义哲学认为,内因是事物发展变化的根据,起决定性作用;外因是事物发展变化的外部条件,起辅助性作用。因此,保持党的先进性和纯洁性,关键在于发挥内因的决定性作用,紧紧抓住党内监督这一中心环节。从现实情况来看,党的十八大以来的党内监督绝不是走形式,而是动真格的。据统计,2016 年 1 月——11 月,各级纪检监察机关共查处党内违规违纪问题 3.58 万起,处理党员干部 5.08 万人,给予党纪、政纪处分 3.75 万人,有 3200 多名领导干部受到责任追究。正是因为党内监督持续发力,政治生态才得以不断净化,“不敢腐”氛围才日趋浓厚。

“异体监督”的本质是权力制衡,是西方“三权分立”思想的变种。一些人主张用“异体监督”取代党内监督,目的是要否定党内监督的正当性、合理性和合法性,进而否定我们党在管党治党问题上的主导权。苏联亡党亡国的深刻教训和我们党 90 多年党建工作的经验充分证明:放弃管党治党的主导权,就是放弃党的领导权,必然走上改旗易帜的邪路,落入西式民主的陷阱。我们绝不照搬西方“三权分立”的模式,有充分的自信走出一条依靠党内监督实现党自我净化、自我完善、自我革新、自我提高的新路。

党内监督绝不允许“灯下黑”

“灯下黑”本义是指用灯光照明时,由于被灯具自身遮挡,在灯下产生了阴暗区域。这个词被引入党内政治生活领域,是指作为党内监督核心主体的纪检监察部门自身存在违法违纪问题。有人认为,监督权力集中在纪检监察部门,其内部势必出现监督缺失,形成“灯下黑”。

对于“灯下黑”问题,我们党并不回避,而是以铁的手腕来治理。我们党强调,要零容忍惩治腐败,切实解决“灯下黑”问题。习近平总书记指出,纪检监察机关要防止“灯下黑”,严肃处理以案谋私、串通包庇、跑风漏气等突出问题,清理好门户,做到打铁还需自身硬。党的十八大以来,中央纪委机关谈话函询 218 人、组织调整 21 人、立案查处 17 人;全国纪检监察系统共谈话函询 5800 人次、组织处理 2500 人、处分 7900 人,督办了一批“内部人”“自己人”“娘家人”,做到了铁面无私。

针对如何破解“灯下黑”的难题,《条例》规定,“各级纪律检查机关必须加强自身建设,健全内控机制,自觉接受党内监督”。这就为加强对纪检监察部门和监督执纪人员的监督指明了方向、明确了路径。《条例》同时规定,“党内监督没有禁区、没有例外”“发现纪律检查机关及其工作人员有违反纪律问题的,必须严肃处理”,强调信任不能代替监督,明确负责监督执纪的“自己人”也在监督范围之内。《条例》还规定,“加强对同级纪委和所辖范围内纪律检查工作的领导,检查其监督执纪问责工作情况”,下级党委有权“对上级党委、纪委工作提出意见和建议,开展监督”“强化上级纪委对下级纪委的领导”“下级纪委至少每半年向上级纪委报告 1 次工作”,落实推动党的纪律检查工作双重领导体制具体化、程序化、制度化。

这些具体规定，为有效解决“灯下黑”问题提供了政策依据和制度保障。

党内监督重在管住“一把手”

领导干部是关键少数，“一把手”则是关键少数中的关键少数。近年来，一些地方、部门和单位的“一把手”违法乱纪，形成连锁反应，造成了系统性、塌方式腐败，在社会上产生了非常恶劣的影响，严重败坏了党的形象。有人认为，“一把手”之所以难监督，就在于其手中掌握的权力太大，同级纪检监察部门不敢监督、不愿监督、不能监督，于是出现了“上级监督太远、同级监督太软、下级监督太难”的局面。这种观念尽管片面，但在一定程度上反映了党内监督存在“一把手监督难”的突出问题。

“一把手监督难”是世界性难题。为了破解这一难题，《条例》明文规定，“党内监督的重点对象是党的领导机关和领导干部特别是主要领导干部”，“重点监督其政治立场、加强党的建设、从严治党，执行党的决议，公道正派选人用人，责任担当、廉洁自律，落实意识形态工作责任制情况”。这为上级党委监督下级党政“一把手”、同级纪委监督同级党政“一把手”、普通党员监督本单位本部门党政“一把手”提供了明确的依据和方向。毫无疑问，随着《准则》和《条例》的贯彻实施，对“一把手”的监督必将更加深入、更加规范、更加有效。

原载《人民日报》2017 年 3 月 27 日

把党建设得更加坚强有力

习近平总书记在省部级主要领导干部"学习习近平总书记重要讲话精神,迎接党的十九大"专题研讨班开班式上发表重要讲话时强调指出:"党要团结带领全国人民进行伟大斗争、推进伟大事业、实现伟大梦想,必须毫不动摇坚持和完善党的领导,毫不动摇推进党的建设新的伟大工程,把党建设得更加坚强有力。"①认真学习、深入领会习近平总书记在这次专题研讨班上关于加强党的领导和建设的讲话,对于深入推进全面从严治党、大力建设中国特色社会主义具有深远的历史意义和现实意义。

坚持和完善党的领导是史之所鉴

中国共产党的发展史是一部确立和完善党的领导的建设史。从三湾改编确立党对军队的绝对领导,到遵义会议独立自主地运用马克思主义基本原理制定党的路线方针政策;从延安整风运动确立实事求是的思想路线,到西柏坡会议的"两个务必";什么时候坚持、完善和优化党的领导,党的凝聚力和战斗力就强,各项工作就能取得成功与实效;什么时候放弃、放松或弱化党的领导,各项工作就会遭遇挫折与失败。前事不忘,后事之师。中国共产党96年的发展史,特别是十八大以来5年的管党治党经验充分证明,坚持和完善党的领导,关乎党的前途命运,关乎国家和民族的前途命运,必须以更大的决心、更大的勇气、更大的气力抓紧抓好。

新中国的建设史是一部党领导全国各族人民攻坚克难的奋斗史。从新中国成立到社会主义革命胜利,从"三步走战略"到决胜全面建成小康社会,从改革开

① 《习近平关于全面从严治党论述摘编》,中央文献出版社2016年版。

放到全面深化改革,中国共产党领导和带领全国各族人民,以踏石留印、抓铁有痕的决心推动中国特色社会主义伟大事业,建设富强之国、民主之国、文明之国、和谐之国,在经济、政治、文化、外交等领域取得了举世瞩目的成就。新中国 68 年的历史充分证明:毫不动摇坚持和完善党的领导,把党建设得更加坚强有力,是中国共产党能够领导全国各族人民建设中国特色社会主义、实现中华民族伟大复兴中国梦的重要保证。

世界社会主义的运动史为中国共产党坚持和加强党的领导提供了经验教训。社会主义之所以能够逐渐成长为世界范围内与资本主义相抗衡的力量,一条重要的经验就是依靠各国共产党强有力领导和组织。正如《共产党宣言》中阐述的那样,“在实践方面,共产党人是各国工人政党中最坚决的、始终起推动作用的部分;在理论方面,他们胜过其余无产阶级群众的地方在于他们了解无产阶级运动的条件、进程和一般结果”。也就是说共产党人是革命的最果断的推动力量,是工人阶级推动革命事业的代表者,坚决的革命性彰显了共产党的先进性。“无产阶级在夺取政权的斗争中,除了组织而外,没有别的武器。”而在 20 世纪中后期,世界社会主义之所以遭遇东欧剧变和苏联解体的重大挫折,一个最重要的教训就是这些国家的共产党放弃马克思主义的指导地位,忽视共产党自身的执政能力建设,放松共产党对国家各领域的领导权。

以史为鉴,方能致远。古今中外的历史证明:只有坚持和完善党的领导,进一步把党建设好,保持党的先进性与纯洁性,激发党的生命力与战斗力,我们党才能带领人民成功应对重大挑战、抵御重大风险、克服重大阻力、解决重大矛盾,不断从胜利走向新的胜利。

坚持和完善党的领导是大势所趋

坚持和完善党的领导是化解国内各种问题、矛盾与风险的现实需要。在经济新常态下,中国共产党执政迎来了推动中国经济发展转变、实现全面建成小康社会的目标、推进法治中国的新机遇,也面临着一系列的新风险和新挑战。面对新形势下的新情况、新机遇和新任务,我们党必须要加强自身各方面的能力建设,以优化执政状态,只有不遗余力地推进全面从严治党,才能应对社会风险,把握各种发展机遇,完成各项历史使命。正如习近平总书记指出的:“党是我们各项事业的领导核心,古人讲‘六合同风,九州共贯’,在当代中国,没有党的领导,这个是做不到的。"①

坚持和完善党的领导是应对复杂国际形势的现实需要。党的十八大以来,国际局势风云变幻,国际环境更加复杂多变:全球经济整体萎靡和衰落之势未减,贸易保护主义抬头,掀起一股逆全球化浪潮;以美国为首的发达资本主义国家对中国的经济遏制、政治孤立和军事围堵有变本加厉之势;世界多极化向纵深推进,国际社会各方势力分化组合,力量对比发生明显变化;网络霸权成为霸权主义的新形式,网络空间成为意识形态斗争和文化软实力较量的前沿阵地。2013 年,习近平总书记在全国组织工作会议中强调:"面对复杂多变的国际形势和艰巨繁重的国内改革发展任务,实现党的十八大确定的各项目标任务,进行具有许多新的历史特点的伟大斗争,关键在党,关键在人。"应对国际时局新变化,必须练好"内功",始终坚持党总揽全局、协调各方的领导地位,提升全党对国际社会的洞察力、对国际危机的应变力以及对中国声音的传播力,维护好国家主权、安全和发展利益。

坚持和完善党的领导是落实党中央各项战略部署的现实需要。十八大以来,以习近平同志为核心的党中央深刻把握时代特征和发展要求,适应时代潮流,对内坚持统筹推进"五位一体"总体布局和协调推进"四个全面"战略布局,深入贯彻落实"五大发展理念",引领经济社会科学发展;对外倡导建立公正合理的全球新秩序,推动"一带一路"建设,共建命运共同体,推动世界和平与发展。然而正如习近平总书记强调的:"办好中国的事情,关键在党,关键在党要管党、从严治党。"落实好党中央提出的新理念新思想新战略,必须从党的自身建设着手,统一全党思想,凝聚全党共识,集聚全党力量,才能形成强大的向心力,带领全国各族共同致力于中国特色社会主义的伟大事业。

顺势而为,方能成功。只有坚持和完善党的领导,进一步提升全党把握国际国内发展大局的能力、应对国际国内风险与挑战的能力以及统筹经济社会协调发展的能力,才能抓住时代的脉搏和世界发展的潮流,实现跨越式发展。

坚持和完善党的领导是民心所向

民心是最大的政治。党的十八大以来,以习近平同志为核心的党中央全面推

---

① 《习近平:高举中国特色社会主义伟大旗帜　为决胜全面小康社会实现中国梦而奋斗》,《人民日报》2017 年 7 月 28 日。

进从严治党，坚持思想建设与制度建设两手抓，一方面通过群众路线教育实践活动、“两学一做”学习教育等补齐全党的精神之“钙”，另一方面通过完善党章党规党纪等扎紧管党治党的制度藩篱，把权力关进制度的笼子。坚持正风反腐与党内监督两手硬，一方面坚持“老虎”与“苍蝇”一起打，形成不敢腐的高压态势；另一方面健全党内监督制度，完善党内监督体系，培育风清气正的政治生态。全面从严治党的持续推进取得了显著成效，得到了人民群众的高度评价和衷心拥护，不仅巩固了党的执政根基，而且为中国共产党凝聚全党全社会共识，共同致力于改革发展伟大事业奠定了坚实的基础。

全面从严治党的持续推进彰显了中国共产党的马克思主义政党品质和工人阶级先锋队属性，彰显了中国共产党直面问题、猛药去疴、重典治乱的勇气和魄力，顺应了民心民意，塑造了党的形象，让人民大众看到了一个不忘初心、勇于担当、与时俱进、执政为民的政党。但是，全面从严治党不是一阵风，人民大众期待全面从严治党走向常态化制度化科学化，取得更大的成效；期待在中国共产党的带领下，走好中华民族伟大复兴的新长征路，实现国家富强、民族振兴和人民幸福。因此，坚持和完善党的领导，把党建设得更加坚强有力，既是当前我们党能够民心所向的根源，又是我们党保持民心所向的路径。

坚持和完善党的领导要坚持航向、把握重点、久久为功

面向未来，我们必须进一步毫不动摇坚持和完善党的领导，把党建设得更加坚强有力，必须高举中国特色社会主义伟大旗帜，牢固树立中国特色社会主义道路自信、理论自信、制度自信、文化自信，确保党和国家事业始终沿着正确方向胜利前进。

始终坚持马克思主义的基本航向。中国共产党是马克思主义政党，是以为人民大众谋福祉为己任的政党。在坚持和完善党的领导、带领人民大众开新立业的过程中，必须始终坚持用马克思主义普遍真理指导改革发展实践，不走封闭保守的老路，不走改旗易帜的邪路，而是要在创新 21 世纪马克思主义的过程中，走出一条富有中国特色的社会主义新路，不断开拓中国特色社会主义经济、政治、文化、社会、生态、军队和党的建设的新局面。必须始终坚持中国共产党人的初心，践行社会主义核心价值观，尊重人民群众主体地位，增进人民群众福祉，把人民群众满不满意、高不高兴、答不答应作为检验一切工作的唯一标准；以发展的马克思主义作为工作的指引。

坚决维护以习近平同志为核心的党中央的绝对权威。核心是政治上的旗帜，是思想上的灵魂，是行动上的统帅。以习近平同志为核心的党中央是领导全党全国各族人民共同致力于中国特色社会主义伟大事业的最高领导核心。全党全国各族人民要在认知层面认真学习，学习贯彻习近平总书记系列重要讲话精神，深刻领会党中央治党治国治军的战略背景、战略思路与战略抉择；要在思想层面统一认识，自觉树立政治意识、核心意识、大局意识和看齐意识，始终与以习近平同志为核心的党中央保持高度一致，与党中央的路线方针政策保持高度一致，坚决拥护以习近平同志为核心的党中央的正确领导，自觉维护十八大以来以习近平同志为核心的党中央的路线方针政策和治国理政的新经验；要在执行层面积极作为，做到敢为、善为、勤为、乐为，把十八大以来以习近平同志为核心的党中央治国理政的新理念新思想新战略落到实处，把关涉人民群众切身利益的小事、难事一件件落到实处。

积极推动全面从严治党科学化制度化常态化。一个政党，一个政权，其前途命运取决于人心向背。要进一步加强党的建设，进一步全面从严治党，因为全面从严治党永远在路上。我们决不能因全面从严治党取得的成绩而沾沾自喜、盲目乐观。全面从严治党依然任重道远。

全党要坚持问题导向，保持战略定力，推动全面从严治党常态化制度化科学化，把全面从严治党的思路举措搞得更加科学、更加严密、更加有效，确保党始终同人民想在一起、干在一起，引领承载着中国人民伟大梦想的航船破浪前进，胜利驶向光辉的彼岸。

原载《人民论坛》2017 年第 23 期

十八大以来党和国家事业的历史性变革与历史性成就

党的十八大以来，以习近平同志为核心的党中央面对错综复杂的国际环境和艰巨繁重的国内改革发展稳定任务，科学把握当今世界和当代中国的发展大势，顺应实践要求和人民愿望，纵览全局、开拓创新，推出一系列重大战略举措，出台一系列重大方针政策，推进一系列重大工作，解决了许多长期想解决而没有解决的难题，办成了许多过去想办而没有办成的大事。五年来，党中央从坚持和发展中国特色社会主义全局出发，立足于人民群众对美好生活的热切期待，着眼于中华民族伟大复兴中国梦的胜利实现，通过实施“四个全面”战略布局、“五位一体”总体布局与五大发展理念等一系列新思路、新战略、新举措，使党和国家事业发生历史性变革，使我国发展站到了新的历史起点上，中国特色社会主义进入了新的发展阶段。

全面建成小康社会：进入决胜阶段

全面建成小康社会，是党的十八大以来中央为加快推进社会主义现代化、夺取中国特色社会主义新胜利规划的宏伟蓝图和战略布局的一部分，是我们党团结带领全国各族人民沿着中国特色社会主义道路继续前进的政治宣言和行动纲领，是新一届中央领导集体的重要工作方向和奋斗目标。为了实现这一宏伟目标和宏大历史性任务，习近平总书记多次强调，一定要落实以人民为中心的发展思想，解决好人民群众普遍关心的突出问题。2015 年，党的十八届五中全会提出创新、协调、绿色、开放、共享五大新发展理念，旨在破解发展难题，厚植发展优势，激活发展活力，调动一切积极因素，为全面建成小康社会提供各方面保障。

五年来，在发展思想和新发展理念的指导与引领下，党带领全国各族人民按照十八大提出的全面建成小康社会各项要求，突出抓重点、补短板、强弱项，特别是要坚决打好防范化解重大风险、精准脱贫、污染防治的攻坚战，坚定不移深化供给侧结构性改革，推动经济社会持续健康发展，使全面建成小康社会取得了人民认可、经得起历史检验的重大成就：经济保持中高速增长，产业迈向中高端水平，消费对经济增长贡献明显加大；户籍人口城镇化率加快提高；农业现代化取得明显进展，人民生活水平和质量普遍提高；我国现行标准下农村贫困人口不断脱贫，贫困县数量不断减少，区域性整体贫困问题明显得到解决或改善；国民素质和社会文明程度显著提高；生态环境质量总体改善；各方面制度更加成熟更加定型，国家治理体系和治理能力现代化取得重大进展，“五位一体”总体布局统筹推进，经济、政治、文化、社会、生态文明建设领域的突出问题得到解决，进入发展的新阶段。在2017年7月26日至27日举行的省部级主要领导干部专题研讨班上，习近平总书记向全党全国各族人民发出了为决胜全面小康社会实现中国梦而奋斗的动员令。在中央的领导下，全面建成小康社会取得了决胜阶段的良好开局，相信2020年第一个百年奋斗目标一定会如期实现，我们党向人民、向历史做出的庄严承诺一定会实现。

全面深化改革：朝着纵深多点方向深入推进

“改革开放是决定当代中国命运的关键一招，也是决定实现‘两个一百年’奋斗目标、实现中华民族伟大复兴的关键一招。”十八大以来，以习近平同志为核心的党中央将“全面深化改革”作为“四个全面”战略布局之一不断深入推进；习近平总书记亲自担任中央全面深化改革领导小组组长，前后召开37次会议，审议通过300多份有关全面深化改革的文件；将全面深化改革作为一个重大议题，在党的十八届三中全会上就为什么要全面深化改革、怎样全面深化改革等重大理论和现实问题专门做了深入、系统的研究与探讨，特别是全会通过的《中共中央关于全面深化改革若干重大问题的决定》对全面深化改革做出全面部署；同时站在时代高度，对改革进行了多角度全方位的理论思考，将中国共产党对改革理论的系统探索推向了新的高度。

五年来，以习近平同志为核心的党中央扎实推进全面深化改革，推动改革呈现全面发力、多点突破、纵深推进的崭新局面：主要领域“四梁八柱”的改革主体框架基本形成,供给侧结构性改革“三去一降一补”迈出实质性步伐;简政放权的“自我革命”取得实质性进展,“放管服”改革深入推进,2013 年以来,共有 600 多项行政审批等事项被取消和下放,减少行政审批事项 1/3 的改革目标提前完成,非行政许可审批被彻底终结;放管结合,服务不断优化,政府与市场互补关系得到进一步协调;“五证合一、一照一码”的商事制度改革、“双随机、一公开”的市场监管体制改革、负面清单管理的外商投资监管体制改革普遍推行,公开化、规范化、透明化的行政管理体制改革取得实质性进展;央企薪酬制度改革、农村土地制度改革、价格机制改革等重要领域的体制机制改革向纵深推进,财税金融、教育、医疗、卫生、社会保障等领域的改革稳步开展,国防和军队改革取得重大突破;国家治理体系和治理能力现代化水平显著提升,国家发展的新动力体系正在形成。十八大以来,党中央高度重视意识形态宣传工作,巩固了全党全社会思想上的团结统一。正是在党中央的领导下,全面深化改革不断朝着纵深多点方向发展,取得了巨大成就,党和国家事业发生了历史性变革,我国发展站到了新的历史起点上。

全面依法治国:显著增强党的领导及治国能力

党的十八大以来,以习近平同志为核心的党中央全面推进依法治国,显著增强了我们党运用法律手段领导和治理国家的能力。党的十八大提出科学立法、严格执法、公正司法、全民守法的新方针,对社会主义法治建设提出了新的要求。2014 年召开的党的十八届四中全会对全面依法治国做出了深刻阐述,这是党的全会第一次以依法治国为核心专题进行探讨,《中共中央关于全面推进依法治国若干重大问题的决定》提出了六大任务、180 多项具体措施,对全面推进依法治国进行了深入阐述和系统部署。

五年来,围绕“建设中国特色社会主义法治体系,建设社会主义法治国家”总目标,一系列重大举措密集出台,取得了丰硕成果。在科学立法方面,十八大以来,共制定或修改法律 48 部、行政法规 42 部、地方性法规 2926 部、规章 3162 部,修订法律 57 部、行政法规 130 部,启动编纂民法典,颁布和出台了民法总则等一系列重要法律法规;在严格执法方面,法治政府建设稳步推进,结合“放管服”改革,省市县三级政府部门权力和责任清单基本落实,政府法律顾问制度普遍建立,法治政府的考核评价体系正在形成,地方政府依法行政决策的科学化、民主化、法治化水平进一步提高，执法体制改革路径清晰、落实有力；司法体制改革深入推进，司法公正进一步彰显，刑事诉讼制度改革、司法责任制改革稳步落实，司法职权配置进一步优化，巡回法庭、跨区域检察院成效显著，司法管理更加严格规范，人财物统一管理更加明确，废止了劳教制度，实行了立案登记制，执法司法规范化建设进一步加强；全面守法建设不断深化落实，宪法日、宪法宣誓制度建立并落实，诚信奖惩机制不断完善，社会矛盾调解机制更加普遍化、规范化，法治力量进一步彰显，法治观念进一步深入人心。依法治国的全面推进与落实，为国家治理体系和治理能力现代化建设进一步纳入法治化轨道，为全面建成小康社会提供了制度保障。

全面从严治党：夯实党的执政和群众基础

中国共产党的领导是社会主义现代化建设的根本保证。十八大以来，以习近平同志为核心的党中央坚定不移推进全面从严治党，把思想建党和制度治党紧密结合，标本兼治、从严从细，坚定了信念、纯洁了党性，形成了反腐败斗争压倒性态势，巩固了党的执政基础和群众基础，为党和国家各项事业发展提供了坚强的政治保证。

十八大以来，党中央连续开展党的群众路线教育实践活动、“三严三实”专题教育、“两学一做”学习教育，从作风建设突破，净化政治生态、规范政治生活、严明党的政治纪律和政治规矩，党风政风明显好转；党的十八届六中全会审议通过了《关于新形势下党内政治生活的若干准则》和《中国共产党党内监督条例》，为进一步全面从严治党、深入推进党的建设新的伟大工程提供了行动指南；党风廉政建设和反腐败工作常抓不懈，坚持反腐败无禁区、全覆盖、零容忍，十八大以来中纪委派驻纪检组实现了对中央一级党和国家机关派驻监督全覆盖，中央巡视完成了对中央及地方国有骨干企业、金融单位和中管高校的巡视全覆盖。十八大以来的全面从严治党，增强了各级组织管党治党主体责任，落实了中央“八项规定”精神，全面加强了党的纪律建设，有效遏制了腐败势头的蔓延，党内政治生活呈现新的气象，人民群众给予了很高评价。全面从严治党永远在路上，要确保全面建成小康社会和推进中国特色社会主义事业始终拥有坚强的领导核心。

党的十八大以来，以习近平同志为核心的党中央团结带领人民进行伟大斗争、推进伟大事业、实现伟大梦想，使中国特色社会主义现代化建设不断取得新的重大成就,使近代以来久经磨难的中华民族实现了从站起来、富起来到强起来的历史性飞跃,使社会主义在中国焕发出强大生机活力并不断开辟发展新境界,拓展了发展中国家走向现代化的途径,为解决人类问题贡献了中国智慧、提供了中国方案,为党的十九大胜利召开并制定新的更高层次的发展目标和发展战略打下了坚实基础。

原载《中国社会科学报》2017 年 8 月 3 日

中国共产党让“中国梦”有了实现的可能

1840 年以来，面对中华民族和中国人民的深重灾难和两大历史性任务，先进的中国人都在努力奋斗，但只有在中国共产党诞生之后，这种奋斗才有了圆满的结果，中华民族近代以来追寻的梦想才有了实现的可能。

中国共产党追求民族伟大复兴的实践，迄今共经历了三个阶段。

第一阶段（1921—1949 年），主要是领导人民进行反帝反封建革命。经过北伐战争、土地革命战争、抗日战争、解放战争，结束了帝国主义、封建主义、官僚资本主义在中国的统治，成立了新中国。这就为解决中国近代两大历史性任务、实现中华民族伟大复兴建立了基本前提。

第二阶段（1949—1978 年底），党领导人民进行社会主义革命，在农村消灭了封建土地制度，随后进行社会主义改造，建立起生产资料公有的社会主义经济制度，并在此基础上进行大规模经济建设，初步建立起独立完整的国民经济体系，工农业、科学技术、国防建设、文化与教育事业等建设都取得很大成绩。至此，新中国巍然屹立于世界东方，中华民族真正结束了任人宰割的屈辱历史。这 30 年，为中华民族伟大复兴的实现奠定了基本制度前提，进行了必要的理论探索、物质准备，也提供了重要经验和教训。

第三阶段（1978 年底以来），社会的基本特征是改革开放，建设有中国特色的社会主义。由于有了社会主义的基本制度前提，吸取了前 30 年社会主义革命与建设的经验和教训，实行了改革开放的正确决策，中国社会才焕发出极大活力，表现出极旺盛的生命力。中国的经济保持 30 多年持续高速增长，人民生活水平和国家综合国力极大提高。

实现中华民族伟大复兴，实际上就是要找到一条解决中国近代以来两大历史任务的正确道路。在中国共产党之前的先进中国人,他们对国家、民族的牺牲精神可歌可泣,但历史证明,只有中国共产党才找到了正确道路。并且,这条道路是在马克思主义科学理论指导下找到的。回顾建党 90 多年的历史,党之所以能领导人民取得如此辉煌的成就,实现几代中国仁人志士的梦想,带领中华民族一步步走向伟大的复兴,关键在于,中国共产党在寻求救国救民道路的实践中,能够把马克思主义科学理论运用到中国的实践之中并紧密结合这个实际,实事求是,创造性地解决中国的问题,实现了马克思主义的中国化。正是在中国化马克思主义科学理论指导下,我们正确认识了中国革命的规律,找准了革命的对象、动力、目标和道路,从而夺取了新民主主义革命的胜利。也正是在马克思主义中国化的最新成果——中国特色社会主义理论的指导下,我们坚持四项基本原则,实行改革开放,发展社会主义市场经济,形成了社会主义基本经济制度、政治制度,使中国特色社会主义展现了巨大的生机与活力。要实现中华民族的伟大复兴,实现中国人民的伟大梦想,只有在党的领导下,努力做好"马克思主义中国化"这篇文章。

现在,中国共产党正带领全国人民努力落实党的十八大精神,坚持和发展中国特色社会主义,全面实施十八大提出的中国特色社会主义的经济、政治、文化、社会、生态文明五大建设任务。这五大任务都十分艰巨和复杂,需要解决多方面的矛盾,克服难以想象的风险与困难,应对来自国内外的各种考验和挑战。从改革开放 30 多年的实践来看,只有在中国共产党的领导下,中国的经济、政治、文化、社会、生态文明等建设也才能真正协调发展、全面进步。因此,"中国梦"的最终实现,中华民族的伟大复兴,只有在中国共产党领导下才有可能。这就是近现代以来中国历史演进的基本规律。

原载《中国社会科学报》2013 年 7 月 1 日

习近平执政党建设理论的基本特点

尊敬的各位领导、各位专家学者、同志们,今天我们一起聚集在美丽的杭州,围绕“全面从严治党视域下执政党建设理论与实践”这样一个主题展开研讨。首先,我代表中国社会科学院马克思主义研究院,对各位专家学者的到来表示衷心感谢和热烈欢迎!同时对于本次会议的主办方表示衷心的感谢!预祝本次研讨会取得圆满成功!

我今天主要谈谈“习近平总书记关于执政党建设理论的几个特点”。也就是说,习近平总书记在推进执政党的建设理论和实践发展方面表现出的风格特点,我个人的看法是,这一理论创新,为我们指明了方向,也可以说做出了光辉榜样。在党的建设理论研究上,我们要认真研究新一届党中央关于执政党建设的理论创新;在党的建设实践工作中,我们更要扎扎实实地推进党的建设的实际工作。借这个机会,我把自身通过学习习近平总书记系列重要讲话精神,认识到的关于执政党建设理论的几个风格特点给大家做一个汇报,不当之处,请大家批评。

第一个特点,突出地强调理想信念。习近平总书记在强调搞好执政党建设的时候,特别注意强调党建的灵魂工作,无论是整个党的建设还是党员干部的党性培养,保持党员干部的先进性、纯洁性,都离不开党的思想建设这一灵魂工作。他首先强调了要搞好灵魂工作,坚持共产党人应有的理想信念。离开了党的思想指导,党的建设搞不好。离开了马克思主义立场、观点、方法的指导,我们搞党的建设,一般性地强调政党规律,一般性地强调这个世界上执政党的所谓共同规律,是不行的。这个世界上的政党成千上万,执政党也有许多,既有资产阶级执政党,也有无产阶级执政党,当然每一个党都有自己的一套理论,但我们现在进行的是中国共产党的建设,这是在中国这样一个大国长期执政的无产阶级执政党的建设,则需要强调它的特殊性，必须坚持马克思主义立场、观点、方法，强调坚持它的灵魂的指导，这样首先确保我们党的建设正确的方向。

第二个特点，以党建中存在的现实问题为导向。习近平总书记在推进党的建设实践中，和整个推进中国特色社会主义事业一样，都强调问题导向，针对实践中的问题，提出正确的对策，提出解决的方案。党的十八大以后这个特点是非常突出的，他每次讲话不是无的放矢、云山雾绕、毫无针对性的，绝不是这样；而是针对我们党的建设实践中带有普遍性的、突出的问题，来提出相应的、有针对性的对策，提出解决的方案，对症下药。我们党的建设新成效已经开始显现了，习近平总书记在党的建设理论上创新的一些新的成果，都是从实践中来的，都是对我们党的实践中存在的一些问题，进行马克思主义分析，准确的概括，得出的科学结论。

第三个特点，强调弘扬党的优良传统。习近平总书记强调加强党的建设，一个重要方面就是强调要加强党的思想建设。在加强党的自身建设方面，强调高度重视思想建设，这是毛泽东同志在井冈山搞革命时就创造出来的关于无产阶级政党建设的理论，是我们党加强自身建设的优良传统，在新时期应该发扬光大。再一个方面强调加强党性修养，在整个党的建设实践中，无论是群众路线教育实践活动，“三严三实”专题教育活动，他都强调，不断提高党员的党性，解决好党组织的先进性、纯洁性问题，都要学习党的优良传统作风。第三个方面学习革命先辈的好做法，特别是学习毛泽东、周恩来等老一辈无产阶级革命家在革命实践中表现出来的共产党员的精神境界、思想作风。我们党的优良传统，是中国共产党现在也好，今后也好，加强自身建设，提升党员的党性、纯洁性，真正是宝贵财富和有效良方。我们过去有一些政治刊物、报纸，仅仅鼓吹所谓的新的时代，新的发展，而忽略党的优良传统，把之视为毫无价值的东西，弃之不用，这是错误的。党的优良传统，是党在和平建设时期非常宝贵的资源，在新形势下弘扬这些优良传统，对于党员个体素质提高党、组织建设问题、干部素质问题都是非常重要的，习近平总书记强调了这三个方面，我们应该在党的建设实践中发扬光大。

第四个特点，强调自律和他律的结合。强调党员党性的提高，包括党的组织对干部的监督，强调自律和他律相结合，相辅相成。习近平总书记有很多重要的论述，一方面强调党员干部要通过思想建设，通过学习马克思主义科学理论，用正确的世界观、价值观来武装自己，提升自己自律的品质，强调党员要用党纪，党的组织原则、党的规矩管好自己，但同时也强调要通过严肃党内政治生活、通过严格要求自己、执行纪律,包括党组织,也包括党员领导干部。而且强调这两者缺一不可,不能偏废,要相辅相成。而不是像我们过去有一些片面宣传,党的建设最根本的、最重要的、唯一的就是制度,仅仅强调制度。制度无疑是重要的,但我们理解习近平总书记所强调的制度建设,它也属于一定的意识形态范畴,加强党的自身建设,要重视思想建设,这是毛泽东同志对工人阶级政党的建设一个很重要的理论贡献,把思想建设与制度建设紧密结合起来,保证党的组织的先进性,保持党员个人的党性的提高,这是必要的。

第五个特点,强调实事求是的思想路线。习近平总书记在整个推进党的建设理论与实践中,特别体现了实事求是的思想路线。这里强调的是实事求是的思想路线,我们党的一些重要的思想理论、观点、重大的政策,都是在实事求是的思想路线指引下推出来的。解决党的实践中的问题,以及采取具体举措,习近平总书记提出的一些重要工作方针,一些重要的政策措施,都体现了实事求是的思想路线,都贯彻了实事求是的思想路线。他实事求是的精神表现得很明显、很充分。不搞一边倒,不搞跟风赶超的事情,真正是有什么问题,就指出什么问题;这个问题是什么性质,就是什么性质;应该采取什么措施,就采取什么措施。既防止不到位,也防止走过头。我觉得,习近平总书记系列重要讲话都是实事求是的,我们学习他的讲话,就是要把握实事求是的精神实质。但现实却出现了很鲜明的对比。在最近的实践中,少数基层组织,少数党员干部,却不那么实事求是。包括党的十八大以后,在推进党的建设实践中,也存在一些与实事求是不一致的地方,这种现象是有的。有些做法要么是很不到位,要么是宁左毋右,过头现象表现得突出了一些。实际上我们党从民主革命时期一直到新中国成立以后,我们每个时期解决党的建设中的一些突出问题,都是有经验和教训的。因而,我们需要继续坚持实事求是的思想路线,坚持实事求是的工作作风,这样才能把党建设好,过犹不及。实践中存在着像昨天某电视台播出的那种情况,有一个地方人民医院的医生,丢了一个蛋黄,可能是因高血脂不吃蛋黄而把它丢了。然而,市纪委却派人去调查,最后通报做出处理。这种事的处理采用了生硬的方法,从此不准那人在食堂用餐。这个做法和"从严治党"没有什么关系,这样的做法,也不能解决党员干部的思想作风问题,这都是不实事求是的表现。他不吃蛋黄也可能是因为血脂高,他又不可能只买蛋清,不买蛋黄,因而,丢弃了蛋黄,此类现象,现在不少。采用生硬的方法来处理这种小事,不符合在党的建设过程中应该坚持实事求是的精神。我觉得,习近平总书记系列重要讲话恰恰在这方面为我们树立了坚持实事求是思想路线的榜样,值得我们学习。

第六个特点,坚持高标准、严要求抓好党建。习近平总书记强调党的建设,尤其是党员干部思想、党纪的培养,一定要坚持共产党员的标准。提升党员的先进性,保持党组织的纯洁性,目标从来不降低。他特别强调,党员的标准、党员干部的标准,都要获得普通老百姓的赞同,党员干部的行为都得以法律做底线,也就是以不违纪违法做底线,若违纪了,党纪要处理;若违法了,法律要依据作为党员的标准,是先进分子的标准,所以强调,我们党的建设目标,是对党员不断地增强党纪,体现出党员应有的先进性,是工人阶级先进分子,所以强调这点非常必要,我们过去的一些实践中,至少在实际把握上,存在降低标准的情况。我觉得,习近平总书记强调的干部要心中有党、心中有民、心中有责、心中有戒,强调要有理想、有纪律,这些都是真正共产党员的标准,这不是以不违纪不违法普通公民的行为底线来要求,是以党规党纪为约束、做底线的。这个也是一个很鲜明的特点,就是高标准。

第七个特点,做到党的建设与党的事业良性互动。习近平总书记在推进党的建设实践中提出了一些新的思想,推出了实践中的一些新举措,都是围绕一个目的,就是要促进党的事业的发展。他不是离开党的事业,关起门来搞自身建设,他提出在全党开展群众路线教育实践活动,包括现在的“三严三实”专题教育活动,总之就强调搞了活动以后,要有助于推进党的事业发展,打铁先要自身硬嘛。我们党现在领导全国人民推进中国特色社会主义伟大事业,任务很艰巨,需要一个领导核心,因而,领导者自身先要硬,共产党自身先要硬,他是这么一个思路。把党自身建设好了,党员队伍的素质提高了,党组织更强大了,领导力就增强了。加强党的建设的目的是为了推进党的事业的发展,领导人民实现中华民族伟大复兴的中国梦,而不是为了关起门来把自己搞光鲜,搞好看,不是这样的。所以我们在党的建设实践中,真正需要学习、研究和贯彻习近平总书记强调的,并且他身体力行的这样一个观点。始终不忘我们搞好党的自身建设,是为了促进党的事业的发展,使工作做得更好,而不是像现在有些机关议论的:党的自身建设加强了,制度越来越多,管党也越来越严了,都不做事了,都做谨小慎微的“君子”了。我觉得,出现这样一种现象,完全不符合习近平总书记对党的建设体现出的总要求。习近平总书记强调:“空谈误国,实干兴邦”。实质上,要求我们的党员干部要干事、要敢于担当，要推进事业的发展。加强党内这些制度建设，加强这些管理措施，不是要你不做事，不是要你做谨小慎微的“君子”，做关起门来独善其身的干部，不是这样的。因而，习近平总书记强调要解决干部不作为的问题，我觉得这是很重要的一点。

第八个特点，做到踏石留印、抓铁有痕。习近平总书记在党的建设理论中体现了我们党的优良传统，也体现了中华民族优秀传统文化。言出必行，说到做到，组织引导推进党的建设措施，我们都看到党的十八大以来，表现出来的很重要的特点，对各级党组织也好，各级领导干部、党员个人也好，对中央自己也好，提出这些要求，都是真抓实干。另一个方面行动上做到落实，真正做到踏石留印、抓铁有痕。这的确很鲜明，不是出现光说不练的那种现象：一讲党的建设，一套一套的、全系统的、很光鲜的，但是做起来却是另外一回事，或者说提出很多很好的要求，很系统的、很有理论水平的要求，但落实不了，或落实不到位，或落实得不好，这个对党的建设伤害很大，对执政党形象伤害很大。这本身就是咱们要解决好的问题，党的十八大以后，我们党说到做到，比如吃的问题，不准大吃大喝。还有好多问题，如治理腐败，既打“老虎”，又拍“苍蝇”，也是动真格的。习近平总书记在党的思想建设等各个方面体现出真抓实干的鲜明特点，这样干，党的建设才能真正取得实效，这是我们应该看到、应该学习的、在党的建设方面很好的一个典范。

以上就是我初步学习习近平总书记系列重要讲话精神以后形成的一些认识，可能有许多不准确之处，不适当之处，仅是自己一些初步的心得体会，请大家多多批评，谢谢大家！

原载《观察与思考》2015 年第 11 期

习近平同志关于党的建设重要论述的鲜明特点

党的十八大以来,以习近平同志为核心的党中央,提出了许多党的建设新思想、新观点、新举措,极大地丰富了党的建设理论,体现了习近平同志关于党的建设重要论述的鲜明特点。

一、强调党要管党、从严治党,"打铁还需自身硬"

从严治党是我们党的建设的历史经验,在党的十四大写进了党章。但在很长一段时间里对党员干部的管理存在失之于宽、失之于松的现象,严重影响了党的战斗力和凝聚力。习近平同志在当选党的总书记之初,就鲜明地表达出从严管党治党的观点。他指出,我们党领导中国特色社会主义伟大事业,首先必须把自身建设好,自身要过硬。自身过硬,首先是中央政治局、中央常委会要过硬。2013 年 6 月,他在全国组织工作会议上指出:党要管党,才能管好党;从严治党,才能治好党。他进一步警醒全党,"对我们这样一个拥有 8500 多万党员、在一个 13 亿人口大国长期执政的党,管党治党一刻不能松懈。如果管党不力、治党不严,人民群众反映强烈的党内突出问题得不到解决,那么我们迟早会失去执政资格,不可避免被历史淘汰"。习近平同志以踏石留印、抓铁有痕的态度狠抓党的建设,真正把从严治党贯穿到党的建设的各个方面:严格按党的制度和规定办事,制度面前没有例外;对党员特别是领导干部严格要求,严格教育,严格管理,严格监督;在党内生活中讲党性、讲原则,开展积极的批评和自我批评;严格按照党章规定的标准发展党员,严肃处理不合格党员,坚决惩处党内腐败分子;严格执行党的纪律,使纪律真正成为带电的高压线,等等。

在此基础上,2014 年 12 月,习近平同志在江苏考察时进一步提出全面从严治党的新要求,把管党治党提到前所未有的新高度。全面从严治党,涵盖思想、组织、作风、反腐倡廉和制度建设各个领域,体现了党的建设系统性、整体性。它既是“四个全面”战略布局的重要组成部分,又在其中处于关键地位,是全面建成小康社会、全面深化改革、全面依法治国的重要保证,从思想上、政治上、组织上坚持正确方向,凝聚起强大合力。全面从严治党,充分体现了以习近平同志为核心的党中央对党永葆先进性和纯洁性的深刻忧思,充分彰显了我们党自我净化、自我完善、自我革新、自我提高的无畏勇气和坚强决心。

二、强调思想建设是党的建设的灵魂工作

世界上的政党无论无产阶级政党还是资产阶级政党,都有自己的一套发展模式。中国共产党强调必须坚持马克思主义的立场、观点和方法,首先在思想上确保正确的方向。习近平同志强调党的建设要有灵魂,指出保持党的先进性、纯洁性,离不开党的思想建设这一灵魂工作。我们党的建设如果离开了马克思主义的指导,一般性地强调执政党规律,就不能确保党的先进性,这也是不符合我们党的建设实际的。

搞好思想建设这一灵魂工作,首先要坚持共产党人应有的理想信念,切实解决好“总开关”问题。习近平同志将理想信念形象比喻为“共产党人精神上的‘钙’”。“理想信念坚定,骨头就硬,没有理想信念,或理想信念不坚定,精神上就会‘缺钙’,就会得‘软骨病’。”“无论社会怎么发展,无论经济怎么繁荣,如果放弃了对崇高理想信念的追求,我们的国家、我们的民族就不可能巍然屹立于世界。这个真理,各级领导干部要始终铭记。”

崇高信仰、坚定信念不会自发产生,正如习近平同志指出的那样,“要练就‘金刚不坏之身’,必须用科学理论武装头脑,不断培植我们的精神家园”。一方面,始终强调“永不动摇信仰”这条底线。“首先要认真学习马克思主义理论,这是我们做好一切工作的看家本领,也是领导干部必须普遍掌握的工作制胜的看家本领”。强调要“学会运用马克思主义立场、观点、方法观察和解决问题”。另一方面,始终强调要毫不动摇坚持和发展中国特色社会主义。他指出,“中国特色社会主义特就特在其道路、理论体系、制度上,特就特在其实现途径、行动指南、根本保障的内在联系上,特就特在这三者统一于中国特色社会主义伟大实践上”。这表达了以习近平同志为总书记的新一届中央领导集体坚定不移走中国特色社会主义道路的坚强意志和坚定决心。

此外,习近平同志要求全党高度重视意识形态工作。他在全国宣传思想工作会议上明确提出,要把意识形态工作放在全党、全社会极其重要的地位,并严厉批评了党内存在的一手硬、一手软,忽视党的意识形态工作的问题。在此基础之上,他向全党提出要坚持"两个巩固",即巩固马克思主义的指导地位、巩固全国人民共同奋斗的思想基础。他还强调,在意识形态领域要开展积极的思想斗争,不容许以"不争论""不炒热""让说话"为借口,放任错误思想的滋生蔓延。

三、强调要以解决党内突出问题为导向,以党风廉政建设和反腐败斗争的显著成效取信于民

党的十八大以来,习近平同志向全党、全社会释放了一个明确的信号,就是对事关党的事业和党的建设全局的重大问题,绝不遮掩、绝不回避、绝不含糊。为此,他始终强调抓好党的建设要坚持问题导向,实事求是分析党内存在的突出问题,提出解决方案。

坚持问题导向,把解决影响党群干群关系的党风廉政问题作为加强党的建设的突破口,进而带动其他问题的解决。2014 年 1 月,习近平同志在中央纪委三次全会上要求:要以猛药去疴、重典治乱的决心,以刮骨疗毒、壮士断腕的勇气,坚决把党风廉政建设和反腐败斗争进行到底。一方面,以采取一系列硬举措为突破口狠抓党的作风建设。习近平同志上任中共中央总书记伊始,就主持通过了关于改进工作作风、密切联系群众的"八项规定",将其作为改进全党作风的第一步。事实证明,"八项规定"开启了新风,为我们党自身改革赢得了时间和动力。2013 年 6 月,又在全党开展了群众路线教育实践活动,活动聚焦于"四风"问题,抓住了要害,深刻改变了干部队伍的行为方式。2014 年 3 月,习近平同志又提出了"三严三实"的要求,这是加强作风建设的再启程、再出发。另一方面,以惩治腐败的实际成效取信于民。党的十八大以来,党中央大力加强反腐倡廉教育,扎实开展巡视工作,坚决查处大案要案,保持惩治腐败的高压态势,查处案件涉及党政军等各个领域,做到了反腐败无死角。党的十八大以来落马的省部级官员已超过 100 个,中央委员、候补中央委员 10 多名,前政治局委员 3 名。

四、强调弘扬党的优良传统,同时又要勇于改革创新

习近平同志提出,要将毛泽东首创的我们党重视思想建设的优良传统发扬光

大。他强调全体党员都要学习毛泽东、周恩来等老一辈无产阶级革命家在革命实践中表现出来的共产党员的党性修养、精神境界、思想作风,解决好党组织的先进性、纯洁性问题。无论是群众路线教育实践活动、“三严三实”专题教育活动,还是当前开展的“两学一做”学习教育,都体现了这一要求。

要继承并弘扬党的三大作风。在坚持理论联系实际方面,习近平同志号召在全党大兴学习之风,依靠学习和实践走向未来。他强调,学习的目的全在于运用,要发扬理论联系实际的马克思主义学风,带着问题学,拜人民为师,做到干中学、学中干,学以致用、用以促学、学用相长。在坚持密切联系群众方面,强调首要的是牢固树立唯物史观的根本观点和立场。他指出,“人心向背关系党的生死存亡。党只有始终与人民心连心、同呼吸、共命运,始终依靠人民推动历史前进,才能做到坚如磐石”。“实现党的十八大确定的奋斗目标,实现中华民族伟大复兴的中国梦,必须紧紧依靠人民,充分调动最广大人民的积极性、主动性、创造性。”在开展批评与自我批评方面,要求领导干部尤其是主要领导干部要带头,并在党的群众路线教育实践活动中提出了“照镜子、正衣冠、洗洗澡、治治病”的总要求。在参加河北省委常委班子专题民主生活会时,习近平同志提出要有开展批评与自我批评的勇气和党性,不能把防身治病的武器给丢掉了。

党的十八大以来,习近平同志根据新情况、新问题,在党的建设方面提出了许多新思想、新要求,体现了改革创新的精神。如,在组织建设上,提出新时期好干部的五条标准,即信念坚定、为民服务、勤政务实、敢于担当、清正廉洁;在作风建设上,阐明新时期作风建设的时代内涵就是为民、务实、清廉;在反腐倡廉建设上,提出坚持“老虎”“苍蝇”一起打,反腐倡廉关键在经常抓、长期抓;在制度建设上,提出要把权力关进制度的笼子里,强化反腐败体制机制创新和制度保障;等等。

五、强调自律和他律的结合,并将其成熟做法上升到制度层面

党员素质的提高和组织战斗力的增强,要靠自律与他律相结合,两者相辅相成。

党员干部要通过思想建设,通过学习马克思主义科学理论,用正确的世界观、价值观来武装自己,提升自律的品质。习近平同志强调,自律,首先要把领导干部队伍建设好,让领导干部发挥好带头和示范作用,提出“善禁者,先禁其身而后人。”2013 年 6 月,习近平同志对中央政治局委员提出五点要求,其中之一就是发

挥模范带头作用,要求中央政治局委员改进调查研究、规范出访活动、改进警卫工作、厉行勤俭节约等。习近平同志率先垂范,到基层考察轻车简从、深入务实,展现了亲民为民、节俭务实的优良作风,为全党做出了表率。

习近平同志高度重视制度建设,强调要用党的组织原则、党的纪律、党的规矩管好党员特别是领导干部,要加强对党员特别是领导干部的党内外监督,加强他律的力度。党的十八大以来,在制度建设方面,习近平同志提出了许多重要的思想观点。如,提出制度建设的根本目的,就是要保证权力科学配置、规范运行,正确行使人民赋予的权力;制度建设的路径目标,就是构建决策科学、执行坚决、监督有力的权力运行体系;制度建设的基本原则,是用最严格的制度、最严密的监督来保障和巩固工作成效,切不能“牛栏关猫”,强调规矩是起约束作用的,要紧一点;制度执行要有刚性要求,要牢固树立法律面前人人平等、制度面前没有特权、制度约束没有例外的观念,严格执行制度,不让制度成为“纸老虎”“稻草人”。

习近平同志把“紧紧围绕提高科学执政、民主执政、依法执政水平,深化党的建设制度改革”作为全面深化改革的基本任务之一。党的建设制度除了包括党内制度外,还涉及处理党的建设与国家建设之间关系的一些制度,特别是党的领导体制和执政方式。2014 年 8 月 29 日,中共中央政治局会议审议通过的《深化党的建设制度改革实施方案》,把加强党的制度建设拓展到全面深化党的建设制度改革;2016 年 1 月在全党正式实施新修订的《中国共产党廉洁自律准则》和《中国共产党纪律处分条例》。这些举措体现了以习近平同志为核心的党中央对加强党的建设在制度层面上的把握更加清晰全面,反映了我们党对自身建设规律认识的深化。

健全民主集中制一贯是我们党的制度建设的重点内容。针对当前党内生活不经常、不认真、不严肃的问题,习近平同志强调指出,严肃党内生活最根本的是认真执行党的民主集中制。要健全和认真落实民主集中制的各项具体制度,促使全党同志按照民主集中制办事,促使各级领导干部特别是主要领导干部带头执行民主集中制。要把一把手带头执行民主集中制作为加强领导班子思想政治建设的重要内容,推动各级一把手自觉坚持集体领导,带头发扬党内民主,严格按程序办事、按规矩办事,坚决反对和防止个人或少数人专断。

原载《红旗文稿》2016 年第 8 期

党的领导是建设法治国家的根本保证

十八届四中全会描绘了法治中国建设的宏伟蓝图。全会强调,党的领导是全面推进法治国、加快建设社会主义法治国家最根本的保证。必须加强和改进党对法治工作的领导,把党的领导贯彻到全面推进依法治国全过程。宪法和法律是国之重器,镇国之纲,能否维护宪法法律权威、能否维护人民权益、能否维护社会公平正义、能否维护国家安全稳定,是国家治理能力是否现代化的重要表征。而这一切都必须在党的领导下进行,只有坚持党对全局事业的领导,对依法治国的统领,才能立“良法”行“善治”。

近代历史表明,中国建成法治国家只有在中国共产党领导下才有可能

我们党成为执政党,是历史的选择、人民的选择。邓小平同志指出:“没有共产党的领导,肯定会天下大乱,四分五裂。历史事实证明了这一点。……没有党的领导也就不会有社会主义制度。”党的领导,是中国特色社会主义最本质的特征,也是社会主义法治最根本的保证。

晚清政府和民国的法治实践之所以失败,归根到底是缺乏一个真正代表人民意志的有力的政党。晚清政府开国会、立宪法的宪政实践,败在皇族内阁追求“皇权永固”,而非民生第一,是一场皇族内阁的政治骗局,本质上是自保的新借口,无法拿到选票的人民,自然就拿起了枪炮对准皇权。民国政府的宪政实践从开始就意味着失败,从1912年的倡导“主权在民”的《中华民国临时约法》,到1914年的袁世凯授意的《中华民国约法》,到1919年段祺瑞执政期间提出过的《中华民国宪法草案》,再有1923年曹锟宪法,即《中华民国宪法》,1925年段祺瑞再次执政时又提出《中华民国宪法草案》。宪政实践几易其手,因人立法、因人修法、因人废法,原本严肃的《宪法》像玩具一样任意倒饬。不管是晚清还是民国,宪政失败原因很多,其中有政府背弃承诺的原因,也有社会认同程度极低的原因,但最重要的是缺乏一个强有力的政党的领导,没有人民的主心骨,宪法不是为了人民,而是为了迎合政治家权谋和贿选交易的需要。

没有一个真正代表最广大人民利益的强有力的政党的领导,要推行宪法,其结果要么是遭到顽固派抵制而出现宋教仁流血事件,要么是生出无数"小皇帝"、大军阀打着宪法的幌子强奸民意,致使国家四分五裂,要么是沦为国民党代表的大地主、大买办阶级独裁专政的工具。只有在中国共产党,这个代表先进阶级、以马克思主义科学理论为指导、按照民主集中制组织起来、能够代表全体中国人民根本利益的党的领导下,中国才有可能建设社会主义法治国家。现在我们发展社会主义市场经济,面对各种问题和挑战,只有在党的领导下,才能确保社会主义法治原则的贯彻,才能确保司法机关正确执法,才能通过法治有力地保障全体人民的根本利益。

法治是治国理政的基本方式,党的领导是治国理政的核心。离开了党的领导,人民真实意志就无法集中体现,更没有办法上升为国家意志。在法治中国建设中,必须坚持发挥党总揽全局、协调各方的领导核心作用。新中国法治建设的成功在于,党领导人民制定法律,遵循人民利益高于一切,妥善处理党的领导和依法治国的关系,坚持依法执政。一方面,党的领导更多是把握法治建设的政治方向,为依法治国提供指导思想,不是干预具体的执法和司法行为,正如习近平总书记指出的,要善于运用法治思维和法治方式领导司法工作,各级党组织和领导干部支持法院、检察院依照宪法和法律独立行使职权。另一方面,对于司法机关而言,依照宪法和法律办事,以事实为依据、以法律为准绳,伸张正义、维护公平,就是党的领导的具体体现。

坚持党对立法工作的领导,才能确保良法可立

立"良法"才能行"善治"。坚持党对立法工作的领导,这是党的领导在依法治国上的首要要求。中国共产党是工人阶级的先锋队和中国各族人民的先锋队,没有自己的特殊利益,能够代表中国最广大人民的根本利益。坚持党对立法工作的领导,使党的主张上升为国家意志、法律条文,有利于使宪法和法律体系更好地把党的主张和人民意志统一起来,既切实巩固党的执政地位,又充分保障人民当家做主的权利，坚持恪守以民为本、立法为民的理念，破除立法工作中的部门化倾向，使每一项立法都符合宪法精神、反映人民意志、得到人民拥护。

中国共产党把马克思主义作为自己的指导思想，坚定社会主义信念。坚持党对立法工作的领导，立法工作才不会迷失方向，才能确保法律体系的社会主义性质，深入贯彻社会主义核心价值观。坚持党的领导，建设中国特色社会主义法治体系，必须坚持立法先行，发挥立法的引领和推动作用。

加强党对立法工作的领导，要完善党对立法工作中重大问题决策的程序。凡立法涉及重大体制和重大政策调整的，必须报党中央讨论决定。党中央向全国人大提出宪法修改建议，依照宪法规定的程序进行宪法修改。法律制定和修改的重大问题由全国人大常委会党组向党中央报告。这些充分体现了我们党坚持依宪治国、依宪执政的决心和信心。当然，依宪治国和依宪执政，绝不是搞资产阶级的宪政，而是在坚持党的领导和中国特色社会主义制度前提下的社会主义法治模式。

党领导立法工作，要求我们在立法工作的实践中，决不能简单照搬西方国家的原则、内容和程序，而是必须从中国社会主义社会治理的需求出发，在党的领导下进行，这是立法工作的第一个关键环节。我们制定的法律，是适用的还是不适用的，是善法良法还是恶法，由谁领导、以什么样的理念做指导，决不能含糊。我们的立法工作，必须是有利于加强党的领导而不是削弱甚至否定党的领导，必须是有利于实现人民当家做主而不是否定、破坏人民当家做主，必须是有利于推进社会主义法治国家建设而不是延迟、阻碍法治建设进程。

坚持党对执法工作的领导，才能确保良法善治可为

法律的生命力在于实施，法律的权威也在于实施。建设社会主义法治国家，必须在党的领导下，切实推进依法行政。国家政权机关依法治国的各项实践，都应体现党的领导、监督支持和保证作用。坚持党对执法工作的领导，不是以党代政、干预司法，而是在法治建设的各个环节中发挥各级党组织的领导、保证、支持和监督作用，确保公正、确保规范、保护人权。没有党对法治工作的有力领导，让每一个部门、每一个地方、每一个执法者，自由裁量，自行其是，无组织，无纪律，就会离依法治国越来越远，国家和社会就会一团糟。事实一再表明，我们现实中的许多错案，都是离开党组织监督或司法人员离开党性原则做出来的。坚持党的领导,才是避免冤假错案最有效的方式。

党必须加强对政府执法工作的领导,加快建设职能科学、权责法定、执法严明、公开公正、廉洁高效、守法诚信的法治政府。一些重大的、人民群众高度关注的、关系改革发展稳定的重大执法案件,必须听取党组织的意见和建议,以确保行政执法的公平公正。要加大关系群众切身利益的重点领域执法力度。党对政府执法工作的领导,首先要体现在政府部门的执法工作,要认真学好党的路线方针政策,明确执法的内容和目的都应该体现党的意志,实现党的主张。其次,政府及其各部门的党组织,为本部门的业务工作要起好保证、监督作用。最后,政府及其部门的党组织要抓好党的建设工作,管好政府工作人员,使他们的施政行为体现党的意志和要求。

司法机关依法独立办案和党对司法工作的领导,并不是对立的。绝不能把司法机关依法独立办案、公正司法,理解为司法独立。司法机关公正司法,强调的是排除干预,而不是拒斥党对司法工作的领导。不能把党对司法工作的领导理解为干预司法工作。党对司法工作的领导,包括司法机关党组织对执法过程的监督,对党员司法人员的工作提出要求与进行监督,包括由党组织依党内规范形成党组织意图,并以党组织身份而非党员干部个人提出重大司法案件的指示,确保司法人员不滥用权力等,其根本目的恰恰是为了切实体现司法公正。各级党政机关和领导干部要支持法院、检察院依法独立公正行使职权,个人不得干预司法活动、插手具体案件处理。同时,各级司法机关中的党组织,必须始终处于司法机关业务工作的领导地位,有权力、有义务及时开展对司法人员、司法活动的有力、有效监督。这些措施既体现了我们党对司法工作的坚强领导,也体现了支持司法部门公正司法的明确态度。

加强党对法治工作的组织领导,为依法治国提供组织保证

政治路线确定以后,干部是决定因素。加强党对法治工作的领导,从组织上确保党的领导地位是关键。党对法治工作的组织领导,包括司法机关的党组织的设立与发挥作用,包括党组织推荐的人选通过法定程序成为国家政权机关的领导人员,通过国家政权机关实施党对国家和社会的领导。要充分发挥党总揽全局、协调各方的组织优势和领导作用,使党的主张通过法定程序成为国家意志,使党组织推荐的人选通过法定程序成为国家政权机关的领导人员,通过国家政权机关实施党对国家和社会的领导,运用民主集中制原则维护中央权威、维护全党全国团结统一。同时,党员干部要自觉提高运用法治思维和法治方式深化改革、推动发展、化解矛盾、维护稳定能力,提高把党的意志和主张贯彻到自身工作中的能力。

要健全党领导依法治国的制度和工作机制,完善保证党确定依法治国方针政策和决策部署的工作机制和程序。例如,完善党委依法决策机制,党委要定期听取政法机关工作汇报,党政主要负责人要履行推进法治建设第一责任人职责等,领导和支持工会、共青团、妇联等人民团体和社会组织在依法治国中积极发挥作用。人大、政府、政协、审判机关、检察机关的党组织和党员干部要坚决贯彻党的理论和路线方针政策,贯彻党委决策部署,党组织要领导和监督本单位模范遵守宪法法律。政法委员会必须长期坚持,政法机关党组织要建立健全重大事项向党委报告制度等。

坚持党的思想领导,为依法治国奠定巩固的思想基础

坚持党的思想领导,发挥党的思想政治教育优势,是坚持我国法治正确方向的保证。我们建设法治国家,在全社会树立法治意识,必须弄清的前提是,走建设有中国特色社会主义的法治道路,必须以正确的思想理论、法治理论、法治精神为指导。是以马克思主义及其中国化成果——中国特色社会主义理论为指导,还是以西方资产阶级法治理论、法治观念、法治精神为指导,决定了我们法治建设道路的方向,也决定着中国法治建设、国家民族的前途命运。历史逻辑与现实根据决定,中国的法治建设,正如中国的整个现代化建设一样,必须以马克思主义及其中国化成果为指导,才能保证正确方向,从而保证国家和民族的美好未来。

首先,全社会的法治意识是由党的意识形态而非资本主义法治精神引领的。我们党来自人民、植根人民、服务人民,党的根基在人民、血脉在人民、力量在人民。人民群众的拥护和支持,是党执政最牢固的政治基础和最深厚的力量源泉。党的性质和宗旨决定了党的各级组织和领导干部必须坚持一切权力属于人民的基本原则,牢固树立法律信仰,在宪法和法律范围内活动,绝不允许有超越宪法和法律的特权,坚决维护宪法和法律的权威。全面推进依法治国,必须坚持党的领导、人民当家做主、依法治国有机统一,坚定不移走中国特色社会主义法治道路。只有社会主义才能实现最广泛的人民民主,只有党领导下的社会主义法治才能保障最广泛的人民民主。所有这些,都是决定我国法治方向与成败的根本性问题,坚持党的思想领导,必须通过党的思想领导,使这些重要原则得到贯彻,从而保证我们法治建设的正确方向。当前,一些资本主义国家把"法治"与"民主""人权"等资本主义核心价值捆绑在一起,大搞意识形态输出。一些别有用心的人也想利用西方的法治观、民主观来改造中国的政治法律结构,进而改变中国的发展方向。他们往往是通过强调"三权分立"或片面强调司法独立来弱化党的领导,甚至排斥、否定党的领导。坚持党对法治建设的领导,就必须对此保持高度的警惕,必须坚决抵制在法治建设上"西化"、照抄照搬别国的法治理念和法治模式的企图。

其次,加强理想信念教育,有利于促进司法人员职业精神、公正意识的养成。理想信念是道德的基础。加强法治队伍建设,要把思想政治建设摆在首位,以理想信念教育为重点,深入开展社会主义核心价值观和社会主义法治理念教育,坚持党的事业、人民利益、宪法法律至上。在立法、执法、司法机关各级领导班子建设上,强调突出政治标准,把善于运用法治思维和法治方式推动工作的人选拔到领导岗位上来。这些措施对于进一步加强党对法治工作的领导,不断提高法治队伍正规化、专业化、职业化水平具有重要意义。

最后,国家和社会治理需要法律和道德共同发挥作用。法律是成文的道德,道德是内心的法律。我们要坚持把依法治国和以德治国结合起来,既重视发挥法律的规范作用,又重视发挥道德的教化作用,以法治体现道德理念、强化法律对道德建设的促进作用,以道德滋养法治精神、强化道德对法治文化的支撑作用,引导公民既依法维护合法权益,又自觉履行法定义务,做到享有权利和履行义务相一致。在弘扬以德治国优良传统的同时,必须加强对中国传统法律文化的研究,汲取中华法律文化精华,借鉴国外法治有益经验,加以综合创造,形成新的具有中国特色的法律制度和法律文化,使法治与德治相辅相成,相互促进,坚定不移走中国特色社会主义法治道路,建设社会主义法治国家。

总之,党对依法治国的领导不仅仅是一个口号、一个原则,而是系统全面的,是实实在在的,是贯彻在全面推进依法治国的整个过程之中和各方面的。切实坚持党对依法治国的领导,必须要有工作载体,要有体制机制保障。

原载《前线》2015 年第 1 期

中国共产党最有理由自信

中国共产党的领导是中国特色社会主义最本质的特征,是中国特色社会主义制度的最大优势。改革开放以来,在中国共产党领导下,中国特色社会主义事业展现出蓬勃生机,中国共产党也获得了国际社会的广泛赞誉。习近平总书记指出:"当今世界,要说哪个政党、哪个国家、哪个民族能够自信的话,那中国共产党、中华人民共和国、中华民族是最有理由自信的。"今天,中国共产党在世界上的影响力日益增强,完全有理由自信。

中国共产党获得国际社会广泛赞誉

中国共产党是中国特色社会主义事业的坚强领导核心。没有中国共产党的坚强有力领导,就不可能有中国道路的成功。因此,中国道路的成功绝不仅仅是经济上的奇迹,而且是中国共产党管党治党的成功,是中国政治制度的成功。这是任何严谨的、不带政治偏见的学者都会得出的结论。今天,国际社会对中国共产党的赞誉越来越多。

哈佛大学肯尼迪政府学院教授、著名中国问题专家托尼·赛奇在其2001年撰著的《中国政治与治理》中认为,中国共产党具有强大的国家治理能力。2014年8月,在接受《环球时报》采访时他又明确表示,在现代治理体系上,中国不能照搬别国的政治体制。当代美国著名政治哲学家帕斯奎诺教授指出,中国共产党是一个善于学习、调整与吸纳的政党,这使得中国共产党具有强大的凝聚力和创新能力。

党的十八大以来,中国共产党的世界影响力有了全面提升,很多海外学者高度评价新一届中共领导人的执政理念,"中国梦""四个全面"等成为国际学界新的热门话题。美国著名学者福山近几年一直关注并研究中国政治和中国共产党，他在比较了中美两国政党政治后，认为中共具有强大的政党治理能力和国家治理能力。2016年两会期间，美中公共事务协会会长滕绍骏在接受记者采访时说，人民代表大会制度与中国共产党领导的多党合作和政治协商制度，是中国人民在人类政治制度史上的伟大创造，具有伟大的独创性和巨大的优越性。与当今世界其他制度体系相比较，中国特色社会主义制度具有保证人民当家做主、协调国家机关高效运转、凝聚各族人民力量的政治优势。《中国国家形象全球调查报告2015》关于国家形象的第四次全球调查数据也显示，大多数海外受访者对中国共产党的印象主要为具有高度凝聚力、组织严密。其中，发展中国家还有相当一部分受访者认为，中国共产党有超强的组织动员能力和学习创新能力。

中国共产党具有强大的国家治理能力

执政党必然要进行国家治理。衡量一个执政党国家治理能力的强弱，不能想当然地把西方执政党那一套做法作为标准，而是必须坚持历史唯物主义，从执政党的执政理念、组织管理水平、执政能力、认同程度等方面来衡量。新中国成立后尤其是改革开放以来，中国共产党一直在坚持不懈地加强自身建设，提升自身的国家治理能力。今天，中国的发展成就无可辩驳地证明了中国共产党具有强大的国家治理能力，这是中国共产党具有广泛世界影响力的基础。

执政党的执政理念，反映的是执政党的价值追求和执政纲领。国家治理能力强的执政党，必然具有合乎人民意愿的先进执政理念。执政党的组织管理水平，反映的是执政党自身的建设状况。国家治理能力强的执政党，必然具有严格的组织纪律和强大的凝聚力，一盘散沙式的执政党不可能治理好国家。执政党的执政能力，反映的是执政党的路线方针政策是否科学，体现的是执政党解决国内国际实际问题的能力。国家治理能力强的执政党，其路线方针政策必然是科学的，善于解决重大实际问题。执政党的认同程度，反映的是执政党得到广大人民群众拥护的程度。国家治理能力强的执政党，必然获得人民群众的广泛认同，而不是让社会撕裂、族群对立。正是从这些方面来衡量，中国共产党无疑具有强大的国家治理能力。

与西方资产阶级政党代表资产阶级的利益不同，中国共产党坚持立党为公、执政为民，坚持全心全意为人民服务的根本宗旨，把实现好、维护好、发展好最广大人民的根本利益作为党和国家一切工作的出发点和落脚点，代表着最广大人民的根本利益，没有自己的特殊利益。与西方多数政党信奉新自由主义政策并导致社会两极分化不同，中国共产党始终坚持自己崇高的理想信念，坚持公平正义的价值理念，走共同富裕的道路。与西方政党因为民众参与选举热情越来越低而只能获得低水平认同、不同政党因为恶性竞争而导致族群分裂不同，中国共产党始终得到广大人民群众的衷心拥护，民主党派作为参政党紧密团结在中国共产党周围，凝聚成战胜一切困难的磅礴力量。正是从这种对比中，国际社会对中国共产党的国家治理能力有了越来越全面的认识、越来越客观的评价。

中国共产党的影响力源于自身的特点和优势

中国共产党之所以能从一个建党初期只有 50 多名党员的小党，发展成为一个拥有近 8900 万名党员的大党，创造了人类历史上不朽的奇迹，在当今世界拥有如此广泛的影响力，就在于中国共产党具有西方政党无可比拟的特点和优势。

中国共产党的特点和优势有很多，在此只能举其要者。第一，中国共产党坚持把马克思主义基本原理同中国具体实际相结合，坚持以马克思主义中国化的最新成果武装全党，坚持解放思想、实事求是、与时俱进，这使得中国共产党能够制定正确的路线方针政策，始终站在时代前列。正是这种解放思想、实事求是、与时俱进的精神，使得中国共产党在革命、建设、改革进程中能够审时度势，不断调整党的路线方针政策，不断推进理论创新、制度创新、实践创新。第二，中国共产党坚持民主集中制的组织制度和领导制度，强调民主和集中的有机统一，从而形成了生动活泼的政治局面，具有西方民主制度不可比拟的优势。同时，与西方政党管理的松散性相比，中国共产党具有严格的组织纪律性。纪律严明使得中国共产党能够形成统一意志、统一行动，确保党具有很强的凝聚力、战斗力。第三，中国共产党坚持全心全意为人民服务的根本宗旨，深入贯彻群众路线，坚持问政于民、问需于民、问计于民。这使得中国共产党能够科学决策、民主决策，能够得到广大人民群众的拥护和支持。第四，中国共产党领导的多党合作和政治协商制度是中国的基本政治制度，是具有中国特色的政党制度。这一政党制度既保证了各项政策的连续性，也保证了政策制定的民主性，不但避免了西方两党制、多党制由于党派斗争所导致的族群分裂，而且避免了西方政党为了争取选民而注重短期利益、没有长远规划、缺乏政策连续性的弊病。第五，中国共产党坚持全面从严治党，铁腕反腐,不断增强自我净化、自我完善、自我革新、自我提高的能力,这使得中国共产党能够永葆先进性和纯洁性。这种勇于自我革命的鲜明品格,是西方政党无法比拟的。

今天,国际社会对中国共产党的特点和优势有了越来越深刻的认识。中国共产党带领中国人民所开创的中国道路,也为发展中国家实现现代化走出了一条新路,为人类社会的发展提供了“中国方案”。

切实加强和改善党对全面深化改革的领导

改革开放是党在新的历史条件下领导人民进行的新的伟大革命，是决定当代中国命运的关键抉择。加强和改善党对全面深化改革的领导，是全面深化改革取得成功的根本保证。35 年来，党领导全面深化改革积累了丰富的经验，也存在一些需要加强和改善的地方。

一、党领导全面深化改革的成功经验

十一届三中全会揭开了改革开放的序幕，从此中国进入了改革开放的新时期。35 年来，党领导人民进行了改革开放的伟大实践，中国大地上发生了翻天覆地的变化，取得了举世瞩目的成就。在 35 年的光辉历程中，党领导全面深化改革积累了宝贵的经验。

第一，坚持解放思想、实事求是，始终把握改革的正确方向。

全面深化改革，涉及经济体制、政治体制、文化体制、社会体制、生态文明体制和党的建设制度改革，其广泛性、深刻性前所未有。而且，由于国内国际的复杂形势，推进改革的敏感程度、复杂程度前所未有。在这种情况下，如何确保改革沿着有利于党和人民事业发展的方向前进，是我们党领导和推进改革必须解决的重大课题。回顾 35 年来的改革历程，改革之所以能够顺利推进并取得历史性成就，根本原因在于我们党在坚持解放思想的同时，始终坚持科学社会主义的基本原则，坚持改革的社会主义方向。方向问题至关重要。坚持什么样的改革方向，决定着改革的性质和最终成败。在改革开放之初，邓小平就明确指出，改革的性质是社会主义制度的自我完善和发展。35 年来，党在全面深化改革的伟大实践中，创造性地探索和回答了什么是马克思主义、怎样对待马克思主义，什么是社会主义、怎样建设社会主义，建设什么样的党、怎样建设党，实现什么样的发展、怎样发展等重大理论和实际问题，始终坚持和完善人民代表大会制度这一根本政治制度，坚持和完善中国共产党领导的多党合作和政治协商制度、民族区域自治制度以及基层群众自治制度等基本政治制度，坚持公有制为主体、多种所有制经济共同发展的基本经济制度，既不走封闭僵化的老路，也不走改旗易帜的邪路，排除各种干扰，确保改革不变质、不走样，成功应对了种种风险和考验，取得了举世瞩目的伟大成就，揭开了中华民族伟大复兴的光明前景。

第二，切实把握全面深化改革的领导权、主导权，做出总体部署。

改革开放始终是在党的领导和主导下进行的。35 年来，全面深化改革的具体规划和具体部署，无论是联产承包责任制改革、物价体制改革、国企体制改革、财税体制改革、产权体制改革等，还是行政审批制度改革、国家机构改革、干部人事制度改革、文化体制改革、社会体制改革，都是由党主导的，具体内容也是由党设计的。虽然国内国际一些力量试图左右改革，要求全面深化改革回到封闭僵化的老路，或者走改旗易帜的邪路，但党始终把握深化改革的领导权和主导权，坚持以“一个中心、两个基本点”为主要内容的社会主义初级阶段基本路线，不为困难风险所惧，不为杂音噪音所扰，不为传闻谣言所惑，确保改革有序推进。

第三，坚持从严治党的方针，全面提高党的建设科学化水平。

35 年来，我们党清醒认识、准确把握党所处的历史方位和肩负的历史使命，高度重视党的自身建设，坚持以改革创新精神推进党的建设新的伟大工程。邓小平同志在改革开放之初就明确指出，“党风问题关系党的生死存亡”，“中国要出问题，还是出在共产党内部”。他告诫全党“对这个问题要清醒”。十三届四中全会以后，江泽民同志提出了“治国要先治党，治党务必从严”的思想。十六大以后，胡锦涛同志根据世情国情党情的新变化新挑战，提出了“提高党的建设科学化水平”的新命题新要求。十八大报告又推进了一步，要求“全面提高党的建设科学化水平”。35 年来，我们党立足于世情、国情、党情，冷静观察和把握时代特征、环境变化及其发展趋势，把探索解决什么是社会主义、怎样建设社会主义，实现什么发展、怎样发展与建设什么样的党、怎样建设党联系起来，使党的建设同党肩负的历史使命要求相一致，并随着实践创新和理论创新成果的不断丰富发展为党的建设总目标不断注入新内容，使新的伟大工程与新的伟大事业紧密联系、相得益彰，在党的十八大报告提出了“建设学习型、服务型、创新型的马克思主义执政党”的新目标。在党的自身建设上,党的认识不断深化发展,根据形势的发展先后明确提出了加强党的制度建设、反腐倡廉建设、执政能力建设、先进性建设、纯洁性建设的新课题新任务,从而形成了以党的执政能力建设、先进性建设和纯洁性建设为主线,以党的思想建设、组织建设、作风建设、反腐倡廉建设、制度建设为内容的党的建设新布局。改革开放35年来,我们党坚持不懈地加强党的自身建设,思想理论建设成效显著,党内民主不断扩大,党内生活准则和制度不断健全,党的各级组织不断加强,干部队伍和人才队伍朝气蓬勃,党的作风建设全面加强,党内法规更加完善,反腐倡廉建设深入推进,党的领导水平和执政水平、拒腐防变和抵御风险能力明显提高,党领导改革开放和社会主义现代化建设能力显著提高,在增强党的阶级基础的同时扩大党的群众基础,从而经受住了长期执政考验、改革开放考验、发展社会主义市场经济考验,成为全面深化改革和中国特色社会主义事业的坚强领导核心。

第四,坚持渐进改革的策略,正确处理改革、发展和稳定的关系。

全面深化改革是一个复杂的系统工程。35年,我们党既大力推进改革发展,又正确处理改革发展稳定关系,坚持改革是动力、发展是目的、稳定是前提,把不断改善人民生活作为处理改革发展稳定关系的重要结合点,在社会稳定中推进改革发展,通过改革发展促进社会稳定,在当今世界发生广泛而深刻的变化、当代中国发生广泛而深刻的变革的大环境下,始终保持社会大局稳定。在改革的过程中,我们党并没有采取苏东国家的休克疗法,而是在强调大胆探索、勇于创新的同时,坚持改革既要总揽全局、突出重点,又要“摸着石头过河”,先易后难、循序渐进,在实践中积累经验,不断提高改革决策的科学性、增强改革措施的协调性,推进经济体制、政治体制、文化体制、社会体制以及其他各方面体制改革相协调,使改革获得广泛而深厚的群众基础。每项重要改革方案的制定和实施,都充分考虑国家财政、企业和群众的承受能力,把握出台的时机、节奏和力度,并根据实施过程中出现的新情况、新问题,及时加以调整和完善。对于重大改革措施,坚持先行试点,取得经验后再逐步推开,努力保持经济稳定增长、社会稳定有序。改革开放的伟大成就充分证明,我们党所采取的渐进改革方针是成功的。

第五,加强和改善党的领导方式和执政方式,充分发挥总揽全局、协调各方的领导核心作用。

党的领导方式和执政方式的科学性,极大地影响着党的执政能力,决定着党的执政成效。十一届三中全会以后，我们党认真总结了新中国成立以来的经验教训，明确提出必须改革和完善党的领导方式和执政方式，以解决党政不分、以党代政的问题。邓小平同志指出，党和国家领导制度的主要弊端是官僚主义、权力过分集中、家长制作风、干部领导职务终身制和形形色色的特权现象，对这些弊端必须"进行有计划、有步骤而又坚决彻底的改革"。党的十二大党章明确规定，党的领导主要是政治、思想和组织的领导，党必须在宪法和法律的范围内活动。党必须保证国家的立法、司法、行政机关，经济、文化组织和人民团体积极主动地独立负责地协调一致地工作。十三大以后，党逐步开始了从党政职能分开的角度探讨党的领导方式和执政方式的改革问题。十三届四中全会以后，江泽民同志明确提出："现在历史条件变了，社会环境变了，党肩负的任务变了，因此党的建设和党的领导的方式、方法，也必须相应地加以改变或改进。"①党的十五大在阐述依法治国基本方略的时候，提出了"总揽全局、协调各方"的新思想，明确规定了改革和完善党的领导方式和执政方式所必须遵循的基本原则和基本要求。2001 年 9 月召开的党的十五届六中全会，对这一基本原则做了进一步的阐述，第一次明确地把"总揽全局、协调各方"提到是中央和地方各级党委在同级各种组织中发挥核心领导作用的"基本原则"的高度。十六大以后，我们党围绕着改革和完善党的领导方式和执政方式，加强对权力的监督和制约，进行了新的实践和探索。党的十六大又进一步把"总揽全局、协调各方"提升为中央和地方各级党委在处理与人大、政府、政协以及人民团体和其他各种组织之间相互关系的过程中正确执行民主集中制的基本要求。党的十六届四中全会从加强党的执政能力建设的总体要求出发，提出了改革和完善党的领导方式的各项任务，要求把提高党的执政能力与体制、机制和制度建设密切联系起来，"要以改革和完善党的领导体制和工作机制为重点"。在总结半个多世纪党执政的主要经验时，十六届四中全会还明确强调"必须坚持科学执政、民主执政、依法执政，不断完善党的领导方式和执政方式"。十八届三中全会进一步提出了"推进国家治理体系和治理能力现代化"的重要目标，对改革和完善党的领导方式和执政方式提出了新要求。改革开放 35 年来，党不断适应形势发展的需要，不断改进党的领导方式和执政方式，不断推进政治体制改革，既借鉴人类政治文明的有益成果，又绝不照搬西方政治模式，极大地推进了中

① 《十三大以来重要文献选编(下)》，人民出版社 1993 年版，第 2083 页。

国特色社会主义政治的发展。通过正确处理党委和政府、人大、政协和人民团体的关系，坚持党的领导、人民当家做主和依法治国有机统一，支持和保证人民通过人民代表大会行使国家权力，健全社会主义协商民主制度，完善基层民主制度，充分调动了广大人民的积极性、确保了人民当家做主的实现，又保证了党领导人民有效治理国家，为全面深化改革提供了政治保证。

第六，尊重人民主体地位，发挥群众首创精神，紧紧依靠人民推动改革。

人民群众是党的力量源泉和胜利之本。改革开放是人民的要求和党的主张的内在统一，是亿万人民自己的事业。我们党坚持一切为了群众、一切依靠群众，从群众中来到群众中去，最广泛地调动人民群众的积极性、主动性、创造性，从人民中汲取智慧，紧紧依靠人民推动全面改革，坚持问政于民、问需于民、问计于民，既通过提出和贯彻正确的理论和路线方针政策带领人民前进，又从人民的实践创造和发展要求中获得前进动力。在改革开放之初，邓小平同志就指出，我们要把人民拥护不拥护、赞成不赞成、高兴不高兴、答应不答应作为制定各项方针政策的出发点和落脚点，一切以是否有利于发展社会主义社会生产力、有利于增强社会主义国家综合国力、有利于提高人民生活水平这“三个有利于”为根本判断标准。江泽民同志进一步提出了“立党为公、执政为民”的思想。十六大后，胡锦涛同志更是明确提出“以人为本”的思想，要求发展为了人民、发展依靠人民、发展成果为人民共享，通过改革发展为人民群众造福，实现好、维护好、发展好最广大人民的根本利益。十八大后，党中央还积极开展了以为民、务实、清廉为主要内容的党的群众路线教育实践活动。改革开放35年来的实践也一再证明，正是基层和群众的探索实践、创新创造，推动着改革车轮滚滚前行。从大包干到股份制，从农业规模经营到混合所有制经济发展，一个个来自基层和群众的新招、实招、硬招，破解了改革发展的许多难题。

改革开放是一项伟大的事业，党领导全面深化改革的成功经验是弥足珍贵的，必须坚定不移地坚持，并在新的实践中加以丰富发展。

二、完善党对全面深化改革的领导

当前，我国改革已经进入攻坚期和深水区，为了确保全面深化改革取得成功，十八届三中全会做出了系统部署。为了加强和改善党对全面深化改革的领导，有几个重要问题需要高度重视和正确处理。

第一，坚持和完善中国特色社会主义制度，始终坚持改革的社会主义方向，为党领导全面深化改革提供坚实的制度基础。

经济基础决定上层建筑。在私有制的基础上只能建立资产阶级专政的国家，而不可能建立代表多数无产阶级利益的社会主义国家。而社会主义国家只能建立在公有制的基础之上，作为无产阶级政党的共产党其政权也只有建立在公有制的基础之上。因此，保持公有制的主体地位，这是巩固党在全面深化改革中的领导地位的制度前提。邓小平同志曾指出，“一个公有制为主体，一个共同富裕，这是我们所必须坚持的社会主义的根本原则。我们就是要坚决执行和实现这些社会主义的原则。”①在社会主义初级阶段，我们不能实行纯粹的公有制，而只能实行公有制为主体和按劳分配为主体的基本经济制度。动摇了这个基本经济制度，就动摇了党的执政根基，党就不能算是无产阶级政党、马克思主义政党，改革就会走上邪路。只有坚持以公有制为主体，公有资本控制着国民经济的命脉，发挥着主导作用，才能形成具有最广泛群众基础的共同利益和共同理想，才能利用公有资本的优势引导、驾驭、限制和约束私有资本，弱化其剥削性，使国家的宏观调控政策得以贯彻落实。否则，在私有资本占主导的情况下，政府就会被资本所挟持、胁迫，引导、驾驭、约束和限制私有资本就缺乏强有力的手段，资本逻辑就会像“普照的光”一样，一切资本主义的肮脏的东西就会沉渣泛起。

公有制的主体地位并不是体现在数量上的绝对优势，而是体现在质量和对国民经济的控制力上。但是，如何理解这个“控制力”，长期以来争论不休。学者们认为，公有制的主体和控制力主要指公有资产占主体，但是对此有三种不同的理解：(1)公有资产占社会资产总量的50%以上；(2)公有资产在各种所有制资产结构中占优势地位，其他各种所有制资产所占的比重都低于公有制资产；(3)公有资产占国民经济命脉的重要部门资产的优势地位。

对这些问题不从理论上说清楚、说透彻，中国特色社会主义理论就没有说服力，就不能理直气壮地说中国在坚持和发展社会主义，中国特色社会主义就会成为一个筐，什么都可以往里装，就可能被人诟病为中国特色资本主义。这个问题不说清楚，坚持和完善中国特色社会主义就会成为一句空话，坚持改革的社会主义方向就会成为一句笑话。

---

① 《邓小平文选(第3卷)》，人民出版社1993年版，第111页。

十五大以来,随着国有企业和集体企业的"改制",公有制在国民经济中所占的比重急剧下降,非公有制经济迅速发展。到2008年,在规模以上工业中,国有及国有控股工业企业占全部规模以上工业总产值的比重下降到28.3%,集体企业占2.4%,非公企业比重上升到65.6%。城镇国有和集体单位从业人员占全部城镇从业人员的23.5%。现在,公有制经济在国民经济中的比重更低。而非公有制经济目前已经成为国民经济的重要力量。我国非公有制企业创造了60%左右的国内生产总值,提供了80%以上的城镇就业岗位,90%以上的新增就业岗位,50%左右的税收,65%左右的发明专利,75%左右的技术创新,60%的出口贸易和80%以上的新产品。一些学者认为,"公有制经济的比重已经下降到几乎不占主体地位的程度,量变必将引起质变,这就危及社会主义基本经济制度性质的安全"。有些学者还认为,正是私有制的推进才使改革开放取得了巨大成就,必须在私有化方向上进一步推进。但是,在私有制为基础的经济结构上能建立社会主义国家,能允许共产党执政吗?

我们认为,公有制的主体地位和控制力最重要的在于,保持公有资产在社会总资产中占优势,在基础产业占绝对支配地位,在主导产业和有关重要行业占支配地位。

"全面深化改革的总目标是完善和发展中国特色社会主义制度,推进国家治理体系和治理能力的现代化。"主张国家治理体系和治理能力的现代化,必须始终坚持和完善中国特色社会主义制度,绝不照搬西方制度。要坚持和完善人民代表大会制度,坚持中国共产党领导的多党合作与政治协商制度,绝不照搬西方的两党制或多党制;坚持党对军队的绝对领导,绝不搞西方所鼓吹的军队国家化;坚持依法治国、依法执政,但绝不搞一些别有用心的人所鼓吹的照搬西方政治制度的宪政。全面深化改革是为了党和人民事业更好发展,是为了完善和发展社会主义,不是为改革而改革,不是为了赢得某些人的掌声、迎合某些人的诉求。必须始终保持清醒头脑,不为各种错误观点所左右,不为各种干扰所惑,不生搬硬套西方思想理论和制度模式,坚持一切从实际出发,以我为主,该改的坚决改,不能改的坚决守住,牢牢把握改革的领导权和主动权,始终坚持改革的社会主义方向。

第二,加强制度的顶层设计,使各项具体制度明细化,推进各项重大决策的科学化、民主化、规范化,正确处理顶层设计和摸着石头过河之间的关系,确保党对全面深化改革的决策的制定科学、落实有力。

在中国这样一个人口众多、生产力落后、具有悠久文明的国家进行社会主义建设和改革，是一项前无古人、充满挑战的全新事业，必须在不断实践、不断探索中推进。摸着石头过河，这是富有中国特色、符合中国国情的改革方法。实践证明，中国的渐进式改革，避免了因为情况不明、举措不当而引起的社会动荡，是卓有成效的。摸着石头过河，体现了马克思主义认识论，不仅在改革开放初期需要摸着石头过河，当前和今后全面深化改革也仍然需要摸着石头过河。另一方面，我们也要清醒地认识到，改革是一个系统工程，经济体制、政治体制、文化体制、社会体制和生态体制密切相关。不谋全局者，不足以谋一域。然而，在改革开放过程中，我们党推进经济体制改革的步伐比较快，而在政治体制改革、文化体制改革、社会体制改革、生态体制改革上相对滞后，致使各种体制之间协调配套不够。一些地方在实践中也“头痛医头、脚痛医脚”，没有从整体上、全局上对体制、机制、制度进行统筹设计，致使在具体的制度和体制上存在冲突、矛盾和不协调、不严密的地方。比如，明明知道强拆会引起老百姓的不满，可还是会不断出现强拆。这就是我们的制度设计问题，干部政绩评估、公共财政等制度上的不合理，才会产生这种不合理的现象。再比如，我们出台了一系列调控房价的措施，但最终各地在落实中却大多成了“空调”。其中一个很重要的原因在于，房地产已经成为全国许多地方财政收入的主要来源。所以，不改变经济增长结构，不改革财税体制，不改变分配体制，还有不建立以保障性住房为主的住房保障体系，房价就难以实现有效的调控，住房难的问题就难以解决。再比如，生态环境问题，虽然2003年就提出要实践科学发展观，但这几年来很多地方生态环境仍继续恶化。其原因不仅有生态管理体制不健全的问题，还有经济体制、政治体制、社会体制以及文化观念的问题。另外，当前之所以众多民主对教育体制改革、医疗体制改革、住房保障体制改革十分不满，就在于涉及教育、医疗、住房管理部门在改革中也已经在一定意义上成为利益集团，它们比较多的是从维护部门利益的角度来推进改革，而忽视了处于社会底层的广大民众的利益。

当前，我国改革处于深水区和攻坚期，仅仅摸着石头过河是不够的。中国犹如一艘巨大的轮船，为了确保航行的安全，必须在深入调查研究的基础上提出科学的顶层设计，更加注重改革的系统性、整体性、协同性，对经济体制、政治体制、文化体制、社会体制和生态体制等做出统筹设计，加强对各项改革关联性的研判，努力做到全局和局部相配套、治本和治标相结合、渐进和突破相促进。要明确提出改革总体方案、路线图、时间表。推进局部的阶段性改革开放要在加强顶层设计的前提下进行,加强顶层设计要在推进阶段性改革开放的基础上来谋划。推进制度创新,要鼓励大胆探索、勇于开拓,允许摸着石头过河,也要在实践调查的基础上,加强顶层设计,要理顺制度各部分之间的逻辑关系,注重制度体系结构的完整性和各部分之间的功能耦合,做到各部分之间相互衔接、相互补充,从而形成社会发展的合力,充分发挥中国特色社会主义制度的优势。必须从纷繁复杂的事物表象中把准改革脉搏,把握全面深化改革的内在规律,特别是要把握全面深化改革的重大关系,处理好解放思想和实事求是的关系、整体推进和重点突破的关系、顶层设计和摸着石头过河的关系、胆子要大和步子要稳的关系、改革发展稳定的关系,坚持全局和局部相配套、治本和治标相结合、渐进和突破相促进。在加强制度的顶层设计的过程中,特别是对于涉及民生利益的重大体制改革决定,要防止部门立法的弊端,要坚持制度出台的科学性和民主性,在科学研究的基础上充分征询广大民众的意见。在推进各项改革的进程中,党还要加强督察、落实,坚决反对"上有政策下有对策"的做法,坚决维护党的政治纪律。

在顶层设计中,特别是要进一步理顺政府与市场的关系,切实转变政府职能,推进行政审批制度改革。当前,我国社会主义市场经济体制已经初步建立,但是政府与市场的关系并没有得到完全理顺,特别是政府对市场不当干预过多与监管不到位并存,价格扭曲、行业垄断、权力腐败等问题依然突出,市场在资源配置中的决定性作用受到诸多制约。从揭发出来的一些案件看,很多钱权交易的腐败行为,都发生在领导干部直接插手微观经济行为的过程中。如何正确处理政府与市场的关系,既是推进经济体制改革的重大课题,也是推进政治体制改革的重大课题。另外,改革开放以来,在教育、医疗、住房等公益事业领域,相关部门没有承担起应有的责任,实行了过度的产业化政策,以致出现了上学难、看病难、住房难的问题。

为了正确理顺政府与市场的关系,必须根据建设法治型、服务型政府的目标,进一步加强行政审批制度改革,转变政府管理职能。对那些应该用市场机制运作代替行政审批的项目,就要充分发挥市场来配置资源的决定性作用,通过市场机制来处理,切实铲除权力寻租的空间。而对于需要审批的项目,要建立科学的机制,要尽可能地杜绝漏洞,减少权钱交易的机会,对于需要用行政手段解决的问题,要加强程序的公开公正性,要加强权力的制约和监督。

另外,要对市场在资源配置中的决定作用的范围做出明确的界定和限定。不能把市场配置资源理解为资源私有化,也不能理解为在一切领域中都由市场来配置资源。必须始终维护公有制的主体地位,坚持国家对国土资源的绝对控制。在教育、医疗、住房、社会文化等公益事业领域中,也不能完全由市场进行配置,政府应该承担起提供公共产品的主要责任,加强财政的投资,而不能完全依赖市场。必须区分资源的市场配置和资源的国家所有、提供,这二者涉及不同的方面,并不是截然对立的,可以并行不悖、互相补充。

第三,切实坚持以社会主义核心价值体系引领社会思潮,坚持以马克思主义中国化的最新成果武装全党、统一群众的思想认识,确保党在意识形态领域的领导权。

思想领导是党的领导的重要内容之一,但是思想教育的松懈却是改革开放以来一直存在的重大问题。1989 年邓小平同志在总结十年改革开放的经验时曾指出,我们党在改革开放以来忽视了教育,这是一个重大的失误。虽然此后党中央在认识上注意到思想教育问题的重要性,并采取了一些举措,但在实际工作中,在强调效率优先、GDP 挂帅的前提下,精神文明建设并没有放在与物质文明同等重要的地位。邓小平同志提出的坚持两手抓、两手都要硬的方针并没有落到实处。由于精神文明建设的弱化,市场经济所倡导的金钱至上观念、等价交换观念泛滥,一些党员干部由此放弃了全心全意为人民服务的宗旨,放弃人民利益第一的原则,放弃了艰苦奋斗、无私奉献的精神追求,以至理想信仰缺失,整个社会风气也为利己主义、功利主义所充斥,物欲横流,黄赌毒泛滥,封建迷信活动也沉渣泛起。道德失范、诚信缺失,坑蒙拐骗、尔虞我诈的现象屡见不鲜,食品安全、药品安全已经成为社会的重大问题,中国被国际社会沦为假冒伪劣产品的产地,国际形象严重受损。社会主义荣辱观所倡导的最基本的道德准则,反映的正是一些干部群众失去道德底线的严峻形势。而且,在全面开放的形势下,一些学者、干部借口马克思主义的一些具体结论或个别论断于今天的现实不符,否定马克思主义的指导地位,宣扬西方的新自由主义思潮、社会民主主义思潮,鼓吹所谓的普世价值,推销西方的政治制度。通过精巧的包装,一些充斥西方新自由主义基调的政策也在一些领域中得以推行。但在“不争论”方针的助长下,一些错误的思潮没有得到有力的驳斥,以至一些党员干部中思想混乱,弄不清中国特色社会主义与新自由主义、社会民主主义的本质区别,对马克思主义缺乏坚定的信仰,对中国特色社会主义缺乏道路自信、理论自信、制度自信。

社会主义是人类文明前进的方向。宣扬社会主义核心价值,应该理直气壮。必须毫不动摇地坚持马克思主义的指导思想,坚持用马克思主义中国化的最新成果武装全党,引导和统一多元化的社会思潮。要加强中国特色社会主义意识形态建设,切实摒弃战争与革命时期和阶级斗争为纲的年代的思维方式,而需要从“执政党”的角度来确立意识形态工作理念,探索新形势下意识形态工作的新方式。思想宣传工作,应以正面宣传为主,弘扬主旋律。要把科学的世界观、人生观、价值观的教育、法治观念的教育、党史国情的教育贯穿于小学、中学、大学教育之中。在坚持百花齐放、百家争鸣的前提下,要在思想领域中对非马克思主义思潮、反马克思主义思潮加以批判、斗争,对少数别有用心的人妖魔化党的领袖的言论、行为要加以坚决抵制、批判。要继续加强网络管理,坚持以马克思主义占领、引导网络阵地。只有确保党在意识形态领域的领导权,才能为全面深化改革提供强大的舆论支持和精神动力。

第四,全面提高党的建设科学化水平,切实增强自我净化、自我完善、自我革新、自我提高能力,建设学习型、服务型、创新型的马克思主义执政党,确保党的凝聚力、战斗力、向心力。

改革开放以来,我们党高度重视自身建设,取得了很大的成就,也存在一些问题,主要是:一些干部领导科学发展的能力不强,一些基层党组织软弱涣散,少数党员干部理想信念动摇、宗旨意识淡薄,形式主义、官僚主义问题突出,奢侈浪费现象严重;一些领域消极腐败现象易发多发,反腐败斗争形势依然严峻。对于这些问题,党要高度重视,要以改革创新精神全面推进党的建设新的伟大工程,全面提高党的建设科学化水平。

一要抓好思想理论建设这个根本,坚持以中国特色社会主义理论体系武装全党,不断推进学习型党组织建设,深入开展党性教育。当前,世情国情党情的变化新形势使党的建设面临着新挑战,众多党员干部面临着本领不足的恐慌。为了切实应对党所面临的“四大危险”“四大考验”,必须切实加强学习,提升马克思主义理论素养和党性修养,提高党员干部应对国内国际个中复杂形势的能力。数据显示,2012 年我国 18 – 70 周岁国民图书阅读率为 54.9%,比 2011 年的 53.9% 上升了 1 个百分点;2012 年我国 18 – 70 周岁国民人均纸质图书的阅读量为 4.39 本,与 2011 年的 4.35 本相比基本持平。与世界上一些发达国家相比,我国的国民阅读水平更显落后。联合国教科文组织进行的一项调查显示,全世界每年阅读书籍数量排名第一的是犹太人,平均每人一年读书 64 本。而中国 13 亿人口,扣除教科书,平均每人一年读书 1 本都不到。许多党员干部在调查中反映,要么不喜欢学习,要么忙于工作而没有时间学习。一个不能学习的民族是没有希望的民族,也不可能为创新提供积淀。只有加强党员干部的学习培训,使学习制度化,建设学习型政党、学习型社会才不会成为一句空话。

二要以密切党群关系为核心坚持不懈地推进作风建设。十八以来新一届党中央提出了八项规定,针对“四风”问题,围绕保持党的先进性和纯洁性,在全党深入开展了党的群众路线教育实践活动。必须清醒认识到,群众路线教育实践活动有期限,但贯彻群众路线没有休止符,作风建设永远在路上。作风问题具有顽固性和反复性,形成优良作风不可能一劳永逸,克服不良作风也不可能一蹴而就。党的优良作风的形成,不是通过一场短期的运动战、歼灭战就可以万事大吉。只有长期抓、经常抓,把他律变成自律,一时的、短暂的、易变的行为才能变成长期的、固定化的制度,建立健全改进作风的常态化制度,才能形成自觉践行群众路线的良好风尚,形成自觉抵制官僚主义、形式主义、享乐主义和奢靡之风的氛围。

三要积极发展党内民主,坚持和完善民主集中制。党内民主是党的生命。对于党员,过去强调得比较多的是党员的义务,而对党员的民主权利则谈得较少。要深入学习、遵守、维护党章,保障党员的主体地位,健全党员民主权利保障制度,落实党员知情权、参与权、选举权、监督权,对侵权现象及时加以查处。要正确处理党委会、全委会、党代会之间的关系,明确界定其权责,完善议事规程和决策程序。为了使党代会代表发挥出实体性民主作用,要探索推行县以上党代会代表常任制,扩大党代会代表的知情权、动议权、议决权、监督权、弹劾权,实行党代会代表提案制、质询制和联系党员群众制度,切实推进党内民主实体化过程。推行市县级以上党的代表大会按年度召开的制度。健全各级党委主要负责人代表党组织向党代会报告工作并由党代会审议的制度。明确各级党的全委会和常委会作为党员代表大会执行机关的职责和权力,明确党委(党组)书记权责。建立和健全全委会和常委会议事规则,明确重大事项的类别和标准,规范会前酝酿程序,完善民主议决制度。要区分委任制和选任制干部,完善干部考核评价机制。

四要加强和完善党内制度体系,加强制度的检查落实。虽然改革开放以来党内规章制度不断完善和发展,但是仍然存在一些问题。一方面,激励不足。在激励制度上,没有建立完备的激励制度体系。另一方面,制度的可操作性差,督查不够,难以落实。存在实体性制度多、程序性制度不足,重制度制定、轻制度执行,制度执行的自由裁量空间过大,制度之间也存在不严密配套的问题。另外,领导干部法治意识不强,制度执行还存在成本大、代价高。一些领导干部面对制度,不是竭力维护制度,而是千方百计逃避制度,寻找制度的漏洞,钻制度的空子。为此,要在清理现有制度的基础上,构建一个科学严密的制度体系,并狠抓制度的宣传、督察、执行。

五要以刮骨疗毒、壮士断腕的勇气切实推进反腐倡廉惩防体系建设。腐败问题,是关系到党的生死存亡的重大问题。不切实有效反对腐败,党和政府就不能得到广大人民群众的拥护,全面深化改革就不能健康顺利推进,就面临着亡党亡国的危险。为此,要着力完善反腐倡廉惩防体系建设。一要加强诚信体系建设,制定和完善相应的法律、法规,将公务员的诚信伦理行为法制化,建立公务员诚信档案,规范公务员廉洁从政行为。实行国家工作人员家庭财产申报制度。二要加强对权力的制约和监督,切实改变以前存在的上级监督下级太远,同级监督同级太软,下级监督上级太难,组织监督时间太短,纪委监督为时太晚,群众监督太虚、舆论监督太弱的现象。进一步探索一种在党的统一领导下的决策权、执行权和监督权适当分离又互相协调的权力制衡与监督机制。要提升纪委的监督地位,提升省级以下纪委对同级党委监督的权力。十八届三中全会的《决定》完善了双重领导体制,赋予上级纪委对下级纪委书记的提名权,强化上级纪委对下级纪委的领导,加强对同级党委常委,尤其是"一把手"的监督。要反对任何超越宪法和法律之外的特权,确保党依法执政、以宪执政。要充分发挥监督的综合效力,建立纪委、人大、政协、金融、审计、税务、司法、新闻共同参与、协调配合的监督体系。要把权力关进制度的笼子里,并把权力运行的程序和监督的安排明细化,做到权力行使到哪里,监督就跟到哪里,让权力在阳光下运行。还要走群众路线,要切实完善选举制度、举报制度和利益激励机制,切实改变我国群众实名举报率较低的现象,保证人民群众能够监督并愿意监督政府。三要加大腐败惩治力度。腐败现象与党的性质水火不容,因此贪腐案件无大小。坚持有腐必反、有贪必肃,继续执行既要抓老虎,又要拍苍蝇的做法,继续狠抓八项规定,决不允许歪风邪气蔓延。坚持对党风廉政问题常抓不懈,从根本上扭转不正之风,实现干部清正、政府清廉、政治清明。

第五,要站在国家安全的制高点来维护社会公平正义,进一步理顺公平与效率的关系,切实维护广大人民群众的根本利益,确保党的执政地位。

社会公正是社会主义的重要特征,也是社会主义相比资本主义的一个最重大的优越性。公平正义是社会主义制度的首要价值,它应该成为社会主义的自觉追求、本质要求。放弃公平正义的追求,社会主义就不够格,就会丧失政权的合法性。社会主义只有自觉地以公平正义作为自己的首要价值,才能站在道义的制高点上,才能理直气壮地说自己搞的是社会主义,才能凝聚人心,才能坚定人们的社会主义信仰,才能迎接资本主义的挑战。否则,不践行公平正义,不在根本制度、政策上保证公平正义,社会主义信念就会动摇,任何加强社会主义信念的教育都难以有成效,人们就很难拥护这种社会主义。所以,也可以说,公平正义是中国国家安全的制高点。

然而,长期以来,我们党在公平与效率的关系上没有完全理顺,强调"效率优先、兼顾公平",以至产生了重大的社会不公问题。的确,"效率优先、兼顾公平"在改革开放之初为迅速打破平均主义吃"大锅饭"的低效率局面,发挥了比较积极的作用。但是,由于对"发展是硬道理"的片面理解,"效率优先、兼顾公平"这一政策也带来极大的社会不公问题。比如,在分配问题上,虽然我们党一直强调要走共同富裕的道路,但在实践当中党和政府并没有采取十分有效的措施来解决城乡区域发展差距和居民收入分配差距扩大的问题。不仅如此,这种效率优先、兼顾公平的理念还从经济领域泛滥到教育、医疗、住房等领域,致使上学难、看病难、住房难现象严重,广大人民群众难以享受改革发展的成果,从而严重损害了广大人民群众对社会主义的信仰,对党和政府的信心。十七大以来,我们党明确摈弃"效率优先、兼顾公平"的提法,并强调"初次分配和再分配都要处理好效率和公平的关系,再分配更加注重公平"之后,经过5年的努力,贫富差距扩大局面并没有得到有效缓解,基尼系数达到0.473,依然超过0.4的警戒线,社会矛盾明显增多。一方面,作为党巩固阶级基础的农民和普通工人虽然从整体上生活水平有了较大的提高,却成为社会的弱势群体,处于社会底层,已经丧失了改革开放前的国家主人翁的荣誉感;另一方面,一些利益集团在改革开放中获得了极大的利益,并利用手中的权力和资本操控、影响着党和政府的决策。社会不公问题长期不解决,必然危及党和国家的长治久安。

在当代中国,实现社会公正,首先要努力实现分配公平,要切实维护广大人民群众的根本利益,不断缩小差距,提高广大劳动人民的生活水平。分配公平不仅仅是一个经济层面的问题,而且是一个政治问题,它关系到党的执政基础。中国共产党只有为大多数人谋幸福,走共同富裕的阳关道,才能占领道义上的制高点。其次,要努力实现权利公平,使人民的各项权利得到保障,不断以党内民主带动人民民主,并旗帜鲜明地反对腐败。再次,要努力实现机会公平,消除城乡差别,保障人民群众公平获得教育的机会、就业的机会、医疗保障的机会。最后,要完善社会主义的基本经济制度、民主制度、法律制度、司法体制机制、保障制度、财政制度,并使各项制度得到落实。

总之,全面深化改革必须毫不动摇地坚持党的领导,要在深刻把握改革的内在规律、正确处理改革的重大关系的基础上,确保党的领导科学、有力、有效。

原载李培林主编:《全面深化改革二十论》,社会科学文献出版社 2014 年版

第五部分

05

推进国家治理体系和治理能力现代化

吸收文化精华　推进国家治理体系现代化

习近平总书记指出,国家治理体系和治理能力是一个国家的制度和制度执行能力的集中体现。我们要建设的现代国家治理体系,应符合人类社会发展规律,体现社会主义先进生产力发展要求,顺应社会主义先进文化前进方向,代表最广大人民的根本利益,反映时代进步潮流。我国现代国家治理体系应既符合现代国家制度的基本要求和普遍规律,又符合我国国情;既能有效统领我国社会主义经济建设、政治建设、文化建设、社会建设和生态文明建设,实现有效的政府治理、市场治理和社会治理,又有利于完善和发展中国特色社会主义制度,建设富强、民主、文明、和谐的社会主义现代化国家;既能有效应对国内问题和挑战,处理好改革发展稳定的关系,又能有效应对国际风险和挑战。加快构建这样的国家治理体系,要求我们既吸收中华优秀传统文化,又吸收西方优秀文化。

文化在国家治理体系现代化中具有重要作用

文化是民族的血脉,是人民的精神家园,是推动国家发展和民族振兴的强大力量。习近平总书记强调:"一个没有精神力量的民族难以自立自强,一项没有文化支撑的事业难以持续长久。"发展先进文化是国家现代化的重要内容。实现文化发展与国家治理现代化有机结合,是当代世界各国实现国家有效治理的战略选择。

文化既是国家治理体系现代化的重要内容和组成部分,也是推进国家治理体系现代化的重要媒介,是决定国家治理体系现代化方向的重要因素。文化与国家治理体系相互联系,相互影响。一般来说,国家治理体系与文化是同质的、一致的,有什么样的文化,就可能构建什么样的国家治理体系;有什么样的国家治理体系,就可能形成什么样的文化。

文化作为精神、价值观念和意识形态,在国家治理体系现代化中发挥着重要的价值引导作用。任何国家治理体系的形成、巩固和发展,都需要相应的文化观念提供指导和保障。国家治理体系为谁服务,在很大程度上是由文化价值观念决定的。国家治理体系赞成什么、反对什么,规定什么可以做、什么不能做,确定是非标准、调解利益矛盾等,都是由文化价值观念引导的。因此,我们推进国家治理体系现代化,必须以马克思主义立场、观点和方法为指导,体现国家主流意识形态,吸收中外优秀文化精华。

吸收中华优秀传统文化

习近平总书记指出:"中华民族具有5000多年连绵不断的文明历史,创造了博大精深的中华文化,为人类文明进步做出了不可磨灭的贡献。"当前,我们推进国家治理体系现代化,必须吸收中华优秀传统文化。

一个国家的治理体系是否科学,不仅要看相关制度反映国家治理规律的程度,而且要看这个治理体系对于所治理对象的"适应"和"对症"程度。我国国家治理体系的作用对象是生活在中华大地上的各族人民。习近平总书记指出,独特的文化传统,独特的历史命运,独特的基本国情,注定了我们必然要走适合自己特点的发展道路。同样,我们推进国家治理体系现代化也必须充分考虑、认真研究我国独特的文化传统、独特的历史命运、独特的基本国情。从历史到现实,中华优秀传统文化深刻影响着中国人的思想观念、价值取向,成为维护国家统一、调节社会关系的重要准则。因此,我国的国家治理体系必须与中华优秀传统文化相适应,才能充分发挥治理国家的作用。

在推进国家治理体系现代化中吸收中华优秀传统文化,需要把握以下几点:一是对博大精深的中华文化用马克思主义立场、观点、方法加以甄别、分析,对于那些与封建制度紧密相连、在历史上起负面作用的文化应坚决抛弃;对于那些体现中华文明特质、在中国几千年文明演进中起纽带作用的文化,对中华民族团结统一强大起血脉作用的文化,对今天在促进国家富强、民族振兴、人民幸福中仍有积极作用的文化,应积极吸收并运用于推进国家治理体系现代化。二是做好民族文化与现代制度的协调互动工作,即使对历史上曾发挥过积极作用的古人的智慧和文明成果,也不可简单照搬照套,而应将其与当代中国改革发展的新形势、新要求相结合。

正确对待西方文化

推进国家治理体系现代化,必须在马克思主义指导下,正确对待西方文化。西方资本主义文化创造了现代资本主义文明。盲目崇拜和鼓吹西方资本主义文化,显然是错误的;盲目批判和贬斥西方资本主义文化,也是不可取的。西方发达国家的治理体系在对国家公共生活、社会生活秩序的治理方面,有一些值得借鉴的先进理念和制度。在推进国家治理体系现代化进程中,我们要坚持以马克思主义为指导,区别对待、批判吸收西方资本主义文化。

近现代国家治理体系的内容有两个基本属性:一是体现国家管理共同规律的自然属性,二是体现国家性质的社会属性。自然属性反映对众人及众人之事进行治理的共同性规律要求,社会属性体现国家制度的政治属性。前者在不同性质的国家是可以互相借鉴的;后者与一定的生产关系紧密相连,具有强烈的阶级性和意识形态属性。

国家治理体系中不具有意识形态属性的管理理念和具体制度,是对国家和社会公共事务管理规律的反映和运用,不同文明、不同性质的国家在这些方面可以互相借鉴。比如,政策制定过程中的"听证制度"、公共服务中的"一站式服务",责任政府建设中以用,社会主义也可以用。学习借鉴西方发达国家的先进治理理念和制度,是我国构建现代国家治理体系所需要的。同时,我们应采取批判吸收的态度,坚持以马克思主义为指导,从我国实际出发,绝不能相信所谓的"普世价值",坚决反对"洋教条"。应充分认识到,所有社会制度都有其赖以产生和发展的具体历史文化社会条件,我们在学习借鉴时首先要分析这些条件与我国实际的异同,理解其先进性所体现的理念、蕴含的精神,然后从实际出发,创造性地吸收、借鉴和运用。这样的学习和借鉴才是创新,才是批判吸收,才能适合我国国情,才能在推进国家治理体系现代化中起到积极作用。

对于国家治理体系中具有明确的阶级性和意识形态属性,反映资本主义生产关系的根本制度、基本制度,我们要坚决抵制。对于西方的民主制度,我国的国家性质、独特传统、历史文化、民族特点决定了我们绝不可照搬套用。近年来,西亚、北非一些国家套用西方的民主制度带来无休止的争斗和内乱,经济陷入困境,人民痛苦不堪。这些前车之鉴提醒我们,对于西方文明成果的借鉴,有一个立足于本国历史文化条件、现实国情的问题,有一个以马克思主义为指导进行鉴别、界定和批判吸收的问题。我们在推进国家治理体系现代化的实践中,绝不能简单照搬和套用西方制度,那样只会给国家和人民带来灾难。

原载《唯实(现代管理)》2014 年第 6 期

西方关于不同制度与民主的新观点

金融危机与经济危机以来,西方重要政治家、学者等具有影响力的头面人物对不同制度与民主等提出了一系列新观点。密切关注国际政治思潮的这些新变化,采取切实可行的应对策略,对增强我国的话语权与文化软实力、树立良好的中国形象等都具有重要的理论与现实意义。

关于不同制度观点的新变化

美国杜克大学布鲁斯·W·詹特森教授和加利福尼亚大学伯克莱分校史蒂芬·韦伯教授在《美国的硬推销》一文中指出,过去左右世界政治格局的是五大理念:一是和平比战争好;二是霸权比均衡好;三是资本主义比社会主义好;四是民主比专制好;五是西方文化比其他文化好。但这五大理念不再像过去一样掷地有声、引领潮流,世界政治中最重要、最基本的问题又一次成为公开讨论的议题,并强调除和平比战争好外,其余四大理念都在发生变化。

国际金融危机以来,国际政治思潮中对资本主义制度特别是新自由主义发展理念的反思不断增加。美国三位诺贝尔经济学奖得主都严厉批判了新自由主义。斯蒂格利茨认为,新自由主义既没有得到经济学理论的支持,也没有得到历史经验的检验,而只是"一直为特殊利益集团服务的政治教条"。关于新自由主义理论的有害作用,他说:一方面,它为银行家和投资者的行为提供"理论根据",使他们相信追求私利会提高全社会的福利;另一方面,它为监管者和决策者提供"理论根据",使他们相信解除或放松监管会促进私人部门繁荣,使大家都能从中获益。克鲁格曼教授对"里根经济学"进行了批判,指出全球性的金融危机彻底粉碎了人们对自由放任的市场经济的信仰。20 世纪里根政府提出了"政府不能解决问题,政府本身才是问题”的口号,但现在“只有政府才解决问题”。萨缪尔森指责“那些完全指望市场力量的人”,并力主政府应干预经济:既要在微观经济领域“对企业进行规范”,又要在宏观经济领域“稳定经济”。

法国经济学家热拉尔·迪梅尼尔认为,此次危机不是简单的金融危机,而是新自由主义这一不可持续的社会秩序的危机。达沃斯论坛创始人克劳斯·施瓦布认为,“当下的资本主义形式已经无法适应我们的世界了”,“仅仅对资本主义所滋生的那些放任行为加以谴责是远远不够的,我们需要对此进行更深刻的分析,即为什么如今的资本主义体系不再适应现在的世界?”

关于不同民主政治的新论断

国际金融危机以来,西方学者对西式民主质疑声日渐增多。葡萄牙社会学家博阿文图拉·德索萨·桑托斯认为,目前的危机让全世界“有理由认为资本主义是反民主的”。与此同时,众多西方学者对中国特色社会主义民主政治的兴趣日浓,并认为中国特色社会主义民主已经成为世界民主政治制度的一种新形式。如在美国学者拉里·戴尔蒙德主编的《中国的选举与民主》一书中,不少西方学者认为,支持改革的精英分子将会同普通民众一起,最终形成一种新的民主政治体制,而且悠久的中国文化能够支持中国民主政治建设,并为中国民主政治的巩固做出贡献。英国诺丁汉大学郑永年强调,民主政治具有多种形式,发展民主政治的途径也是多样化的,中国要积极努力根据自己的实际情况来发展中国民主,也就是“中国特色社会主义民主”。这种民主的特点是要走自己的路,价值取向不能照抄照搬西方的民主理论。他强调“中国不拒绝民主,但也不简单输入民主,这是中国有序民主的希望”。对于中国农村村民直接选举,有西方学者指出,“在鲜为人知的选举试点村中,中国的民主在某些方面已经超过了美国”,中国农村村民直接选举制赋予占中国人口绝大多数的农民以政治权利,大大推动了中国社会主义民主政治的进程。

两点启示

第一,准确把握西方政治思潮的新变化,抓住提升我国软实力的重要机遇。

从西方政治思潮新变化看,西方学者意识到了自身存在的问题,提出了一些对策建议,但由于自身立场的局限性,以及传统宗教文化的影响,还只是停留在口头上,西方政治领域并没有真正地跨入一个新时代。

实际上,西方政治思潮建立在特定的文化基础之上,而西方文化有它的软肋。文化决定着人对自身的描述和期许,也决定着人们所持有的形而上学信念。西方"民主"等作为其文化价值观的招牌字眼似乎具有天经地义的正确性,思想领域不知不觉地悬挂着一道无形禁令:"思维到此为止,禁止深入"。从禁令出发意味着西方学者的思维是不彻底的,不彻底的思维不具有与现实交手的力量,充其量是大批量生产伪善的烟幕弹,以巩固自身的软实力。其实民主本身不是目的,它们是适应社会的需要而产生的,是历史发展的产物,有它的合理性,也有它的局限性,把民主固定化,奉为神明就犯了主体形而上学的错误。从人类发展的历史来看,社会的进步和繁荣很大程度上依靠知识的增进,而对新知识的掌握往往是一个由少数到多数的过程,如果多数压制了少数的个性,也就扼杀了社会的创造性,不利于知识的增进。

总之,当今西方关于不同制度与民主的新变化,在某种程度上为中国的思想创新和提升软实力、增强话语权提供了机遇。

第二,提升我国软实力必须转变思维方式。金融危机以来,国际社会对资本主义制度的反思成为一个普遍性的热点问题,我国对此也多有译介。然而,毋庸讳言,由于思维框架的局限性,我们的认识还有待深入,只挖掘了一些表面材料,大多停留在从道义上批判资本主义制度的立场,直接或间接地得出社会主义必将取代资本主义的结论。表面看来,这种思路站在了社会主义立场上,无论政治上还是道义上似乎都是正确的。但实际上,这种思路有些问题,其一,它没有遵循与时俱进、实事求是的思想路线,是用旧理论框架剪裁事实的结果。国外学者和政要确实对资本主义制度提出了批评,揭露了许多不平等的事实,但这只是冰山之一角,如果综合地整理和分析国外学者的文章,我们会发现,他们反思的重点不在于此。

大多数学者认为,贫富不均非资本主义所独有,资本主义制度的危机并不必然会指向社会主义。其二,这种思路不利于中国特色社会主义道路、理论、制度的发展和完善。中国特色社会主义并不是已经固定化的东西,而是正在进行中的事业,它是解放思想、突破陈规的结果,有许多问题显然需要深入探讨,只有用开放的思路才能进一步完善它,而用教条的思路去框定它只能损害它;另一方面,如果我们忽略了国外学者对资本主义制度反思深层的、有意义的内涵,那么我们便不能够真正地把握他们的思想以提升我们的话语权。话语是靠深刻性而取胜的，浅层次话语说得再多也会被人不屑一顾，只能暴露出自身的狭隘和肤浅。如果我们不能站在理论制高点与国外对话，那么增强我国际话语权、提升我软实力也只是一厢情愿的一纸空谈。

简言之，提升我国软实力绝不能采取简单否定资本主义、肯定社会主义的思路，而必须首先掌握西方学者据以提出问题的思想文化基础，站在理论制高点来发出自己的声音。

原载《思想政治工作研究》2014 年第 10 期

梦醒西式民主

2008 年爆发的国际金融危机,开启了一个全球反思西式民主的时代。深入反思、质疑和批评西式民主制度,正不可遏止地成为世界范围首先是西方所谓民主国家范围内一股强劲的思想潮流。也许,2014 年因乌克兰民主公投而国家动荡分裂,泰国民选总理英拉被宪法法院裁决下台,可以成为全球反思西式民主的一个重要年。人们该从西式民主的迷思中醒来了!

现代西式民主:为少数人利益服务的民主

在西方的主流舆论里,西式民主制度充分体现人民的意志,充分维护人民的利益,充分保障人民的民主权利,是真正的“全民民主”“纯粹民主”,自然而然具有“普世性”。事实果真如此吗?看看历史和现实,人们只能得出这样的结论:西式民主离资本很近,但距民主本质很遥远。

近代以来,西方新兴资产阶级借“人民主权”为旗号,主张实行资产阶级的“民主”制度,以战胜封建专制和维护自身切身利益。然而,资产阶级一登上政治舞台中心,就急不可耐地在“民主”前附加一系列限定词,如“代议”“多元”“宪政”“程序(选举)”等,把“民主”变为少数人通过“选票”来获取向绝大多数人实行统治的一种制度安排,“人民”完全变为“选民”。这也正如卢梭批判英国代议制所说的:“英国人民自以为是自由的,他们是大错特错了。他们只有在选举国会议员期间是自由的,议员一旦选出之后,他们就是奴隶,他们就等于零了。”列宁更是一针见血地指出:“每隔几年决定一次究竟由统治阶级中的什么样人在议会里镇压人民、压迫人民——这就是资产阶级议会制的真正本质,不仅在议会制的立宪国内是这样,在其中最民主的共和国内也是这样。”毛泽东同志在 1940 年也曾批判过这种假民主,他说:"像现在的英、法、美等国,所谓宪政,所谓民主政治,实际上都是吃人政治。这样的情形,在中美洲、南美洲,我们也可以看到,许多国家都挂起了共和国的招牌,实际上却是一点民主也没有。""民主"成了资产阶级装点门面的强权话语和愚弄欺压绝大多数穷人的迷人光环与谎言。

剖析今日一些人认为最民主的美国,可知其民主仍是为资产阶级少数人服务的。在理论上,不管众议院还是参议院,其议员都由所谓选举而出的"代议人员"组成,即便是"代议"而"众"的众议院,也还有由更为少数精英组成的参议院和拥有"帝国般权力"的总统所节制。这种两院、三权分立的制度设计的本意不是为了让民主覆盖大多数,而是为限制民主,为了使少数人的财产权通过宪法得到永久性保护。正如朱维东所分析的,在实际操作中,两院议员和总统的选举都是"钱举"。"钱举"结果必然是"钱权联姻"。如在小布什政府大选筹款中贡献最大的"先锋"俱乐部,竟有43人被任命要职,其中2位担任政府部长、19位出任欧洲各国大使;2001年小布什政府宣布退出《京都议定书》最重要的原因,就是石油和天然气等行业大公司都是小布什竞选时的主要赞助者。2010年1月,美国联邦最高法院干脆取消政治献金限制,使美国选举变"钱举"公开行之,把原来覆盖在程序(选举)民主上一层薄薄的温情面纱撕得破碎而荡然无存。2012年,奥巴马、罗姆尼在总统选举中总共花费达60亿美元,成为美国"史上最烧钱的大选"。可是,如此之多的钱来自哪里?当然是来自少数几家的垄断资本集团从绝大多数劳动者身上的剥削所得。

斯蒂格利茨曾撰文指出美国民主的实质就是"1%所有,1%统治,1%享用"。他说:"美国上层1%的人现在每年拿走将近1/4的国民收入。以财富而不是收入来看,这顶尖的1%控制了40%的财富"。"当你审视这个国家顶尖1%者掌握的巨量财富时,就不禁会感叹我们日益扩大的收入差距是一个典型的、世界一流水平的美国'成就'。而且我们似乎还要在未来的日子里扩大这一'成就',因为它会自我巩固。钱能生权,权又能生更多的钱"。"事实上,所有美国参议员和大多数众议员赴任时都属于顶尖1%者的跟班,靠顶尖1%者的钱留任,他们明白如果把这1%者服侍好,则能在卸任时得到犒赏"。"美国人民已经看到对不公政权的反抗,这种政权把巨大的财富集中到一小撮精英手中。然而在我们的民主制度下,1%的人取走将近1/4的国民收入,这样一种不平等最终也会让富人后悔"。果不其然,2011年9月,美国爆发了声势浩大的"占领华尔街"示威抗议运动,示威者呼喊着"我们代表 99%""华尔街须为一切危机负责""把金钱踢出选举"等口号。

西式民主下的资本主义社会:"两极化社会"还是"中产化社会"

今日西式民主因资产阶级而起,随资本主义发展而发展。在西方的民主发展史上,一直是奉精英民主即资产阶级民主为圭臬。资产阶级为了宣传资本主义民主的长久合理和永恒,一直在制造一个从未存在的"中产阶级"和"中产化社会"的谎言:中产阶级占主体(绝大多数)的"中产化社会"将给人类带来自由、民主、平等、普遍富裕和社会稳定。事实上,资本主义从诞生起,从来没有形成过一个"橄榄型"的"中产化社会"。

资本本性就是制造两极分化。资本主义时代的一个最大特点就是阶级对立简单化。资本主义"整个社会日益分裂为两大敌对的阵营,分裂为两大相互直接对立的阶级:资产阶级和无产阶级。"资本作为一种导致人类分裂的巨大力量,搭载全球化平台形成国际垄断资本,在给世界人民创造从未有过的巨大财富的同时,创造出从未有过的两极分化。特别是自 20 世纪 80 年代新自由主义主导全球化以来,一个空前而持续的两极化世界制造在人类面前。

西方垄断资本由工业资本变形升级为金融垄断资本,在一国内制造两极分化。通过把所谓中产阶级几代积累的房产、汽车、有价证券等财富过度金融化,造成财产虚拟化,进而致使绝大多数人辛苦劳动积累的财富一夜之间以金融为渠道过渡到少数人手中。这种金融垄断资本主义不仅使少数资产阶级通过金融手段消灭所谓中产阶级于无形,而且严重伤害其推行的"民主"制度。2008 年开始的这场金融危机让这些"被中产阶级"或"自中产阶级"者充分意识到,在这个金融私人垄断、金融统领一切的西方社会,"中产阶级"永远都是水中月、镜中花:非危机时,"中产阶级"成为资产阶级财富积累的永动机;危机时,随便一场周期性金融或经济危机随时就可把所谓"中产阶级"消失于无影。据美国《华尔街日报》网站 2013 年 12 月 27 日刊发的《经济政策:25 年来什么改变了?》一文,1987 年以来美国的经济增长带来的财富"不成比例地都落进了'上层阶级'美国人手里"。最富有的 5% 美国人拥有全国 72% 的财富。

西方垄断资本还在全世界范围内制造两极分化。国际垄断资本立足科技、经济和军事优势,依托跨国公司、全球化、新自由主义,把低端制造业大量转移到广大发展中国家,以"师爷"身份到处鼓动发展中国家自由化、私有化、市场化,利用国际分工,把剥削的虹吸管一插到底于本不丰腴的发展中国家甚至其他稍弱的西方国家身体,不断吸取新鲜血液和骨髓,以保自身的延年益寿。2008 年,世界资本主义体系金融危机、经济危机,使资本主义宣传的"中产阶级"人群大跨度地分化和坠落,"中产化社会"的谎言遂告破灭。无论是西方国家内部,还是世界体系中间,贫富和社会地位的两极化,都在不可遏制地加剧。

从西式民主的迷思中醒来

2013 年,土耳其、巴西、埃及等国相继发生的社会运动被西方主流媒体描述为"中产阶级现象""中产阶级抗议""中产阶级起义""中产阶级造反""中产阶级革命"。参与社会运动的中产阶级人群都是"被中产阶级"和"自中产阶级",不是真实存在的中产阶级。其实,这些被膨胀为"社会大多数"的"中产阶级"的大多数是金融垄断资本主义制度下的雇佣劳动者、工人阶级,当然其中包括极少部分的"新资产阶级"。国际金融危机以来,西方社会的中产阶级一直在危机废墟中苦撑度日。欧美及发展中国家无处不在、此起彼伏的抗议、起义、造反、革命,都不是西方虚构的"中产阶级"的行动,而是以工人阶级为主体的世界被压迫人民、被压迫民族的行动。

马克思认为,"权利决不能超出社会的经济结构以及由经济结构制约的社会的文化发展",西式民主标榜的平等权利完全是由资产阶级生产方式所派生出来,为资本主义经济服务的,"是被限制在一个资产阶级的框框里。"在资产阶级社会里,具有民主、自由、平等的,是资本而不是具体个人,是资产者而不是受资本雇佣的劳动者。资本在劳资对立中不断地制造小、中、大资产阶级,至于小、中资产阶级,用不着共产主义去消灭,资本主义大工业和金融资本主义发展就会自动把它们消灭,而这些小、中资产阶级应该是西式民主理论中的"中产阶级"的主体。

新自由主义下的西式民主推行到哪里,哪里就灾难横祸不断,哪里就不断地在煽西式民主的耳光。西方发达国家在全球各地极力推行德先生(西式民主政治)时,却把赛小姐(西方先进技术)金屋藏娇,为的是把采取西式民主制度国家的财富和资源通过市场化、自由化、私有化变相交由发达国家支配。这就是西式民主被大力推行的真正原因。

2008 年肇始的全球金融危机致使套在西式民主身上的光环在不断褪色,但迷思于西式民主的一些国家和人们依然没有完全梦醒,尽管相继发生了埃及、利比亚、叙利亚、土耳其、巴西、泰国、中国台湾、乌克兰等国家和地区的民主事件,尽管西方发动的"阿拉伯之春"已演变成"阿拉伯之冬",尽管冰岛、希腊、爱尔兰等西方国家先后破产,西班牙、葡萄牙、意大利等西方国家濒临破产边缘,尽管美国经济日渐衰退并出现财政悬崖而一度关闭政府。一定意义上讲,这些国家都是因跌落进新自由主义和"西式民主陷阱"而招致如此的社会动荡不安甚至国家分裂。

全球性对西式民主的反思,其世界历史意义在于:使西方和非西方国家都渐渐地从对西式民主的迷思中清醒过来。无法想象,如果世界上所有国家都整齐划一地采取西式民主形式,人类社会将会怎样。民主是历史的、具体的,民主必须与本国历史、文化、社会、经济发展水平等因素相结合,否则很难有效运作起来。

原载《光明日报》2014 年 7 月 16 日

习近平总书记关于全面深化改革的新论断

党的十八届三中全会指出:“改革开放是党在新的时代条件下带领全国各族人民进行的新的伟大革命,是当代中国最鲜明的特色。党的十一届三中全会召开三十多年来,我们党以巨大的政治勇气,锐意推进经济体制、政治体制、文化体制、社会体制、生态文明体制和党的建设制度改革,不断扩大开放,决心之大、变革之深、影响之广前所未有,成就举世瞩目。”这既是以习近平同志为核心的党中央对三十多年来我国推行的改革及其产生的重大作用的高度评价与肯定,也表明了新一届中央领导集体对改革是否还要继续坚持与推进的明确态度和坚定立场,对在新的形势下在什么程度上、多大范围内、以什么为动力、朝着什么方向继续推进改革等重大问题的明确表态。

全面深化改革,要解放思想、增强社会活力

进一步解放思想、解放和发展社会生产力、解放和增强社会活力,不断把改革开放推向前进。在庆祝中国共产党成立95周年大会上,习近平总书记以“坚持不忘初心、继续前进,就要坚定不移高举改革开放旗帜,勇于全面深化改革”的高度,向全国人民乃至国际社会表明了我们党对全面深化改革的明确态度和坚定立场,指明了全面深化改革的实质和任务就是“三个解放”。生产力随着经济社会、科技文教等的发展,一直处于一个向更高层次不断上升的动态过程中,那么解放和发展社会生产力就要根据形势和条件的不断发展与变化常抓不懈、持续更新,在科技发展日新月异的今天,更需要如此。因此,解放和发展社会生产力是全面深化改革的核心内容和主要任务。另外,经济社会能不能发展,党的方针政策能不能落实,关键是人有没有动力和积极性,整个社会有没有活力,这是决定改革能不能

顺利推进、深入推行的关键。正是看到了人的重要性，即动力和主体，习近平总书记在规划全面深化改革的大局时，将解放和增强社会活力提升到与思想认识、改革核心任务同等重要的高度予以强调。这就抓住了全面深化改革的核心和实质，是确保全面深化改革目标落实到位的前提。

中国的发展离不开改革开放，改革永远只有进行时

“改革开放是党在新的历史条件下领导人民进行的新的伟大革命，是决定当代中国命运的关键抉择。”习近平总书记的这一段讲话，既是对改革性质的重申，又是对三十多年来改革在中国经济社会发展中发挥作用与意义的肯定。现在，中国正处在国际整体经济发展缺少活力、国内各种矛盾叠加迸发的阶段，也即又一个事关中国命运抉择的关键时期，如何突破这些矛盾与困难的重围，使经济社会发展再现活力，实现全面建成小康的近期目标、基本实现现代化的中期目标、中华民族伟大复兴的长期目标，就仍需要改革，而且是全面的、深化的、持续的改革。所以，习近平总书记明确指出没有改革开放，就没有中国的今天；离开改革开放，也没有中国的明天；中国特色社会主义在改革开放中产生，也必将在改革开放中发展壮大。

“改革开放永无止境，只有进行时没有完成时。”2013 年 11 月，习近平总书记在会见 21 世纪理事会北京会议外方代表时，就对社会各界、国际社会部分人持有的改革是否有个结束的时间表，改革是阶段性的任务还是需要长期坚持的国策等疑问提出了“改革开放永无止境”“只有进行时没有完成时”的表态，这既给长期坚持改革、拥护改革、深切体会到改革对我国的经济社会发挥作用，担心改革只是短期行为的改革者吃了一颗定心丸，也给那些只顾个人利益、小集团利益，在举国上下推动改革的过程中因钻了政策的空子等方式暴富起来，又因持续的改革最终要触及他们的既得利益而想方设法阻挠改革，或者期望改革早点结束的投机者沉重一击，也是对那些不思进取、得过且过，只想守着“一亩三分地”或者在自己的岗位上没有长远规划、没有积极向上的动力和魄力，还想坐享其成的“懒汉们”的强力鞭策。

“我国改革已进入攻坚期和深水区，需要解决的问题十分繁重”，“必须以更大的政治勇气和智慧，不失时机深化重要领域改革”。我国的改革持续推行了三十多年，各种浅层次的矛盾都已经解决，各种表象的影响经济社会发展的障碍基本上都被扫除,“容易的、皆大欢喜的改革已经完成,好吃的肉都吃掉了”,我们现在已进入改革的深水区,需要面对和解决的都是剩下的“难啃的硬骨头”。这是以习近平同志为核心的新一届中央领导集体对我国改革所处阶段、面临的艰巨任务、改革过程中会遇到的困难与障碍的清醒认识与充分估计——改革到了一个新的重要关头,推进改革的复杂程度、敏感程度、艰巨程度,一点都不亚于三十多年前;有的牵涉复杂的部门利益,有的在思想认识上难以统一,有的要触动一些人的“奶酪”;碰到的障碍肯定很多,遇到的困难肯定不少,面临的矛盾肯定很尖锐,但是这也表明习近平总书记在此情况下要求我们共产党人要继续推进全面深化改革,必须要做好有过人胆识、政治勇气、聪明才智和坚定信念的心理准备和达到矛盾越大,问题越多,我们越要攻坚克难、勇往直前的政治要求;必须以更大的政治勇气和智慧,不失时机深化重要领域改革,攻克体制机制上的顽瘴痼疾,突破利益固化的藩篱,进一步解放和发展社会生产力,进一步激发和凝聚社会创造力;以“明知山有虎,偏向虎山行”的勇气,不断把改革推向前进。习近平总书记对这一前景信心满满,对困难和问题估计相当充分又有不畏艰难的谋略与胆识、勇气和自信,必定会带领全国人民蹚过深水、越过险滩,使我们正在大力推行的改革持续进行,使我们的经济社会发展走上宽广坦途。

改革是有底线、有原则、有方向的,改革必须坚持和发展中国特色社会主义。

“我们的改革开放是有方向、有立场、有原则的。”在方向问题上,我们头脑必须十分清醒。改革是一场旷日持久的伟大革命,事关中华民族的命运,直接决定中国人民的福祉,是我们国家政治生活中的重大决策,必须有正确的方向、立场和原则。三十多年来的实践证明,我国改革开放之所以能取得巨大成功,关键是我们把党的基本路线作为党和国家的生命线,始终坚持把以经济建设为中心同四项基本原则、改革开放这两个基本点统一于中国特色社会主义伟大实践,确定了改革的方向是不断推动社会主义制度自我完善和发展,既不走封闭僵化的老路,也不走改旗易帜的邪路,更不是对社会主义制度的否定;既以四项基本原则保证改革开放的正确方向,又通过改革开放赋予四项基本原则新的时代内涵,排除各种干扰,坚定不移走中国特色社会主义道路。改革是有底线、有原则、有方向的,这就是改革的内容、目标必须是有利于中国特色社会主义,必须是坚持和发展中国特色社会主义。坚持这个原则,就要坚决抵制、防范、反对一切将我国改革引向资本主义的企图,就要明确,西方资本主义国家的所谓政治多元化、多党制、三权分立那一套决不能搞。

“全面深化改革的总目标，就是完善和发展中国特色社会主义制度、推进国家治理体系和治理能力现代化。”这是坚持和发展中国特色社会主义的必然要求，也是实现社会主义现代化的应有之义。目标明确，是行动顺利而不偏离方向的保证。全面深化改革，既有朝着什么方向和目标进发的含义，也含有怎样、以什么方式朝着既定目标前进的含义。改革开放伊始，我们党就确定了全面深化改革的目标是完善和发展中国特色社会主义制度，通过政策松绑、政策鼓励、政策扶持等措施，在全社会掀起了万众齐发、百舸争流、各显神通的热潮和场面，促进了经济社会的全面发展。但是，在每个人的自然力量和智慧释放到极限，粗放发展的方式已难以为继的情况下，再想激发更大的活力、实现更高层次的目标就需要运用现代的理念、科学的管理和合力的作用，所以，习近平总书记审时度势、适时地提出了国家治理体系和治理能力现代化的改革目标，也就把改革要达到什么目标，通过什么方式达到这个目标，即是什么、怎么做这一马克思主义提倡的认识论和方法论、认识和实践相统一的两个层面运用到全面深化改革的总目标中，这对我们下一步如何全面深化改革、怎样全面深化改革等重大理论问题把握得更准，对在实践中如何全面深化改革以取得重大经济社会效应，实现既定目标发挥了重要的指导作用。

全面深化改革要让人民群众有更多获得感，同时要处理好一些重大关系

“全面深化改革必须以促进社会公平正义、增进人民福祉为出发点和落脚点。”要使改革发展成果更多更公平惠及全体人民，让人民群众有更多获得感。政策制定得再好，规划做得再漂亮，如果得不到人民的支持与拥护，那政策永远只能停留在口头，规划也永远只能局限于笔头。我们的改革是一项长远和宏大的伟大事业，不是部分人在比较短的时间内就可以完成的，还是需要紧密地依靠人民群众。人民群众作为历史的创造者和推动者，同样，也是全面深化与深入推进改革的生力军、主力军。因此，在推行改革国策、制定改革政策时，必须坚持人民立场，树立改革要依靠人民、改革是为了人民、改革成果必须让人民享有的理念原则，给人民群众以实实在在的利益，创造更加公平的社会环境，把实现好、维护好、发展好最广大人民根本利益作为推进改革的出发点和落脚点，让改革的成果和发展成果更多更公平惠及全体人民；突出重点，对准焦距，找准穴位，击中要害，推出一批

能叫得响、立得住、群众认可的硬招实招，处理好改革“最先一公里”和“最后一公里”的关系，突破“中梗阻”，防止不作为，把改革方案的含金量充分展示出来，让人民群众有更多获得感，充分调动群众的积极性，激发蕴藏在人民群众中的活力与潜力，为全面深化改革凝聚强大的力量。

“特别是要把握全面深化改革的重大关系。”改革是一项涵盖面广、涉及行业多、影响人数众、时间持续久的伟大事业、系统工程，具有牵一发而动全身的效应，因此，在全面深化改革的过程中，必须做到既要抓住主体任务和目标，即坚持以经济体制改革为主轴，努力在重要领域和关键环节改革上取得新突破，以此牵引和带动其他领域改革，使各方面改革协同推进，又要处理好一些重大关系，如局部和全局、当前和长远、重点和非重点的关系，突出改革的系统性、整体性、协同性，在权衡利弊中趋利避害，做出最为有利的战略抉择；处理好解放思想和实事求是的关系、整体推进和重点突破的关系、顶层设计和摸着石头过河的关系、胆子要大和步子要稳的关系、改革发展和稳定的关系，顾及不同地区、不同行业、不同群体的利益和诉求，准确把握各方利益的交汇点和结合点，取得各方满意度的最大公约数，消除障碍，发挥合力作用，而不是各自为政、分散用力，为全面深化改革各项政策的落实扫除障碍，创设条件，铺平道路。

“既当改革促进派，又当改革实干家，以钉钉子精神抓好改革落实。”全面深化改革要求每一个人，尤其各级领导干部立足自己的岗位，担起自己应有的使命和责任，把抓改革作为一项重大政治责任，牢固树立政治意识、大局意识、核心意识、看齐意识。中央和国家机关有关部门作为改革的责任主体，要坚决贯彻落实党中央决策部署，坚持以解放思想、解放和发展社会生产力、解放和增强社会活力为基本取向，强化责任担当，坚决端正思想认识，坚持从改革大局出发，更加有效地抓好各项改革政策和制度的宣传与落实工作。各级党委和政府要认清改革形势，盯准改革目标，铆足改革干劲，保持改革韧劲，加强思想引导，注重研究改革遇到的新情况新问题，锲而不舍、坚韧不拔，提高改革精确发力和精准落地能力，扎扎实实地做好改革举措的实施工作，并且要将每一项政策和举措都落实到人、实施到位。

原载《人民论坛》2017 年第 23 期